CANJIREN GAODENG JIAOYU YUANXIAO
JIAOSHI ZHUANYEHUA TESE YANJIU

滕祥东 等/著

全国教育科学规划教育部重点课题（项目批准号：DFA110214）

残疾人高等教育院校教师专业化特色研究

知识产权出版社
全国百佳图书出版单位

图书在版编目（CIP）数据

残疾人高等教育院校教师专业化特色研究/滕祥东等著. —北京：知识产权出版社，2016.12

ISBN 978－7－5130－4541－4

Ⅰ.①残… Ⅱ.①滕… Ⅲ.①残疾人—高等学校—师资培养—研究—中国 Ⅳ.①G769.2

中国版本图书馆 CIP 数据核字（2016）第 256279 号

内容提要

本书重点对我国残疾人高等教育院校教师专业化的特色进行了系统分析论述，内容涉及残疾人高等教育的产生与发展、国内外普通高校和残疾人院校教师专业化的经验借鉴、残疾人高等教育院校教师专业化标准的调查分析及建构、残疾人高等教育院校教师专业发展的保障体系及专业标准实施等。这一专题研究成果可起到抛砖引玉的作用，并为更深入地探索有中国特色的高等特殊教育规律探路，也可为残疾人高等教育院校教师队伍专业化建设提供借鉴。本书可供相关管理部门、行业、高等院校、科研院所及对特殊教育有兴趣的广大读者参考。

责任编辑：许　波　　　　　　　　责任出版：孙婷婷

残疾人高等教育院校教师专业化特色研究

CANJIREN GAODENG JIAOYUYUANXIAO JIAOSHI ZHUANYEHUA TESE YANJIU

滕祥东　等著

出版发行：	知识产权出版社有限责任公司	网　　址：http://www.ipph.cn
社　　址：	北京市海淀区西外太平庄 55 号	邮　　编：100081
责编电话：	010－82000860 转 8380	责编邮箱：xbsun@163.com
发行电话：	010－82000860 转 8101/8102	发行传真：010－82000893/82005070/82000270
印　　刷：	北京中献拓方科技发展有限公司	经　　销：各大网上书店、新华书店及相关专业书店
开　　本：	760mm×1000mm　1/16	印　　张：18
版　　次：	2016 年 12 月第 1 版	印　　次：2016 年 12 月第 1 次印刷
字　　数：	304 千字	定　　价：56.00 元

ISBN 978-7-5130-4541-4

出版权专有　侵权必究

如有印装质量问题，本社负责调换。

序

  一年前，北京联合大学特殊教育学院党委书记、中国高等教育学会特殊教育研究分会秘书长滕祥东同志告诉我，她在研究一个关于高等特殊教育教师专业化的课题，我十分高兴。残疾人高等特殊教育在我国改革开放后从无到有，开始时仅在个别高校有3~4个专业或系，目前已发展到有21所高等特殊教育学院或高校的残疾人教育系。我们都知道，发展教育，教师要先行，要办好一类教育，没有合格的高质量的教师是不行的。残疾人的高等教育也需要高质量的合格教师。研究这个问题对发展我国的高等特殊教育十分重要和迫切。最近，滕祥东同志把这个研究成果送给了我，这是一本专著的书稿。我最近眼疾，需要用放大镜看书面的文字。但我一打开书稿就被该书内容丰富、完整、逻辑严密的目录所吸引，用了一天半时间，靠放大镜初步读完了这份研究报告。这不仅是关于残疾人高等教育教师专业化的研究成果，也是一本关于残疾人高等教育的知识手册，可以看到国内外关于这个问题的很多资料和信息。使我更为兴奋的是，全书充分运用辩证唯物主义的思想方法分析了我国各类高等特殊教育对象中的共性和特殊性，这是最近在一些文章中很少读到的。社会科学研究要有我们的指导思想，要用辩证唯物主义来认识事物本身的客观规律，应该多一些唯物主义，多一些辩证法，多一些自己创新的思考。

  对于这项研究的团队，特别是项目负责人还身兼单位负责人，能在完成繁重管理工作的同时，开展与工作密切联系的科学研究，这很令我佩服，应该为他们点个赞！多一些像这样双肩挑的领导，多一些运用辩证唯物主义的理论联系实际的研究，我们的有中国特色的特殊教育事业和特殊教育学科就会更快地发展。

  虽然残疾人高等特殊教育在世界上已出现一百多年了，但在发达国家也是一个不断探索的新课题。我国的残疾人高等教育只有30年左右的历史，是个新生事物，这方面的研究还很薄弱，很多问题正在探索，会有不

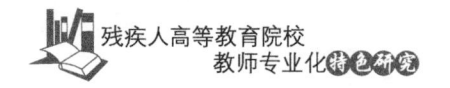

同的看法。诸位读者面前的这部书是一个专题的研究成果，可以起到抛砖引玉的作用，可以为更深入地探索有中国特色的高等特殊教育规律探路，同时可为残疾人高等教育院校教师队伍专业化建设提供借鉴。我希望有更多的领导、专家、教师能运用对残疾和残疾人认识的优势，自信地研究特殊教育，为实现人民满意的平等教育，为世界的特殊教育事业和学科发展作出中国人的一份贡献！

该书作者希望我为此书写序，我写了一点读后感，权作为序。

中国高等教育学会特殊教育研究分会名誉理事长、教授　朴永馨

2016年2月于京师园

前　言

高等教育是经济社会发展的重要组成部分，社会需要是高等教育发展的源泉。伴随着我国经济社会发展和社会文明的进步，我国残疾人高等教育从无到有，到目前为止，中国残疾人高等教育得到了良好的发展，特别是"以人为本"理念的普及和深入人心，残疾人接受高等教育的问题越来越受到重视。从1985年第一所残疾人高等院校的成立到现在数十所残疾人高等院校，残疾人高等教育正蓬勃发展，为我国残疾人高层次教育、就业、整体素质提高及残疾人自身励志做出了重要的贡献。残疾人高等教育，是一个国家制度是否真正具有优越性的体现，是否关注弱势群体的社会道德与社会良知的体现。我国残疾人高等教育事业的发展，正是我国改革开放后国家对弱势群体全力关爱的表现，是社会主义制度优越性的体现。《国家中长期教育改革和发展规划纲要（2010—2020年）》强调"以人为本、实现教育公平、保障残疾人受教育的权利和促进社会全面进步"的视角，提出了"重视发展残疾人高等教育"。这些表明，党和政府历来关注、重视我国残疾人高等教育事业的发展。

要培养出适应社会经济发展需要的高素质人才，保障残疾人平等的受教育权利，就必须有一支与之相适应的高素质的教师队伍。这支队伍的整体素质和水平制约着残疾人高等教育发展的质量和水平。由于残疾人高等教育起步较晚，如何建设一支满足残疾人高等教育的高素质教师队伍，是残疾人高等教育发展过程中的一项重要课题。而这支队伍建设，既有对教师队伍建设的普遍要求，又有与残疾人特点相适应的特殊要求，这正是本研究的重点和必要性所在。

一、残疾人高等教育院校教师专业化特色研究的意义

（一）实现教育现代化的客观要求

教育现代化，就是用现代先进教育思想和科学技术武装人们，使教育

思想观念，教育内容、方法与手段以及校舍与设备，逐步提高到现代的世界先进水平，培养出适应参与国际经济竞争和综合国力竞争的新型劳动者和高素质人才的过程。这具体包括教育观念现代化、教育内容现代化、教育装备现代化、教师队伍现代化、教育管理现代化等。教师队伍的现代化是教育现代化的重要影响因素。残疾人高等教育是我国整个教育体系中不可缺少的一个部分，残疾人高等教育发展水平在一定程度上标志着一个国家、一个地区残疾人教育事业发展水平的高低，同时它也是实施全民终身教育的一个重要方面。从事残疾人高等教育教师队伍的数量、结构和水平，将直接影响教育的普及化、终生化、个性化、国际化、信息化，进而影响我国教育能否真正实现现代化。残疾人高等教育人才培养的特殊性和对教师队伍的现代化要求，决定了从事残疾人高等教育教师要高水平、专业化。如何打造一支高素质的残疾人高等教育教师队伍，加强残疾人高等教育院校教师专业化特色研究十分必要。

（二）促进教育公平的重要体现

残疾人高等教育公平是教育公平在残疾人高等教育领域中的延伸。残疾人中有相当一部分适龄青年迫切需要接受不同类型的高等教育来提升自身素质和职业技能，成为高层次专门人才，实现享有尊严、体面生活和发展成果的权利。但是，我国残疾人高等教育发展相对滞后，包括宏观的教育管理体制、教育经费投入、办学观念和就业保障，以及微观的教育教学过程、教师队伍、课程、教育教学方法和康复等方面都存在众多阻碍因素，导致残疾人高等教育公平出现问题，如受教育机会不均等、教育条件缺乏等。在实施残疾人高等教育过程中的机会均等是教育公平的重要体现，也是提高残疾人高等教育人才培养质量的重要问题。这主要是指残疾人在接受高等教育的过程中，每位残疾学生都平等地享有其所选择的高等教育资源的机会，教师则是教育资源中的重要人力资源。残疾人高等教育的发展水平，在很大程度上取决于教师队伍的综合素质和教师队伍整体水平，也就是说，培养高素质的人才，必须得有一支高素质的教师队伍，使残疾学生可以享受到优质人力资源。如果残疾人不能够接受高质量的高等教育资源，社会公平和教育公平就无从谈起。面对经济社会发展对残疾人高等教育发展的迫切需求，加强从事残疾人高等教育教师队伍建设成为当务之急。残疾人高等教育院校教师专业化特色研究也就显得尤为重要。

(三) 教师专业化发展的现实需求

我国 1994 年施行的《中华人民共和国教师法》(以下简称《教师法》),明确提出了"教师是履行教育教学职责的专业人员",第一次从法律角度确立了我国教师的专业地位;1995 年国务院颁布了《教师资格条例》,确立了"教师资格证书"制度,使得教师的专业化发展有了明确的要求。我国残疾人高等教育起步晚,基础薄弱,对残疾人高等教育认识不足,使我国残疾人高等教育教师队伍整体上表现出数量不足和结构不合理,同时参加过特殊教育培训的教师较少,多数教师没有经过任何特殊教育专业训练。教师是教育教学成败的关键,缺少合格的、专业化的教师必然会严重影响残疾人高等教育的人才质量。怎样才是合格的、专业化教师呢?目前我国还没有一套符合中国国情的残疾人高等教育院校教师的专业化标准。关于残疾人教育教师的专业化研究主要是针对基础教育教师专业化的研究,目前对残疾人高等教育院校教师的专业化研究较少,主要强调残疾人高等教育教师应取得高等学校教师资格,同时必须取得特殊教育教师资格证书(我国还没有实行)。我国关于残疾人教育教师专业发展研究的现状如下:宏观研究多,可操作性研究少;基础教育研究多,高等教育的研究呈现空白,残疾人高等教育院校教师专业化特色有待研究。

提高教育质量、拓展优质教育资源、实现教育均衡发展、促进教育公平,关键是教师综合素质的改善和教师队伍整体水平的提升。

二、本书的主要研究内容

(一) 核心概念的界定

1. 残疾人高等教育

残疾人高等教育是指以视力残疾、听力残疾、肢体残疾者为教育对象的高等教育。本书各章节中提到的高等特殊教育均是指残疾人高等教育。

2. 残疾人高等教育院校的教师

残疾人高等教育院校的教师是指在特殊教育院校(系)从事残疾人高等教育的专职教师,包括从事视力残疾人高等教育的专职教师(以下简称视力残疾大学生教师)、从事听力残疾人高等教育的专职教师(以下简称

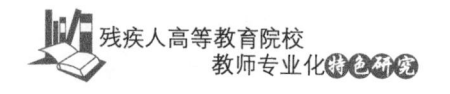

听力残疾大学生教师）、从事肢体残疾人高等教育的专职教师（以下简称肢体残疾大学生教师）。

3. 教师专业化

教师专业化是指教师在整个职业生涯中，通过专门训练和终身学习，逐步习得教育专业的知识与技能并在教育专业实践中不断提高自身的从教素质，从而成为一名合格/优秀的专业教育工作者的过程。具体包括三层含义：①教师专业化是一个持续不断的过程；②教师任职应有规定的学历标准、必要的教育知识、教育能力和职业道德的要求，以实现教师专业化的科学发展；③教师专业化是有标准的。

本书对教师专业化的特色研究重点是基于上述内容的、对从事残疾人高等教育教师专业化要求的差异性。

（二）研究的价值

教育大计，教师为本。残疾人高等教育院校教师的专业化有利于提升残疾人高等教育院校的教育质量，满足特殊教育消费者的需求；打破采用同一专业化标准衡量不同类型院校教师的现状，建立分类指导理念；建立有效能的、专业化的教师队伍；提高教师自身的适应性；避免教师过度追求评价的同质性，忽视教育对象（残疾学生）的特殊性，造成教育不公平、校院不和谐和高等教育发展不均衡的问题。国外残疾人高等教育院校教师的专业化已经呈现出根据不同受教育者的障碍类型制定相应标准的分类指导趋向。我国2010年发布的《国家中长期教育改革和发展规划纲要（2010—2020年）》中专门提出了"重视发展残疾人高等教育"。为保证规划纲要目标的实现，急需制定出一套符合中国国情的残疾人高等教育院校教师的专业化标准，为我国高等教育教师岗位分类管理的教育政策提供理论支撑。本书研制的《残疾人高等教育教师专业标准》（以下简称《专业标准》），可以作为残疾人高等教育院校教师队伍建设的重要参考，该成果在残疾人高等教育院校中具有推广价值。

同时，在普通高等学校从事残疾人高等教育的教师也可参照此标准开展职业生涯设计和规范要求。

（三）本书的主要观点

（1）不同培养对象（健全人与残疾人）的高等教育院校教师专业化标

准既有共性，同时又有显著差异，通过对教师实施分类指导，可以满足特殊教育消费者的不同需求。

一是在本研究提出的《专业标准》中，入职要求共有 38 个基本要求条目，其中普通高等教育教师满足 16 条共性要求即可，而残疾人高等教育教师在满足普通高等教育教师的 16 条的基础上，还需另有 22 条特殊要求。特殊要求是共性要求的 137.5%。可以看出，不同培养对象（健全人与残疾人）的高等教育院校教师专业化标准有显著差异。

二是在本研究提出的《专业标准》中，根据培养对象残疾类型的不同，明确划分了一个"残疾人高等教育教师共同核心性要求"模块（16个条目）作为对所有从事残疾人高等教育教师应具备的特殊教育能力素质要求。同时，考虑到我国残疾人高等教育院校主要以视力残疾、听力残疾和肢体残疾三种残疾类型学生为教育对象，教师在实施不同类型残疾学生教育时在知识和能力上的要求存在一定的差异，因此《专业标准》中划分了一个"专门性要求"模块，涉及 6 个条目（听力残疾学生教育和视力残疾学生教育各 6 条，肢体残疾学生教育 3 条），以满足不同残疾类型培养对象的不同需求。这样，既体现了对残疾人高等教育教师的共性要求，又体现了不同类型的特殊要求。

（2）残疾人高等教育院校教师专业化"特色"问题是衡量残疾人高等教育院校教师队伍建设质量的重要指标。

以系统论视角来看，教师队伍是一个系统。对于教师队伍这个系统来说，教师队伍结构很重要。系统的整体功能并不等于它的各个组成功能的总和，整体大于各部分的总和，它具有各个组成部分单独存在时并不具备的功能。要使高校教师系统发挥其最理想的作用，就必须对其构成要素加以适当的控制和安排，使其以合理的方式联系在一起，协调合作并充分发挥各自的功能，从而使有限的资源发挥最大的效用❶。教师队伍结构合理与否是衡量教师队伍建设质量的重要体现，是形成高水平教师队伍的重要条件。结构的优化是教师队伍优化的主要途径。

残疾人高等教育是高等教育的重要组成部分，其教育目标、专业要求及人才培养体系架构与普通高校没有差别，其区别在于培养对象的特殊

---

❶ 滕祥东，杨冰，郝传萍. 我国残疾人高等教育院校教师队伍建设探讨［J］. 中国特殊教育，2011（10）：10.

性，这种特殊性要贯穿于整个培养过程，同时也要融于普通高等教育中。如果我们把残疾人高等教育看作一个系统，残疾人高等教育教师则属于这个大系统中的一个子系统，它必须按照系统整体需要进行运作。由此可见，残疾人高等教育教师队伍必须同时具备"高校教师"和"残疾人高等教育"两个方面的要素特征；即队伍整体结构方面要遵循普通高等教育对教师队伍的共性要求，在教师个体素质方面又要符合残疾人高等教育对教师队伍的特殊性（简称特性）要求。这里所涉及的"教师个体素质"是指从微观层面上看，从事残疾人高等教育的教师所应该具备的素质。这两个方面缺一不可，且要有机结合，相互联系、相互作用，教师队伍整体结构和教师个人素质决定着教师队伍的整体素质、性能与学校办学质量，是衡量残疾人高等教育教师队伍建设是否成功的主要标准。教师队伍结构作为教师队伍建设的共性问题，虽不是本书研究的重点，但是一个很重要的问题，因此本书在第一章中仍对教师队伍结构进行了详细的分析。而教师专业化更体现在教师个人素质方面，特别是专业化特色研究则是本书研究的重点内容。

（3）残疾人高等教育院校教师专业标准是合格标准。专业标准至少应包括基本理念、基本内容、实施建议三部分，要充分体现残疾人高等教育院校教师专业化"特色"。

残疾人高等教育院校教师专业标准的建构是在对国内外高校教师专业标准和基础教育教师专业标准的比较分析，以及关于残疾人高等教育需求分析的基础上提出的。本研究提出的残疾人高等教育院校教师专业标准是合格标准。要达到此标准，需分两步实施，一是教师要先达到入职标准（该标准中的部分要求）进入高等学校，二是教师入职后经过相应的培训和岗位实践达到专业标准（该标准中的全部要求）。

残疾人高等教育院校教师专业标准由基本理念、基本内容、实施建议三部分构成。

基本理念是建构教师专业标准的前提。教师作为残疾大学生健康成长的指导者和引路人，必须履行教师职业道德规范，为人师表；教师要树立以学生为主体的现代教学观，尊重学生，重视学生的能力培养，学生能否在走出校园后立足于社会，完全依赖于学生自身良好的素质和知识、能力，这就对教师相应的素质和知识、能力提出了更高的要求。同时，时代的发展也要求教师要树立变终结性教育为终身教育的观念，并具有终身学习与持续发展的意识和能力,这样才有可能在教学活动中注重培养学生的可持续学习能力和可持续发展能力。

基本内容是基本理念的具体体现。残疾人高等教育是高等教育的重要组成部分,教师专业标准是一个动态体系。大学是实施高等教育的机构,主要有三大基本功能,即人才培养、科学研究、服务社会。人才培养是大学的核心工作;科学研究是大学的重要职能,也是人才培养的重要载体;服务社会是人才培养和科学研究功能的延伸。大学的这三大功能相互联系、不可分割,残疾人高等院校也不例外。作为残疾人高等教育院校的教师是实现三大功能的重要人力资源,其自身既要具备高校教师基本的专业理念和师德,又要具备实现三大基本功能的知识和能力。因此,基本内容至少应包括:对自身素质的要求,如对从事的职业认识的要求、对学生态度的要求、对师德的要求等;对知识的要求,如高等教育特别是残疾人高等教育的知识要求、学科知识等;对能力的要求,如教学能力、研究能力、自我发展能力、服务社会的能力、专业实践能力和创新能力等。同时,这里要特别强调残疾人高等教育院校教师应具有残疾人高等教育的教学技能和残疾人高等教育研究的能力。

实施建议是落实基本内容的保障。实施建议中应提出从国家层面、省市层面、院校层面制定相应的政策保障,在教师层面提出对教师个人的要求。例如,本书建议国家出台《专业标准》以及对残疾人高等教育院校教师入职标准要求等,本研究成果可为国家制定《专业标准》以及对残疾人高等教育院校教师入职标准提供参考。建议各级教育行政部门以国家制定的教师专业标准为依据,在教师队伍建设的政策保障、经费投入等方面提供保障;建议开展残疾人高等教育的院校以此为依据制定教师培训方案、提供经费开展分层(定期)的培训与考核,促进教师专业发展;建议教师个人按照专业标准的要求,主动适应经济社会和残疾人高等教育发展的要求,主动参加相关的专业发展活动,提升自身专业发展水平,在入职后逐步达到教师专业标准。

(四) 本书的主要内容

本书共分八章。

第一章通过对国内外残疾人高等教育发展的历史回顾,分析了我国残疾人高等教育发展现状、我国残疾人高等教育院校的现状、我国残疾人高

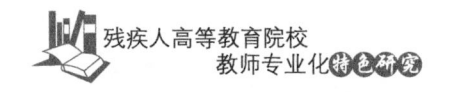

等教育院校教师队伍现状。特别是对残疾人高等教育院校教师存在的问题展开深入的分析，为残疾人高等教育院校教师专业化特色研究打下基础。本章是以下各章的前提和依据。

第二章分析比较了国内外普通高等院校教师专业化的形成与发展、政策环境建设、教师专业标准体系和教师专业发展的支持保障建设方面的特点和经验，以期为残疾人高等教育院校教师的专业化研究提供有益的借鉴。

第三章重点研究了国外残疾人高等教育院校教师专业发展的经验和国内外残疾人基础教育教师专业化的发展与经验，并在此基础上提出促进我国残疾人高等教育院校教师专业发展的建议。

第四章从视力残疾、听力残疾、肢体残疾三类残疾大学生的身心特征、培养过程、就业状况、我国残疾人高等教育的法律法规四个方面分析了作为残疾人高等教育院校教师这个专业性极强的职业对从业人员专业化的需求，提出了残疾人高等教育院校教师专业化的特殊需求。

第五章是残疾人高等教育院校教师专业化标准的实践研究部分，共分为三个部分，第一部分调查的设计主要介绍了本研究调查的范围、调查采取的方法及调查的内容；第二部分分别用图、表详细直观地呈现了本次调查结果及分析；第三部分主要介绍了对国内特殊教育专家访谈的结果分析。本章内容将为残疾人高等教育院校教师专业化标准框架的构建提供依据和参考。

第六章对教师专业标准的总体构成、教师专业标准的动态体系、教师专业标准内容的模块划分进行了系统的分析，构建了教师专业标准基本内容的框架，进一步论述了教师专业标准基本内容框架的设计特点。本章是本书的核心内容。

第七章基于国内外普通高校和国外残疾人高等教育院校的教师专业发展保障体系的特点的分析，设计了调查问卷和专家访谈题目，并在全国范围内开展了调查，课题组对回收问卷和专家访谈内容进行了分析，从中了解到我国残疾人高等院校教师专业发展的优势与不足，并在此基础上提出了进一步加强教师专业发展支持保障的政策建议，以促进我国残疾人高等教育教师队伍的良性发展。

第八章依据研究成果《专业标准》，从国家、省级、院校、教师四个层面对专业标准实施提出了总体建议方案。在此基础上，对残疾人高等教育院校教师要达到的《入职标准》和《专业标准》的要求进行了分析和论述，并提出了具体实施建议。同时对实施《入职标准》和《专业标准》的关键环节，如残疾人高等教育教师资格的认定、教师资格认定培训教材的设计及特殊教育教学能力测试标准与程序等进行了深入的研究，其研究成果可作为教育行政部门制定政策的参考依据。本章是本书核心内容的应用体现。

  本书的撰写人员主要来自北京联合大学，他们是滕祥东、任伟宁、边丽、钟经华、孙颖、孙岩、郝传萍、吕淑惠、朱琳等。感谢胡可、林婧、邱兆熊在本书写作中提供的帮助。前言、后记由滕祥东执笔；第一章由滕祥东主笔，吕淑惠、朱琳参与撰写；第二章由任伟宁执笔；第三章由任伟宁主笔，孙颖、孙岩参与撰写；第四章、第五章由边丽主笔，钟经华、郝传萍参与撰写；第六章由任伟宁主笔，滕祥东参与撰写。第七章由任伟宁执笔；第八章由滕祥东主笔，任伟宁参与撰写。全书由滕祥东、任伟宁、边丽统稿。

目 录

第一章 我国残疾人高等教育的产生与发展 ·········· 1
 一、国内外残疾人高等教育的发展历史 ·········· 1
 二、我国残疾人高等教育发展现状与分析 ·········· 6
 三、我国残疾人高等教育院校的现状与分析 ·········· 14
 四、我国残疾人高等教育院校教师队伍现状与分析 ·········· 24

第二章 国内外普通高校教师专业化的经验借鉴 ·········· 32
 一、高校教师专业化与专业发展 ·········· 32
 二、高校教师专业化的政策环境比较 ·········· 38
 三、高校教师专业标准体系比较 ·········· 43
 四、高校教师职后专业发展比较 ·········· 65
 五、普通高校教师专业化的经验借鉴 ·········· 69

第三章 国内外残疾人教育教师专业化经验借鉴 ·········· 75
 一、国内外残疾人基础教育教师专业化的经验借鉴 ·········· 75
 二、发达国家残疾人高等教育教师专业发展 ·········· 86

第四章 残疾人高等教育院校教师专业化的需求分析 ·········· 124
 一、残疾大学生的身心特征对教师专业化的需求 ·········· 124
 二、残疾大学生的培养过程对教师专业化的需求 ·········· 134
 三、残疾大学生的就业状况对教师专业化的需求 ·········· 143
 四、我国残疾人高等教育的法律法规对教师专业化的要求 ·········· 145
 五、残疾人高等教育院校教师专业化的特殊需求 ·········· 147

第五章 残疾人高等教育院校教师专业化标准的调查与分析 ·········· 149
 一、调查的设计 ·········· 149
 二、调查问卷的结果分析 ·········· 153
 三、专家访谈的结果分析（对如何确定理论框架中构建要素的访谈） ·········· 193

第六章 残疾人高等教育院校教师专业标准的建构 …………… 203
 一、教师专业标准建构的思路 …………………………… 203
 二、教师专业标准基本内容的框架 ……………………… 221

第七章 残疾人高等教育院校教师专业发展的保障体系 ……… 228
 一、国内外普通高等院校教师专业发展保障体系的特点 ………… 228
 二、国内外残疾人教育教师专业发展保障体系的特点 ………… 230
 三、我国残疾人高等教育教师专业发展现状和
  支持保障体系调查 ……………………………………… 231

第八章 残疾人高等教育教师专业标准实施建议 ……………… 248
 一、专业标准实施的总体建议 …………………………… 248
 二、专业标准实施的具体建议 …………………………… 249
 三、残疾人高等教育教师资格认定的建议 ……………… 251
 四、教师资格认定培训教材的设计建议 ………………… 252
 五、特殊教育教学能力测试标准与程序 ………………… 254

参考文献 …………………………………………………………… 259

后　记 …………………………………………………………… 268

第一章　我国残疾人高等教育的产生与发展

一、国内外残疾人高等教育的发展历史

（一）国外残疾人高等教育的发展历史

人类树立起对自身群体中残疾人的正确观念，如同人类社会的历史一样，经历了漫长曲折的艰难历程。在世界特殊教育发源地的欧洲，人类由于受自然、迷信、自我认识的局限性及族规等因素的影响，对残疾儿童采取野蛮灭绝的手段，例如在古希腊，儿童一出世就必须经过严格的挑选，只有被认为体质合乎健壮标准的才准许存活，身体虚弱、有残疾的，便抛弃至荒野任其死去。在古罗马父亲有权把所有畸形婴幼儿任意丢弃或杀死。就连著名的思想家、哲学家亚里士多德都曾写道："让那不准养活任何一个残疾儿童的法律生效吧！"[1] 在欧洲奴隶社会末期和中世纪宗教僧侣势力强大的封建社会时期，尽管残疾儿童有了一定的生存权，但他们的社会地位极其低下，也没有专门的机构来教育他们。

14—16世纪，欧洲"文艺复兴"运动前后，欧洲经历了社会生活各个领域的深刻变革，随着资本主义经济制度的逐步建立和由之引起的科学技术、哲学、教育、文化等各方面的变革，残疾儿童教育的产生条件已经具备。

首先，人道主义和空想社会主义认为"人皆有用""人皆平等"的思想，以及新兴资产阶级的"自由、平等、博爱"的思想，对人的认识，尤其是在对残疾人的认识上冲破了旧观念的束缚，开始承认残疾人的价值，并不断地在各方面为残疾人争取平等的机会。其次，自然科学（特别是医学、解剖学）的发展，对于残疾人生理缺陷有了实质的认识，懂得了残疾

---

[1] 朴永馨. 特殊教育学 [M]. 福州：福建教育出版社，1995：32.

与生理缺陷以及缺陷与智力、语言、知识等方面之间的关系。在欧洲，从16世纪中期开始，便有许多人从医学、哲学、心理学等角度来研究残疾人教育问题，并付诸实践，著书立说，为现代残疾人教育的理论和实践发展积累起了丰富的经验。再次，哲学和普通教育学的发展也促进了残疾人教育的产生。人们认识到教育是通往平等的道路，只有通过教育，残疾儿童个人对社会的价值才能显现出来。所有这些都使人们潜移默化地改变了对残疾儿童的态度，开始从人性的角度来平等地看待残疾儿童，并开始承认和尊重残疾儿童做人的权利和社会地位，为现代意义的残疾人教育形式的产生和发展奠定了必要的基础。最后，近代产业革命和工业革命极大地提高了人类社会的生产能力，促进了社会经济的发展，随着近现代科技的快速发展和研究成果向生产力转化速度的不断加快，人类社会生产力也在短期内得到了迅猛的发展，并创造出了丰富的物质财富，这为残疾人教育的发展提供了强有力的经济基础和保障。

从17世纪初开始，在西班牙、英国、法国、德国和荷兰等国家出现了个别残疾儿童教育的实践。18世纪以后，以学校形式进行的现代意义的残疾人教育机构在欧洲纷纷成立。1770年，莱佩在巴黎创办了世界第一所聋童学校；1784年，阿羽依在巴黎创办世界第一所盲童学校；1799年，法国医生伊塔尔最先对一个从森林中发现的野孩子进行训练，开创了人类有目的有计划教育和训练智力障碍儿童的先河。1837年，他的学生谢根在巴黎创办了世界第一所智障者训练学校。19世纪初，世界上第一所智力障碍儿童学校和世界上第一所肢体残疾儿童学校相继在欧洲建立。早期的残疾儿童教育大多是私立的寄宿制的，创办者也多为医生和神职人员，学校的教育水平也很低，主要是进行启蒙式的初等教育。但是，它们的诞生标志着人类向文明迈了一大步[1]。

进入20世纪以来，残疾人教育自身的科学研究同其他科学研究领域紧密结合在一起，形成了一些新的教学思想、组织形式和教学方法，如正常化、回归主流、融合（一体化）、包含（全纳）教育以及利用计算机进行教学等。残疾人教育的领域从从学前教育、初等教育、中等教育扩大到高等教育、继续教育以及职业教育。个别肢体残疾、视力残疾和听力残疾学生接受了高等教育，取得了成功，成了教授、律师、音乐家、诗人等。美

---

[1] 朴永馨. 特殊教育概论 [M]. 北京：华夏出版社，1999：32.

国国会通过决议，当时美国总统林肯签署文件，把在首都华盛顿的盲、聋两所学校合并为学院（College），这就是世界上第一所并保留至今的残疾人高等教育机构——加洛德特聋人大学。1965年，美国联邦教育局资助创办了美国历史上第二所聋人高等院校——罗切斯特理工学院聋人工学院。两所聋人大学的创办为美国乃至整个西方的残疾人接受高等教育开了便利之门❶。

随着正常化、回归主流、融合（一体化）、包含（全纳）教育思想的普及，在普通高等教育机构学习的残疾人也逐渐多了起来。据美国残疾人高等教育协会（AHEAD）提供的参考材料《残疾人高等教育与服务指南》（1996）统计，美国150多所有残疾学生学习的高校约占全美国4900多所高校的1/3。残疾人学习的有世界著名的大学，也有社区的学院。在这些学校中有视力残疾人学习的有1159所，有听力残疾人学习的有1167所，有学习障碍人士学习的有1268所，有肢体残疾人学习的有1270所，招收自闭症人士的学校有3所。在一所学校中不仅有一类残疾学生，常常是有几类残疾学生几人至百人。例如，在著名的密歇根大学35000名学生中有近200名残疾学生，其中包括盲和低视力学生约25人、聋和重听11人、肢体残疾50人、学习障碍25人等。以聋教育出名的加劳德特大学也有除听力残疾学生之外的视力残疾学生、肢残学生、学习障碍学生等❷。残疾学生可以根据自己的能力和意愿，在不同层次的高校和不同的学位阶段学习，从预科、专科、本科硕士、博士。可以学的专业有文科、理科、工科、艺术、法律、医学、社会学、经济学等。

残疾人高等特殊教育的产生和发展是社会前进和教育事业发展的必然规律，是社会文明和教育发展程度的另一个标志。

（二）我国残疾人高等教育的发展历史

1. 新中国成立之前

中国的残疾人教育是世界特殊教育的重要组成部分。中国残疾人教育和其他教育的发展一样源远流长，起源于距今约三千年的奴隶社会的末期。据《尚书》记载，早在尧舜禹时期，残疾人就开始参与部落文化教育

---

❶ 张宁生. 残疾人高等教育研究［M］. 大连：辽宁人民出版社，2000.8.
❷ 朴永馨. 残疾人高等特殊教育的产生和发展［J］. 中国听力语言康复科学，2004（3）：4-5.

的管理活动。然而在漫长的奴隶社会和封建社会，生产力的落后、思想上的禁锢、相邻学科的迟滞等都使中国的残疾人教育长期停滞不前，得不到应有的发展。尽管有个别残疾人进书院或参加科举考试，但至今尚未发现有为残疾人办学的史料。直到清朝政府在1903年发布的《奏定初等小学章程》中仍然把残疾儿童的教育排除在外。鸦片战争后，西方国家的科学文化大量地传入了中国，其中也包括西方国家的特殊教育思想。一批传教士纷纷在中国开办特殊学校。1874年，英国传教士威廉·穆恩在北京开办了中国近代第一所盲校——"瞽叟通文馆"，即现在的北京盲人学校。1887年，美国传教士梅理士·查理夫妇在山东登州创办中国近代第一所聋校——"登州启暗学馆"，1898年迁到烟台，改名为"烟台启暗学校"。此后还有一些外国传教士或教会、慈善组织在我国办了一些特殊学校。这些学校的创办推动了近代中国特殊教育的兴起和发展。民国时期，除了一些外国人创办的特殊学校外，有些中国人也开始创办自己的特殊学校。盲人刘先骥先生于1916年元月在长沙创办了"湖南导盲学校"，这便是中国近代史上中国人自己创办的第一所规模较大的特殊学校。近代著名实业家张睿，1912年在江苏南通创办了南通盲哑师范传习所，以培养特教师资。1916年又创办了南通盲哑学校，也是中国人自己办的最早的特殊学校之一。由国民政府1927年创办的南京市立盲哑学校是近代中国第一所公立特殊学校，它的诞生标志着政府对特殊教育的直接参与[1]。20世纪初期，当时的民国政府特别批准南京市立盲哑学校师范部成绩优秀的毕业生，保送到国立中央大学特教学院就读，为听力残疾人学生升入高校开辟了途径。此后，也有少数残疾学生上了大学。

2. 新中国成立之后

新中国成立之后，国家对特殊学校进行整顿和改革。1951年10月，由周恩来总理签发的《关于改革学制的决定》规定："各级人民政府并应设立聋哑、瞽目等特种学校，对生理有缺陷的儿童、青年和成年施以教育。"从此，特殊教育作为人民教育事业的一个组成部分，被纳入新中国教育体系之中，残疾人的初等、中等教育有了很大的发展，少数视力残疾、听力残疾人经过努力进入普通高校学习。"文化大革命"期间，特殊教育也和普通教育一样，受到严重摧残，许多特殊学校被解散，教师改

---

[1] 张福娟. 特殊教育史[M]. 上海：华东师范大学出版社，2000：212.

行。直到粉碎了"四人帮"之后，中国的特殊教育才得到恢复和发展。

20世纪80年代以来，各级政府加强了对残疾人高等教育工作的领导，在党中央的文件、国家法律和相关政策文献中明确提出发展残疾人高等教育。随着有关各种教育法规政策的颁布，我国残疾人高等教育工作日益走上了法制轨道，中国残疾人高等教育也得到了飞速发展和长足进步。

1987年，北京大学首次招收了21名来自全国各地的残疾考生，第二年，又有11名残疾学生进入北京大学学习[1]。与此同时，在一些地方陆续建立起专门招收残疾人的高等教育机构。1985年，山东滨州医学院成立了肢体残疾人临床医学系，是我国第一个建立专门开展残疾人高等教育系的院校，填补了我国残疾人高等教育的空白。1987年，长春大学成立特殊教育学院，招收视力残疾人和听力残疾人，是我国第一个开展残疾人高等教育单考单招的院校，填补了我国残疾人高等教育单考单招的空白。2003年，北京联合大学特殊教育学院在全国首次对成人残疾人实行了单考单招政策，填补了我国残疾人教育体系中对成人残疾人高等继续教育的空白。2014年，北京联合大学特殊教育学院获批国内首个专门面向视力残疾人的临床医学（中医）硕士专业学位授权点，并实行单考单招，这不仅完善了我国残疾人高等教育体系，也填补了国家残疾人高等教育研究生层次单考单招的空白。我国首次全国硕士研究生招生考试，视力残疾考生单考单招在北京联合大学特殊教育学院举行，来自北京、山东、新疆、辽宁的18名考生参加了在我国残疾人高等教育史上具有里程碑意义的考试。2015年9月，来自全国的4名视力残疾人在北京联合大学特殊教育学院攻读临床医学（中医）硕士专业学位。在南京、上海、河南等地的高校也开设了特殊教育学院（系或专业），招收视力残疾人和听力残疾人，普通高校招收残疾大学生的更多。有一些听力残疾、视力残疾人还到美国、澳大利亚等国一些著名大学留学，攻读硕士或博士学位[2]。我国残疾人高等教育事业取得了长足发展，办学条件得到较大改善，残疾人高等教育院校数量不断增加，入学人数稳中有升，办学体系进一步完善，教师队伍建设不断加强，教育质量进一步提高，残疾人受教育权利进一步得到保障。

另外，中国台湾教育部门1963年颁布《盲聋学生升学大专院校保送

---

[1] 王智钧. 中国残疾人事业年鉴（1994—2000）[M]. 北京：华夏出版社，2000：595.
[2] 朴永馨. 高等特殊教育的发展[J]. 中国残疾人，2004（1）：39-40.

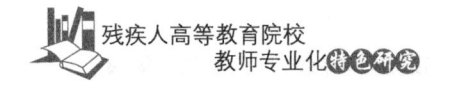

制度》，1968年修订为《盲聋学生升学大专院校甄选制度》，更进一步保障了听力残疾人学生接受高等教育。在台湾，接受残疾学生的大专院校享有教育行政部门的资助，进入高校就读的残疾学生也可以得到补助。

二、我国残疾人高等教育发展现状与分析

（一）残疾人高等教育的发展现状

1. 政策法规

1982年，《中华人民共和国宪法》颁布实施，第四十五条规定：国家和社会帮助安扶盲、聋、哑和其他有残疾的公民的劳动、生活和教育。

1985年，教育部、国家计委、劳动人事部、民政部发出《关于做好高等学校招收残疾青年和毕业分配工作的通知》[(85)教学字004号]，要求各地教委、高招办在招生工作中对生活能够自理、不影响所报专业的学习及毕业后所从事的工作的肢体残疾（不继续恶化）考生，在德、智条件相同的情况下，不应仅因残疾而不予录取。

1986年，出台了《关于"十五"期间进一步推进特殊教育改革和发展意见的通知》和《高等自学考试残疾人应考者奖励暂行办法》。

1989年，出台了《特殊教育补助费使用办法》。

1989年，《国务院办公厅转发国家教委等部门〈关于发展特殊教育的若干意见〉的通知》指出，当前和今后一个时期发展特殊教育的基本方针是：着重抓好初等教育和职业技术教育，逐步发展中等教育和高等教育。

1990年，《中华人民共和国残疾人保障法》颁布实施，第三章对残疾人教育的实施要求，残疾人教育的发展方针、支持与保障、就业安置、入学条件及师资培养等问题都进行了相应的规定。其中，第二十一条规定：国家保障残疾人享有平等接受教育的权利。第二十五条规定：普通高级中等学校、中等职业学校和高等学校，必须招收符合国家规定的录取要求的残疾考生入学，不得因其残疾而拒绝招收；拒绝招收的，当事人或者其亲属、监护人可以要求有关部门处理，有关部门应当责令该学校招收。本法还规定残疾人高等教育要多途径多层次办学，从成人教育到全日制教育都要大力兴办。

1990年，《学校卫生工作条例》出台。

第一章　我国残疾人高等教育的产生与发展　◆

1994年,《残疾人教育条例》颁布实施,第五章"普通高级中等以上教育及成人教育"对残疾人高等教育的基本管理体制进行了规定。第六章"教师"对残疾人教育的师资队伍建设进行了规定。第七章"物质条件保障"对各级政府在残疾人教育条件的保障上所应承担的责任进行了规定。第八章"奖励与处罚"还规定了在残疾人教育事业中进行奖励和处罚的具体行为标准。

1995年,《中华人民共和国教育法》颁布实施,第十条规定:国家扶持和发展残疾人教育事业。第三十八条规定:国家、社会、学校及其他教育机构应当根据残疾人身心特性和需要实施教育,并为其提供帮助和便利。

1996年,《中国残疾人事业"九五"计划纲要》(1996—2000年)颁布实施。

1998年,《中华人民共和国高等教育法》颁布实施,第九条规定:公民依法享有接受高等教育的权利。……高等学校必须招收符合国家规定的录取标准的残疾学生入学,不得因其残疾拒绝招收。第二十一条规定:"国家实行高等教育自学考试制度,经考试合格的发给相应的学历证书或其他学业证书";"公民通过接受高等教育或自学,其学业水平达到国家规定的学位标准,可以申请授予相应的学位。"

1998年,《特殊教育学校暂行规定》颁布实施。

2001年,《关于"十五"期间进一步推进特殊教育改革和发展的意见》出台。

2001年,《中国残疾人事业"十五"计划纲要》(2001—2005年)及其配套实施方案出台。

2003年,《普通高等学校招生体检工作指导意见》和《2003—2007年教育振兴行动计划》出台。

2006年,《全国特殊教育"十一五"发展规划》(2006—2010年)及其配套实施方案提出"巩固提高残疾人高等教育,进一步完善普通高等院校招收残疾考生的政策,拓宽残疾学生接受高等教育的渠道,扩大高等院校对残疾人的招生数量"。

2006年,《中国残疾人事业"十一五"发展纲要》提出"积极发展高等特殊教育,倡导、鼓励兴办残疾人高等教育,有计划地扶持有条件的普通高等学校开设特殊教育专业和创办特殊教育学院"。

2008年，中共中央、国务院制定了《关于促进残疾人事业发展的意见》，对发展特殊教育事业做出部署。

2009年，国务院办公厅转发了教育部等八部门《关于进一步加快特殊教育事业发展的意见》，明确了具体的政策措施，提出"高等特殊教育学院（专业）要在保证质量的基础上，扩大招生规模，拓宽专业设置，提高办学层次"。

2010年，《国家中长期教育改革和发展规划纲要（2010—2020年）》颁布，把特殊教育作为重要发展任务专章论述，从关心和支持特殊教育、完善特殊教育体系、健全特殊教育保障机制三方面做出系统规划，强调重视发展残疾人高等教育。

2012年，《关于加强特殊教育教师队伍建设的意见》出台。

2014年，国务院办公厅关于转发教育部等部门《特殊教育提升计划（2014—2016年）》的通知，提出加快发展残疾人高等教育。

2. 招生规模

2014年，残疾大学生招生总数为9542人，其中：残疾人高等教育院校招生数为1678人。

3. 办学形式

（1）普通高等学校招收全日制残疾学生（其中大部分是肢体残疾、轻度视力残疾和听力残疾），残疾学生与健全学生共同学习（或叫随班就读）。

（2）普通高等学校中特殊教育学院或开设系（专业），采取单独考试单独录取的方式，招收全日制视力残疾、听力残疾学生。

（3）独立设置的残疾人中等职业学校采取与高校合作办学的方式，举办高等职业教育大专班招收全日制视力残疾、听力残疾学生。

（4）普通高等学校举办残疾人成人继续教育，采取单独考试单独录取的方式，招收视力残疾、听力残疾和肢体残疾人。

（5）高等教育自学考试、广播电视大学等举办残疾人成人继续教育。

4. 办学层次

目前有硕士研究生、本科、大专层次。

5. 专业设置

主要面向视力残疾人、听力残疾人招生。

（1）硕士层次：针灸推拿学。

（2）本科层次：计算机科学与技术、视觉传达设计、服装与服饰设计专业、产品设计专业、针灸推拿学、康复治疗学、会计、音乐学、音乐表演、绘画和临床医疗等专业。

（3）专科层次：计算机应用技术、视觉传达艺术设计、办公自动化、园林（艺）技术、动漫设计与制作、摄影摄像技术、食品加工技术、机电一体化、中医按摩等专业。

6. 办学条件

国家目前还没有残疾人高等教育院校的办学标准。为全面贯彻落实《中共中央国务院关于促进残疾人事业发展的意见》（中发〔2008〕7号）和《国家中长期教育改革和发展规划纲要（2010—2020年）》，大力促进教育公平，国家发展改革委、教育部、中国残疾人联合会在对全国特殊教育事业发展现状和存在问题进行专项深入调研基础上，根据《国家教育事业发展第十二个五年规划》和《中国残疾人事业"十二五"发展纲要（2011—2015年）》，结合各省（自治区、直辖市）编制上报的本地区特殊教育建设规划草案，编制了《"十二五"期间特殊教育学校建设二期规划（2012—2015年）》。近年来，各残疾人高等教育院校办学条件得到了大大改善。本规划由国家发展改革委、教育部、中国残疾人联合会会同有关省（自治区、直辖市）制定，结合各地残疾人事业和特殊教育发展现状、院校办学和规划编制情况，以及有关政策因素等综合平衡，遴选支持的特殊师范教育院校和残疾人高等教育院校项目。规划期为2012—2015年，规划范围为29个省（自治区、直辖市）的55所院校。

"十二五"末期，为建立完善的适应社会发展需要的特殊教育体系奠定坚实基础。支持一批特殊师范教育院校建设，大力改善办学条件，扩大培养培训规模，加快培养具有专业知识和技能，适应基层特教学校或残疾人机构需要的特教师资，形成适应需求、布局合理、专业化水平较高特教师资培养培训体系；加强残疾人高等教育院校基础能力建设，为拓宽专业领域、创新人才培养模式、提高教育质量提供物质条件；加强残疾人职业学校建设，改善办学条件，迅速提高培养能力，形成多样化发展职业教育的格局，进一步完善特殊教育体系。

特殊教育学校建设存在诸多特殊性，从有利于特殊教育事业发展的全局出发，考虑区域经济发展实力、特殊教育事业发展需求及省域间发展差距较大等状况，支持重庆师范大学等25所特殊教育师范院校、天津理工大学聋人工学院等9所残疾人高等教育院校、辽宁残疾人中等职业学校等21

所职业学校建设。按照"填平补齐"原则，支持每所学校新建或改建1~2个急需的特殊教育基础建设项目，并购置适应专业需要的教学康复实验仪器设备。

项目实施与事业发展、专业建设、师资队伍的建设、地方配套资金的筹措、学校运行保障经费和管理措施的落实等项工作相衔接，对总体规划目标分阶段、有计划、有步骤、分批进行建设，按2012、2013、2014年度分期实施。

（二）残疾人高等教育的现状分析

1. 国家更加重视残疾人高等教育

2007年党的十七大报告指出：加快推进以改善民生为重点的社会建设，优先发展教育，建设人力资源强国，关心特殊教育。2008年出台的《中共中央国务院关于促进残疾人事业发展的意见》提出：鼓励和支持普通高等学校开办特殊教育专业。2008年教师节，胡锦涛同志专程到特殊教育学校视察时强调：特殊教育事业是一项神圣的事业。2009年国务院办公厅《关于进一步加快特殊教育事业发展的意见》中明确指出：加快推进残疾人高等教育发展。2009年第四次全国特殊教育工作会议提出：把发展特殊教育、提高特殊教育质量作为促进残疾人全面发展的重要举措。2010年《国家中长期教育改革和发展规划纲要（2010—2020年）》提出：大力推进残疾人职业教育，重视发展残疾人高等教育。2011年国家"十二五"规划纲要提出：统筹发展各级各类教育，关心和支持特殊教育。2012年党的十八大报告指出：支持特殊教育。2014年国务院办公厅关于转发教育部等部门《特殊教育提升计划》（2014—2016年）的通知。近十年来，党和国家几乎每年都对特殊教育进一步发展有重要的政策、文件、指示出台，这是我国整个特殊教育可持续、健康规范发展的指导方向和保证。

2. 残疾人高等教育规模不断扩大

从20世纪80年代开始到今天三十多年，我国残疾人高等教育走过了一条曲折发展的道路，应该说，达到一定发展速度和规模的数量是21世纪初才实现的。残疾人高等教育近几年有了较大数量和内涵的发展，有上升发展的趋势。当然，高等特殊教育的发展是和21世纪初国家整个高等教育向大众化的发展分不开的，但是，首先，残疾人事业和特殊教育越来越得到国家和社会的重视，加大了资源的投入；其次，特殊教育理念的变化，带来教育对象范围的扩大和社会对特殊需要教育需求的日益增长是重要和深层次的原因,特别是一些直辖市或经济发达地区,近几年都在特殊教育方面增加了办学资源的投入和政策扶持,其中,不凡有些省市想把特殊教育办成本地的特色、精品和窗口,这对残疾人高等教育的发展无疑都起到了促进作用。目前,残疾人高等教育院校之间、与国外具有特殊教育的高等院校之间的交流和合作日益频繁和增加,并且已经有了国际合作项目的实施和开始进行学生的交流,这些又都促进了我国残疾人高等教育院校规模的进一步发展。2014 年,残疾大学生招生总数为 9542 人,比 2010 年的 8731 人增长了 9.29%,其中,2014 年残疾人高等教育院校招生数为 1678 人,比 2010 年的 1057 人增长了 58.75%,在校生总数近 6000 人[1]。

3. 残疾人高等教育办学模式逐步形成

残疾人高等教育办学的理想模式是融合教育。但根据我国国情,目前还不可能在残疾人高等教育中完全实现健、残的融合教育。残疾人高等教育办学形成的现实模式:一是对于残疾程度较轻的残疾人,可通过参加普通高考进入高等院校学习;二是对于残疾程度为中、重的残疾人,可通过单考单招进入残疾人高等院校学习。而残疾人高等教育院校在办学形式上虽略有不同,但是,又在很多方面具有同一性,如设置专门的残疾人高等教育学院、系(或专业),采取单独考试、单独录取的方法招收残疾人,并设置一些与学生残疾类型有关的专业让他们学习,按残疾种类分为不同专业(或系)并单独编班;招收残疾人数量较多和办学规模较大的基本都是综合性(或理工)大学的二级学院。高等院校初期创办残疾人高等教育时的具体条件有限,残疾人教育有着特殊的教育方法等也是办学模式形成中重要的因素,例如,二级学院可以充分利用总校的办学资源,根据残疾种类设置专业,可以相对提高教育的效率和质量等。所以,这些办学模式逐渐形成后,尽管存在很多问题和不足,但是,多年来办学的实践说明,它们具有存在的客观依据和符合实际的优势,才被很多残疾人高等教育院校采用。残疾人高等教育的办学模式从总体上也必须符合我国现有教育管理体制和政策、教育经费投入的方式,社会各界对残疾人教育的资助和认可度。根据我国国情,目前还不可能在残疾人高等教育中完全实现融合教

---

[1] 国家发改委,教育部,中国残疾人联合会. 特殊教育学校建设规划(二期). 发改社会(2012) 4076 号. 2012 - 12 - 28.

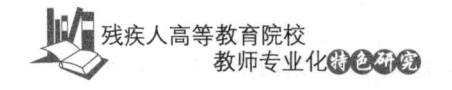

育（未来的方向），单独设置的残疾人高等教育院校在残疾人高等教育中发挥了积极的、重要的作用。

4. 教育教学方法更加符合残疾人特点

通过办学的实践，残疾人高等教育的学科和专业不断地进行改革和建设，逐渐形成了符合21世纪教育发展要求的新的学科、专业理念和教育方式。主要面向视力残疾和听力残疾学生的残疾人高等教育，以应用性作为办学的定位，各个专业在教育教学上强调基础文化课程和专业基础课程的学习，提高残疾学生的人文科学素质，加强对残疾学生心理与社会适应能力的教育，加强多种社会与职业需要的技能学习与训练，使他们增强自我生涯发展中的生存能力。教学中，普遍重视残疾人特有文化手段（手语、盲文）的使用和研究，积极推广使用多媒体教学手段和利用信息化技术开发生产的、适用于残疾人教育的教学辅助用具和用品。残疾人高等教育的各种特点逐渐显现出来。

据统计，有47%的学校采用网络、多媒体远程教学，70%的学校建有校内或校外教学实践基地。多数学校增加了实践教学基地，加大了投入。来培养适应社会需要，掌握较高专业理论和较强技术能力的残疾大学生应用性人才。

5. 残疾人大学生就业对口率逐年提高

可供残疾人大学生选择的专业在结合残疾人特点的基础上，专业设置有所增加，更加注重社会需求、地方特色及保障残疾学生就业。如中州大学特殊教育学院的古建筑绘画专业，结合河南文物大省特点、适应地方非物质文化遗产专业的发展，保障残疾学生就业，促进了残疾大学生就业对口率的提升。

6. 残疾人专科层次教育规模较大

2004年统计，有12所残疾人高等教育院校，其中本科层次院校4所，专科层次院校8所，专科层次院校占66.67%。目前，残疾人高等教育院校20所，其中本科层次院校8所，专科层次院校12所，专科层次院校占60%，同时专科层次院校的招生规模远大于本科层次院校，占65%左右。

7. 残疾人高等教育国际合作逐步深入

PEN项目是残疾人高等教育国际合作的典型案例。PEN项目总部设在美国罗切斯特理工大学所属的国家聋人工学院。PEN项目为多国参与项目，由日本国日本财团赞助，目前累计设资400万美元。现PEN项目的成员国家及学院有美国罗切斯特理工学院所属美国国家聋人工学院,日本筑波技术大学,俄罗斯莫斯科鲍曼技术大学,菲律宾 CSB 大学,中国天津理工大学聋人工学院、北京联合大学特殊教育学院、长春大学特殊教育学院、中州大学特殊教育学院、重庆师范大学。PEN 项目的主要任务是开发和推广能够提高听力残疾人高等教育水平的国际网络技术和手段,并同时支持和发展其每个项目成员所在地的网络化技术水平和服务内容,为发展残疾人高等教育事业进行不懈的努力。我国残疾人高等教育走出国门,更多地与世界各地残疾人高等教育院校交流与合作,PEN 项目为提高我国残疾人高等教育水平发挥了不可或缺的作用。

北京联合大学特殊教育学院与美国高立德大学合作办学,尝试残疾人大学生(听力残疾人)联合培养,迈出了中美聋人高等教育的第一步,开辟了中美聋人高等教育跨文化培养的先河,搭建了国内残疾人国际合作培养的平台,拓宽了国际残疾人高等教育合作的渠道。

(三) 残疾人高等教育面临的挑战

1. 残疾人高等教育院校分布不均

从残疾人高等教育发展的宏观层面上看,残疾人高等教育的规模(学校数量和在校生人数)与高等教育整体的发展和残疾人的需求相比较,还有很大的差距。全国残疾人高等教育院校中,相当一部分是新建校,办学历史短,经验不足,办学规模小,办学成本较大,且比较集中在大城市和经济较发达的地区,分布不均匀,制约着残疾人高等教育的发展,更不能满足残疾人接受高等教育的需求。

2. 残疾人高等教育办学层次不高

残疾人高等教育仍然是以专科为主,只是解决了部分残疾人上大学的门槛问题,还不能满足残疾人接受更高层次的高等教育的需要,与我国高等教育的发展不相适应。目前,仅北京联合大学有专门面向视力残疾生源的临床医学(中医)硕士专业学位授权点,并实行单考单招。

3. 残疾人高等教育专业设置单一

残疾人高等教育专业设置还比较传统、单一,尤其是面向视力残疾学生的专业更为明显,目前仅局限于针灸推拿(专科是中医按摩)和音乐专业。即使是面向听力残疾学生的专业,专业设置的数量虽比视力残疾学生多,但是,对占残疾人数量比例较大的听力残疾学生来说,现有专业的选择范围非常小。听力残疾学生主要集中在计算机和艺术类专业，视力残疾学生主要集中在针灸推拿按摩专业，与发达国家相比显得极为滞后。美国等发达国家在残疾人高等教育方面已远远走在前面，据美国残疾人高等教育协会提供的参考材料，1995年其大学新生中残疾人的比例已经达到9.2%，与残疾人在同龄人口中的比例接近。适宜残疾人学习的专业学科众多，能满足残疾人多样化的学习需要。

4. 残疾人高等教育师资力量薄弱

由于我国正规的残疾人教育师资培养工作起步晚、起点低、培养机构专业师资力量较弱、办学经验不足，特殊教育专业的学历教育和非学历培训都还没有形成体系，残疾人教育教师资格证制度还没有建立起来，形成了目前我国残疾人高等教育师资培训的自发性、短期性和随意性的局面，导致了我国残疾人高等教育师资在数量上和质量上都不能满足残疾大学生接受高等教育的需求，从而影响了残疾人高等教育的发展。

5. 残疾大学生的就业阻力和困难多

国家和各地政府为解决残疾人就业颁布了一系列保护残疾人劳动权益的政策法规；实行残疾人就业保障金制度；建立了各级残疾人工作协调机构和残联组织，使残疾人就业有了组织依托。但是，我国残疾大学生的就业率特别是签约率依然较低，许多政策难以得到真正的落实，用人单位观念落后，经常会出现排斥残疾人大学毕业生就业现象。此外，残疾人大学毕业生中存在着盲目乐观和好高骛远的错误就业观，要求的条件过高，对职业的选择过分挑剔，使得残疾大学毕业生的就业道路曲折。

另外，诸如残疾人高等教育办学经费、教师津贴等问题，都不同程度的影响和限制了还处在起步发展阶段的残疾人高等特殊教育。如残疾人高等教育院校均为地方院校，办学经费主要靠地方政府支持。目前，北京、长春、天津、西安、山东、河南、南京等残疾人高等院校都在全国范围内招收残疾人大学生，他们都承担了全国残疾人高等教育的任务。

三、我国残疾人高等教育院校的现状与分析

（一）残疾人高等教育院校的基本情况

截至2014年年底，全国残疾人高等教育院校20所，基本情况如

表 1-1 所示。

表 1-1 残疾人高等教育院校的基本情况

序号	学校名称	成立时间	目前教育层次
1	山东省滨州医学院特殊教育学院（肢残、盲）	1985 年	本科
2	长春大学特殊教育学院（盲、聋）	1987 年	本科
3	南京中医药大学职业技术学院（盲）	1993 年	专科
4	天津理工大学聋人工学院（聋）	1997 年	本科
5	金陵科技学院（聋）	1997 年	本科
6	北京联合大学特殊教育学院（盲、聋）	2000 年	本科
7	中州大学特殊教育学院（聋）	2001 年	专科
8	上海应用技术学院艺术与设计学院（聋）	2001 年	本科
9	长沙职业技术学院特殊教育系（聋）	2003 年	专科
10	南京特殊教育师范学院阳光学院（聋）	2002 年	专科
11	西安美术学院特殊教育艺术学院（聋）	2004 年	专科
12	重庆师范大学特殊教育学院（聋）	2005 年	本科
13	广州中医药大学（盲）	2006 年	专科
14	广州大学市政技术学院（聋）	2007 年	专科
15	郑州师范学院特殊教育学院（聋）	2008 年	本科
16	福州职业技术学院（聋）	2010 年	专科
17	河南推拿职业学院（盲）	2011 年	专科
18	辽宁省特殊教育师范高等专科学校（盲、聋）	2013 年	专科
19	绥化学院教育学院（盲、聋）	2013 年	专科
20	浙江特殊教育职业学院（盲、聋）	2014 年	专科

注1：目前教育层次截至 2014 年年底。

注2：2015 年，北京联合大学教学院已有研究生层次。

（二）残疾人高等教育院校的结构分析

1. 规模结构

（1）院校数量。

对我国残疾人高等教育院校的调查结果显示：

截至 2010 年年底，我国残疾人高等教育院校为 16 所；

截至 2014 年年底，我国残疾人高等教育院校为 20 所；

2014年与2010年相比残疾人高等教育院校增加4所，增长率为25%。

（2）招生规模。

① 根据中国残疾人联合会官方网站发布的《中国残疾人事业发展统计公报》，2010年、2014年高等院校录取残疾考生情况如表1-2所示。

表1-2 2010年、2014年高等院校录取残疾考生情况一览表❶

年份	普通高校	残疾人高等教育院校	录取总人数
2010	7674人	1057人	8731人
2014	7864人	1678人	9542人
增长	190人	621人	811人
增长率	2.48%	59.75%	9.29%

数据显示：高等院校录取残疾考生人数总体呈上升趋势，录取总人数从2010年的8731人增加到2014年的9542人，录取人数总计增加811人，总增长率为9.29%。

其中，2014年有1678人进入残疾人高等教育院校学习，与2010年的1058人相比，增长率达到59.75%；而2014年有7864人被普通高校录取，与2010年的7674人相比，增长率仅为2.48%。

② 根据教育部网站发布的数据统计，2010年、2014年高等院校录取普通学生和残疾考生情况如表1-3所示。

表1-3 2010年与2014年残疾人和普通人接受高等教育情况一览表

年份	高校录取残疾学生数/人	高校录取普通学生数/人	比率
2010	7674	6617551❷	0.116%
2014	9542	7214000❸	0.132%

数据显示：2010年进入高等教育阶段学习的残疾人只占当年全国普通高等教育招生人数的0.116%。2014年进入高等教育阶段学习的残疾人只占当年全国普通高等教育招生人数的0.132%。

综上数据分析可以看出，2010年以来，随着国家经济社会发展，尤其是2014年特殊教育提升计划的出台，残疾人受教育问题日益受到重视，残

---

❶ 中国残疾人事业发展统计公报．［EB/OL］http：//www.cdpf.org.cn/sjzx/tjgb/.
❷ 教育部．2010年教育统计数据．2012-01-11［EB/OL］http：//www.moe.gov.cn/publicfiles/business/htmlfiles/moe/s4958/index.html.
❸ 教育部．2014年全国教育事业发展统计公报．2015-07-30［EB/OL］http：//www.moe.gov.cn/jyb_xwfb/gzdt_gzdt/s5987/201507/t20150730_196698.html.

疾人高等教育院校数量明显增加。进入残疾人高等教育院校学习的考生增长率远高于进入普通高校学习的考生,说明残疾人高等教育院校招生规模虽小,但为解决残疾人接受高等教育发挥了重要的作用。同时,明显感到残疾人高等教育实现融合教育任重道远。

2. 体制结构

目前,我国残疾人高等教育的体制结构基本遵循普通高等教育的体制结构,宏观上特殊教育高等院校的举办主体和行政管理的隶属关系也与普通高等教育一样,主要分为教育部直属、中央其他部委直属、省(直辖市)直属和省辖市所属高校,根据所属权和经费来源不同又分为公办、民办和公办民办二元制的高等院校。

将我国残疾人高等教育体制结构的2014年调查结果与2010年调查结果(见表1-4、表1-5)进行对比,可以发现教育部直属和中央其他部委直属依然没有;省(直辖市)直属增加了3所,所占比例降低了1.25%;省辖市所属增加了1所,所占比例增加了1.25%。2010年和2014年的调查数据显示,残疾人高等院校全部为公办,其中有2所为省残联主办和管理,这两所学校为2010年以后建立。

表1-4 我国残疾人高等教育体制结构(行政隶属关系)调查数据

		行政隶属关系				
		教育部直属	省(直辖市)直属	中央其他部委直属	省辖市所属	合计
2010年	数量	0	13	0	3	16
	比例/%	0	81.25	0	18.75	100
2014年	数量	0	16	0	4	20
	比例/%	0	80	0	20	100

表1-5 我国残疾人高等教育体制结构(所属权及经费来源)调查数据

		所属权及经费来源			
		公办	民办	公办、民办二元制	合计
2010年	数量	16	0	0	16
	比例/%	100	0	0	100
2014年	数量	20	0	0	20
	比例/%	100	0	0	100

残疾人高等教育体制是由我国高等教育体制发展决定的,基本与目前

我国高等教育体制中"统一领导、分级管理"的特征相一致，但是与2010年相比，新增的院校中，有2所院校是由省残联主办和管理的。

现阶段在社会主义市场经济体制下，我国高等教育体制结构正在朝向多元化方向发展，相比较，80%的残疾人高等教育院校主要以省（直辖市）管理为主，体制结构单一。残疾人高等教育不同于普通高等教育，在体制及其运行方面有其特殊性，在与国家的政治经济体制发展相一致的前提下，如何发挥管理职能的合理性与有效性才是发展残疾人高等教育的关键。

3. 层次结构

2014年残疾人高等教育层次结构数据（见表1-7）与2010年的调查数据（见表1-6）相比较变化不大，维持本科和专科两个层次，且专科层次所占比例仍然较大。仍然没有研究生层次的突破。

表1-6 我国残疾人高等教育层次结构（2010年调查数据）

	研究生层次	本科层次	专科层次	本、专层次	合计
数量	0	4	10	2	16
比例/%	0	25	62.50	12.50	100

表1-7 我国残疾人高等教育层次结构（2014年调查数据）

	研究生层次	本科层次	专科层次	本、专科层次	合计
数量	0	7	12	1	20
比例/%	0	35	60	5	100

从以上调查数据可看出：随着我国经济社会发展，国家对残疾人教育的重视，我国残疾人高等教育学历层次逐步提升，本科层次院校所占比例从2010年的37.5%增加至2014年的40%。

2015年经国家学位办批准，历史上首次在北京联合大学特殊教育学院开始视力残疾人针灸推拿学专业的硕士研究生层次的教育。残疾人教育问题是一个社会问题，需要全社会共同关注。残疾人教育不仅仅是只对视力、听力残疾人的教育，还有言语、智力、肢体有残疾人的教育，残疾人高等教育如果要发展好，还要适度发展学前教育、基础教育，并不断提高其水平。20世纪90年代，国家制定的一系列教育法规都对残疾人教育做了明确规定，并将残疾人教育纳入国家教育改革和发展的总体规划。残疾人教育已成为我国教育事业的一个重要组成部分。

4. 科类结构

我国普通高等教育的科类结构根据我国社会经济发展、科技发展和教育发展，依据高等教育发展中不同学科领域的构成状态，已形成了比较完善的专业结构，形成了19个专业大类。而且我国高等教育的科类结构经过调整后更加趋于合理，相对适应我国社会科学技术的迅猛发展，培养了与所规定培养人才的专业类别和规格相一致的社会需要的人才。相对于我国普通本科的19个专业大类，可供残疾人选择的高等教育专业相对较少，硕士研究生仅有一个专业。

2014年对我国残疾人高等教育科类调查结果与2010年相比，本科专业没有太大变化，本科设置的专业依次涉及文学、医学、工学、教育学4个学科门类，专科设置的专业依次涉及艺术设计传媒、电子信息、医药卫生、公共事业、农林牧渔5个专业大类；视力残疾学生的专业设置主要是针灸推拿学和针灸推拿，听力残疾学生的专业设置主要是艺术设计和装潢艺术设计，计算机科学与技术和计算机应用技术。目前残疾人高等教育设置的专业科类相对较少、单一，且都以学科目录内为主。

目前我国残疾人高等教育在设置专业时，更多地考虑的是残疾人的生理限制问题，只选择适合残疾人生理需要的专业，这与我们国家残疾人的支持与服务系统发展相对滞后有关。多学科、大专业、宽口径的设置应该为残疾人高等教育提供多元化的专业选择，关键是相应的支持性服务要配套发展。具体专业设置主要有：

本科层次：计算机科学与技术、机械制造工艺及设备、服装设计及工艺、艺术设计、针灸推拿学、会计、音乐学、绘画学和临床医疗等专业；

专科层次：装潢广告设计、办公自动化、园林、中医按摩、钢琴调律、计算机应用与信息、音乐表演等专业。

5. 形式结构

在三十年的发展历程中，我国残疾人高等教育的办学形式在顺应国家主导形式的基础上，也形成了适合我国高等教育体制的办学特点。目前我国残疾人高等教育的办学形式结构主要有：普通高等学校招收全日制残疾学生（其中大部分是肢体残疾、轻度视力残疾和听力残疾），残疾学生与健全学生共同学习（也称为随班就读）；普通高等学校中特殊教育学院或开设系（专业），采取单独考试、单独录取的方式，招收全日制视力残疾、听力残疾学生；独立设置的残疾人中等职业学校采取与高校合作办学的方式，举办高等职业教育大专班招收全日制视力残疾、听力残疾学生；普通高等学校举办残疾人成人继续教育，采取单独考试、单独录取的方式，招收视力残疾、听力残疾和肢体残疾人；高等教育自学考试、广播电视大学等举办残疾人成人继续教育。

由此可见，这些办学形式都是为了满足残疾人接受高等教育的需求而形成的。普通高等学校还不具备"无障碍"环境与条件，普通高考制度无法适应听力残疾、视力残疾和一些程度较重的肢体障碍学生的考试需要，特殊中等教育和基础教育水平与普通教育还有一定差距，因此残疾人高等教育在国家主导办学形式基础上实行单考单招、开办成人教育、中等职业学校与高校联合办学等多种办学形式是一种暂时的解决办法。

6. 区域布局结构

残疾人高等教育的区域布局结构与普通高等教育一样，也有区域分布的特点，目前我国残疾人高等教育在数量、机构、类型、层次等方面在不同地区具有不同的分布。残疾人高等教育的区域分布不仅受当地经济文化发展水平、历史传统和文化环境的制约，也受国家政策的影响，更受当地人文环境的影响。

表1-8　我国残疾人高等教育地区布局结构调查数据

年份	项目	华北地区	东北地区	华东地区	华中地区	华南地区	西北地区	西南地区	合计
2010年	数量	2	1	4	4	3	1	1	16
	比例/%	12.50	6.25	25	25	18.75	6.25	6.25	100
2014年	数量	2	3	6	4	3	1	1	20
	比例/%	10	15	30	20	15	5	5	100

我国残疾人高等教育的区域布局结构2014年调查数据与2010年调查数据相比，东北地区和华东地区有所增加，其中东北地区增加比例较大；其他地区所占比例较小，且呈下降状态。说明我国残疾人高等教育的分布基本与普通高等教育的发达地区、较发达地区、边远欠发达地区的梯层结构相似，主要受社会、经济和文化发展的影响，尤其受人文观念的制约。发展残疾人高等教育不仅需要一定的物质条件和经济条件，更需要一定的社会文化条件和人文思想的基础。从办学效益讲，发达地区经济条件好、教育基础好，能

够保证办学质量，便于发展残疾人高等教育；从社会人文角度讲，发达地区人们整体素质高、社会发展进程快、人文意识强，易于接受残疾人高等教育。中国有8600万残疾人，现有学校数量还是远远不能满足残疾人接受高等教育的需要。中国地域辽阔、人口众多、地区差异较大，如何有计划地、合理地分布残疾人高等院校需要在理论上和实践上深入探讨。

（三）调整残疾人高等教育结构的建议

1. 完善残疾人高等教育单考单招制度，提升层次结构

我国高等教育层次结构分为专科、本科和研究生教育三个层次。高等教育的每个层次相对独立，形成一个梯度等级，在社会发展和经济发展的调控下有序地联系成一个整体系统，为社会和经济发展培养不同层次的专门人才。改革开放以后，我国社会、文化与经济得到了较快的发展，人民的物质财富和精神财富也得到了极大的丰富，人们追求高水平和高质量教育的愿望也在不断提高。残疾人作为人类的一部分也会有同样的愿望与追求。自1999年普通高校扩招以来，高等教育的专科层次得到了较大的发展，自2002年起我国高等专科层次教育的招生数量开始超过本科。在院校数量上，专科层次高校数量也超过本科院校数量。目前残疾人高等教育以专科层次为主，与普通高等教育的本、专层次结构基本对应，但研究生层次的教育仅有一个学科专业。建议残疾人高等教育的办学层次结构可基本保持本、专层次结构比例，适度增加本科生招生规模。同时研究完善残疾人高等教育研究生层次的单考单招政策，帮助中、重度听力残疾和视力残疾的大学生实现接受研究生教育的梦想。

2. 加强残疾人高等教育体制结构研究，明确教育管理运行机制的责任与归属

体制结构反映了高等教育行政主体、办学主体和经营主体之间的关系，并且受国家制度、经济体制、国家政体形式及民族文化传统的影响和制约。目前残疾人高等教育的管理体制与国家高等教育管理体制是一致的，由国家统一领导，地方自主办学。但是残疾人高等教育在运行过程中，中央政府负责什么、地方政府负责什么并没有像普通高等教育那样明确。目前，教育部在基础教育二司设立特殊教育处负责义务教育阶段特殊教育工作，高校学生司本专科招生处指定专人负责残疾人高等教育考试招生录取事务。而残疾人高等教育、职业教育等未完全列入相关司局的职责

范围内。地方各级教育行政部门中也仅在基础教育处（科）中有一人兼管特殊教育。在这种不完善的管理体制和运行机制下，残疾人高等教育在顶层设计、整体规划、政策导向、学科建设、办学资金和条件、师资队伍培养等多个方面，缺乏宏观统筹、协调、管理和指导。随着教育事业和残疾人事业的不断发展，残疾人教育已经突破义务教育向两边延伸，从学前教育、义务教育、高中教育、职业教育到高等教育、成人教育的残疾人教育体系已初步形成。残疾人高等教育管理体制和运行机制需要尽快理顺，以利于残疾人高等教育持续、健康地发展。

3. 改变残疾人高等教育专业设置单一的科类结构，实现残疾人高等教育多元化

高等教育的科类结构受经济、科技、社会和教育因素的影响，尤其是受国民经济产业结构的制约，是产业部门在一定时间与空间中对专门人才数量与质量上的需求，是发展高等教育的基础性工作，同时也是人们追求自我、实现自我的重要途径。高等教育的科类结构一方面要与社会、经济、科学技术结构相适应，与国家的人才需求趋势相吻合；另一方面也要从高等教育自身的发展出发，建立宽窄适应、文理工协调发展的科类结构，满足人们接受高等教育的不同需求。进入高等学府的残疾人都是残疾人中的佼佼者和高智商群体，他们与健全的青年一样，渴望学习更多的知识与技能报效祖国，他们具有很大的潜能，如果专业设置只考虑他们的特殊性，将会极大限制他们潜能的发挥和自我价值的实现。不管在普通院校还是特殊教育院校学习，我们需要从"人"的角度去认识残疾人，从"权利"的高度去理解残疾人，从"社会"的视角去看待残疾人。在进行专业设置时，不单是考虑残疾人的特殊性，更要从他们的"可能性"及创造条件挖掘、发展他们的"可能性"出发考虑专业设置问题，同时还应从学校的公共设施、教学设施、生活问题等方面加强服务与支持系统的建设，为残疾人高等教育拓宽专业奠定基础，实现残疾人高等教育的多元化、多学科的专业设置。

4. 优化残疾人高等教育形式结构，完善办学形式与实现多元化办学

我国高等教育形式结构主要由全日制普通高校、成人高等教育机构、民办或私立高等学校组成，并朝着多样化方向迈进。我国残疾人高等教育办学形式在发展过程中，根据国家具体情况和实际条件，逐渐摸索和形成了初步满足残疾人接受高等教育需要的模式，但是随着社会的进步、经济

的繁荣、高等教育的大众化趋势，残疾人高等教育必须在巩固现有办学形式的情况下，进一步完善各种办学形式，提高各级学校的教育质量，协调各种办学形式间的关系与功能，发挥现有办学形式的优势和作用，优化残疾人高等教育形式结构，鼓励多元化办学，提高办学效益，促进残疾人高等教育在新的历史阶段的高水平发展。

5. 平衡残疾人高等教育院校区域分布结构，兼顾西部残疾人高等教育的发展

根据调查，我国残疾人高等教育区域布局主要集中在中东部、南方沿海及发达的大城市地区，相对来说，西部及少数民族欠发达地区残疾人高等教育发展不足。为此，需要对残疾人高等教育院校进行有计划的合理布局。我国残疾人高等教育院校分布结构的现状，与各地区经济发展、文化发展水平以及当地政府对残疾人高等教育的认识有关，也是残疾人高等教育起步和初步发展阶段中的自然现象，但随着社会的发展，国家需要对目前的布局进行调控。《国家中长期教育改革和发展规划纲要（2010—2020年)》中从以人为本、实现教育公平、保障残疾人受教育的权利和促进社会全面进步的高度提出了"重视发展残疾人高等教育"，国务院办公厅转发的《关于加快推进残疾人社会保障体系和服务体系建设的指导意见》中，继续强调"加强残疾人中等职业学校和高等特殊教育学院（专业）建设"，残疾人社会保障体系和服务体系建设也全面启动。未来十年，残疾人高等教育的发展将会进入一个新的历史阶段，数量和质量上都会有一个较大的提高。如何对残疾人高等教育进行合理布局，将会影响到残疾人接受高等教育的权利与公平问题，需要从地域、经济、文化、人文意识、历史沿革、教育民主的高度等多角度、多维度综合进行计划和合理布局，保证残疾人高等教育的办学水平和教育质量。

总之，我国残疾人高等教育结构问题的研究，是高等教育宏观研究不可缺少的重要领域，我们在针对全国最主要的16所残疾人高等教育院校调研的基础上，发现和总结了我国目前残疾人高等教育的结构问题，这些问题主要表现在教育层次结构、教育体制结构、专业科类结构、教育形式结构、区域布局结构等众多方面。建议相关部门认真对待残疾人高等教育结构存在的缺陷与不合理的现象，锐意进行残疾人高等教育的改革与创新，优化残疾人高等教育资源，拓展残疾人高等教育专业与提升办学层次，丰富残疾人高等教育的科类结构，平衡中西部残疾人高等教育的合理布局，

最终实现我国残疾人高等教育的大发展，提高中国残疾人高等教育的水平，促进我国残疾人高等教育发展进入新的历史水平。

四、我国残疾人高等教育院校教师队伍现状与分析

一所优秀的高等院校，其综合实力体现在教育、科研及教师队伍的整体优势上。我国从政府角度有计划开展残疾人高等教育办学历史相对较短，仅有三十年的历史，规模范围较小，与普通高等院校相比，学生整体素质、教育设施条件、专业建设及教学课程模式都有很大的差别。残疾人高等教育的主要对象就是残疾学生，其生理特征决定了其接受教育条件的艰难性与自身付出程度的刻苦性。2010年中国残疾人事业发展统计年度数据显示[1]，目前我国残疾人全日制高等教育的培养对象主要是肢体残疾、视力残疾和听力残疾学生，其中肢体残疾学生约占残疾大学生的72.5%，肢体残疾学生主要集中在一些普通高校学习；而视力残疾和听力残疾学生约占残疾大学生的27.5%，其中残疾程度较为严重、学习困难较大的视力残疾和听力残疾学生大多数集中在普通高校内部独立设置的特教学院（系、专业）中学习。无论肢体残疾学生，还是视力残疾和听力残疾学生，他们身体、生理、心理、学习方法及生活习惯都与身体健全的大学生有很多的差异，需要克服难以想象的各种困难。而面对如此一群自强不息的残疾大学生，作为残疾人教育服务的残疾人高等教育院校，除了特殊的教学设备、教学设施及各种教学硬件外，最重要的是教师队伍的建设，残疾人高等教育培养对象的特殊性决定了对其教师队伍有着不同于传统意义上的普通高等教育的特殊要求。《国家中长期教育改革和发展规划纲要（2010—2020年）》中提出了"教育大计，教师为本。有好的教师，才有好的教育"[2]。残疾人高等教育作为高等教育的重要组成部分，要更好地实现发展目标，首先要有一支高素质专业化教师队伍。虽然三十年来，中国残疾人高校教育形成了一定规模的教师队伍，但从数量、质量上都远远不

---

[1] 中国残疾人联合会. 2010年中国残疾人事业发展统计公报，2011 - 04 - 07. ［EB/OL］http：//www.gov.cn/fwxx/cjr/content_ 1839338.htm.

[2] 国家中长期教育改革和发展规划纲要（2010—2020年）［EB/OL］.（2010 - 07 - 29）. http：//www.gov.cn/jrzg/2010 - 07/29/content_ 1667143.htm.

够，还不能满足和适应残疾人高等教育的发展要求。目前，高等特殊教育师资现状：已接受残疾人大学生的高校中，绝大多数残疾学生的任课教师没有受过特殊教育专业培训，特殊教育教师在数量上严重缺乏，在质量上无法保证是不争的事实❶。

（一）残疾人高等教育教师队伍存在的主要问题

1. 整体结构存在的主要问题❷

（1）学历结构尚需提升。

在独立设置特教学院（系、专业）高等院校专职教师中，具有博士学位的教师比例为5.65%，具有硕士学位的教师比例为57.39%，具有学士学位的教师比例为32.17%。从统计数据上看，现有的学历结构在一定程度上尚能满足目前学校的教育教学工作，但与国内其他普通高校和国外同类高校相比，具有硕士及以上学位教师的比例还存在着较大差距。学历结构是教师队伍在基础理论水平和科学研究能力方面的一个重要标志，从残疾人高等教育的发展趋势看，让所有人都能够平等接受适合其独特需要的高质量的高等教育，提升特殊教育教师学历是必需的要求。

（2）职称结构亟待调整。

专职教师中具有高级职务教师比例为34.35%，具有中级职务教师比例为55.65%。很明显，从事残疾人高等教育的教师在职称方面还处于偏低水平。一个领域的学术带头人的水平是制约其向高层次发展的关键性因素之一，高级职务教师的比例偏低无法发挥学术骨干等带头人的激励和辐射功能，必然会成为残疾人高等教育发展的瓶颈。

（3）年龄结构尚需优化。

专职教师中年龄在35岁以下教师占教师总数的39.57%，35~45岁教师占教师总数的40.00%。青年教师存量和比例偏高，而中年教师存量不足，难以形成老中青均匀分布的教学和科研梯队。

2. 能力素质存在的主要问题

（1）从知识结构看，从事残疾人高等教育的专职教师主要问题是特殊

---

❶ 黄晶梅，王爱国．我国残疾人高等教育发展问题的探析［J］．中国特殊教育，2008（12）：74.

❷ 滕祥东，杨冰，郝传萍．我国残疾人高等教育院校教师队伍建设探讨［J］．中国特殊教育，2011（10）：10.

教育知识方面严重欠缺。综合学历结构、年龄结构情况分析，可以看出我国目前从事残疾人高等教育教师整体学历层次与年龄水平呈现反向趋势，这种现象表明特教院校的教师多数经历都是从学校到学校很快步上讲台。同时，经统计，专职教师中在职前接受过特教培训的比例仅占14.35%，至今仍有35.22%的教师没有接受过特教的相关培训。这两个因素综合起来就说明教师在特教知识和特教教学经历方面同样存在着欠缺。

（2）从能力素质结构看，教师在实践教学经历方面有很大欠缺。如前所述，教师来源单一，大多数都是从学校门到学校门，缺少相关行业企业实践锻炼，实践应用能力较低，进而造成残疾大学生在社会就业岗位中职业技术应用能力以及分析判断问题的能力较低。教师特殊教育教学能力和研究能力方面也存在着欠缺。由于残疾人高等教育的特殊性，当前残疾人高等教育教师却面临一系列的困境：专业课与特殊教育教法结合困难，研究能力欠缺。教师的教学策略和教学方法虽然针对残疾学生的特点有一些调整，但大部分仍沿用学科型教育和健全人教育的策略。在教学手段和方法上，大部分教师在用手语、盲文作为辅助教学手段以外，其他方面基本上与健全人的教学一样，并没有根据残疾学生生理特点造成的学习障碍但同时又具有很强的生理补偿能力、动手能力的情况❶，开展因材施教的教学和研究，不能从根本上适应残疾人的需要，进而影响了教育教学质量。此外，由于残疾学生身心发展上的特征和特殊教育需要，对特教教师思想道德品质提出的职业道德要求更为严格。但目前特教院校教师队伍呈现年青化趋势，同时职前接受过特教培训的教师又不足半数，因而从事残疾人高等教育的教师在职业道德、职业素质和观念方面的建设还是当前比较迫切的任务之一。

（二）残疾人高等教育教师队伍建设思路

1. 残疾人高等教育教师队伍整体结构应符合普通高等教育人才培养的共性要求

残疾人高等教育作为高等教育的一种形式，其本质是"高等教育"，其人才培养目标的定位为"高层次人才"。因此，残疾人高等教育教师队

---

❶ 梁辉，曲学利. 残疾人高等职业教育的人才培养研究［J］. 中国职业技术教育，2010(31)：66-67.

伍的整体结构首先要达到普通高等教育教师队伍结构的目标要求，如学历结构、职称结构、年龄结构、学缘结构、学科专业结构等，这是残疾人高等教育教师队伍建设所必需的共性要求，也是残疾人高等教育教学质量的基本保障。离开了普通高等教育教师队伍结构的目标要求，就无法保证残疾人高等教育教师队伍建设的高等教育的质量标准。同时，由于残疾人高等教育的培养目标更多的是培养应用型人才，因此教师队伍整体结构要素还应进一步拓展，即经历结构、应用能力结构和组成结构。经历结构扩展了一般性结构中学缘结构的内涵，该结构要素强调将"具有相关学科行业企业实践经历"作为专业教师的入职条件；应用能力结构要素强调专业实践能力是专业教师必须具备的关键能力；组成结构要素强调兼职教师的作用与来源，兼职教师更强调来自行业企业的专家和技术骨干在学科专业建设和人才培养过程中发挥的重要作用❶。

2. 残疾人高等教育教师的个体素质结构应符合培养对象的特性要求

残疾人高等教育培养对象的特殊性要求从事残疾人高等教育教学的教师必须具备特殊素质才能够满足培养目标的要求。

（1）知识结构。

残疾人高等教育人才培养是高等教育与特殊教育相融合的过程。第一，人才培养的基本定位是要将残疾学生培养成为相关领域的高层次人才。这个基本定位要求教师应具备"所从事学科专业知识"和一定的"教育学科知识"，以帮助教师在掌握一般教学规律的基础上解决教育教学中"教什么"的问题，这也是普通高等学校教师应具备的知识结构。第二，据调查，用人单位的需求和残疾学生实际情况之间的矛盾主要表现在岗位的核心技能方面。残疾大学生是否掌握了岗位的核心技能是用人单位录用人才的重要指标。作为培养人才的教师本身应具备相应的岗位核心技能。第三，残疾人高等教育的教育对象为残疾学生，他们与普通高等教育中身心健全的学生相比，生理和心理特点存在着差别，同时残疾学生因残疾类型不同在心理和认知方面也存在着显著差异。培养对象的特殊性导致培养过程的复杂性，这种复杂性就要求教师除应具备上述知识外，还应该掌握关于残疾学生心理、医学、康复、社会等多方面的知识，具有对残疾学生

---

❶ 滕祥东，任伟宁，杨冰. 应用型大学教师队伍结构模式的构建与优化 [J]. 黑龙江高教研究，2009（7）：88-90.

身心缺陷进行诊断、评估及教育、康复等更为综合化、个性化和精细化的特殊教育知识❶，以帮助教师在面对特殊教育对象时，解决教育教学中"怎么教"的问题。基于上述分析和认识，从事残疾人高等教育教师的知识结构应该具有"所从事学科专业－职业教育学－特殊教育学知识"的复合知识结构。

（2）能力结构。

首先，从残疾人高等教育发展趋势看，残疾人高等教育的主流应该是就业教育，目前残疾人高等院校中多数残疾学生接受高职教育。因此，其培养目标、培养方案、课程设置、教学方法和途径都应突出职业性和技术性，这就要求残疾人高等教育教师应该在相关学科专业领域具有较强的本行业的实践应用能力。其次，对于残疾人高等教育教师而言，除具备基本的教学设计、教学组织、运用教学媒体和信息化技术、教学评估和常规的教学研究能力外，还应该具备满足课堂上学生特殊需要的教学和研究能力，包括认识和了解残疾学生身心特点的方法；在评估、了解学生基础上，运用手语、盲文技能、计算机以及生动的语言表达等手段设计、创建教与学的环境并善于灵活依据实际、变通地利用环境及辅助技术对残疾学生进行教育教学的能力以及关于特殊教育理念、特殊语言等教学研究能力，才能有效保证教育教学质量。

（3）职业道德素质。

残疾人高等教育是一项崇高但又复杂的育人事业，因此，它不仅要求教师具备教师应有的共性职业道德，还要形成体现特殊教育特性的"以爱、奉献为核心，以教育公平公正等教育观念为导向"的职业操守。

综上所述，残疾人高等教育教师队伍建设的基本思路是：坚持一个目标，两个标准。一个目标是指教师整体结构与个体能力素质有机结合，相互作用，最终能够促进教师队伍整体素质的有效提升；两个标准是残疾人高等教育教师队伍建设既要符合普通高等教育对人才培养的共性标准要求，同时又要符合残疾学生培养过程中所产生的对教师能力素质的特性标准要求。

---

❶ 丁勇．专业化视野下的特殊教师教育——关于特殊教师教育培养目标和培养模式的研究［J］．中国特殊教育，2006（10）：69.

(三) 残疾人高等教育教师队伍建设策略

综合残疾人高等教育教师队伍目前存在的问题，运用系统理论，提出教师队伍结构优化策略，它为残疾人高等教育院校教师队伍健康发展，真正促进特殊教育学科专业优化，提高人才培养质量提供了很好的支撑和保障作用。

1. 坚持整体性观点，促进教师队伍整体结构与个体能力素质共同优化

整体性是系统原理的核心，它要求人们在认识和改造系统时，必须从整体出发，从组成系统的各要素间的相互关系中探求系统整体的本质和规律。把这个原理应用到残疾人高等教育教师队伍优化上，就要求我们必须将教师的整体结构优化和教师个体能力素质优化综合考虑，使之能够相互作用形成合力，发挥整体效应。

一方面建立人才引进的导向机制，积极引进残疾人高等教育所需的具备高等职业教育和特殊教育双重知识背景的学科专业人才，尤其是要补充年富力强的中年骨干教师，这是改善教师队伍结构的直接而有效的途径之一；另一方面是健全现有教师培养和培训机制，在鼓励教师提升原有普通高等教育学历层次的基础上，在职攻读特殊教育专业学位或参加特殊教育国内外访问学者项目等，补充特殊教育的知识、技能和分门别类的特殊教育能力。通过这种"提升增量结构"和"完善存量结构"相结合的方式❶，在优化教师队伍学历、职称、年龄等整体结构的基础上，进一步提升教师个体能力素质，进而真正促进人才队伍整体素质的提升。

2. 坚持层次性观点，重点推进残疾人高等教育青年教师结构优化和能力素质提升

任何较为复杂的系统都有一定的层次结构，系统的运动能否有效，效率高低，很大程度上取决于能否分清层次。残疾人高等教育教师队伍建设也应遵循系统理论的层次性原则，应有层次、有重点地进行队伍优化。从上述残疾人高等教育教师队伍建设现状分析，青年教师比例过高，且这些青年教师普遍缺乏特教背景知识和教学经验，特殊教育教学和研究能力相对薄弱。因此，我们在坚持教师整体队伍优化的基础上，加强青年教师队

---

❶ 国家中长期教育改革和发展规划纲要（2010—2020 年）[EB/OL]．(2010 - 07 - 29)．http：//www.gov.cn/jrzg/2010 - 07/29/content_ 1667143. htm.

伍建设是残疾人高等教育院校教师队伍建设的重点任务。

（1）实施"双导师"制度。鉴于残疾人高等教育教学工作的特殊需要，对于没有接受过特殊教育职前培训的青年教师而言，短时间内可能无法完全胜任相应的教学工作。因此，残疾人高等教育院校应建立"双导师制度"，为青年教师配备一名相关学科专业导师和一名特殊教育教学方面的导师，在"双导师"的传、帮、带作用下，青年教师一方面可以进一步完善所从事学科专业的专业知识，提高自身的教学水平。另一方面，又可以在教学实践中学会特殊教育方面的专业技能和教学方法，克服理论脱离实际的弊端，让青年教师在实践的教学活动中真正提高自己从事特殊教育的教学能力。同时，通过双导师制，还可以进一步加强青年教师职业道德教育，培养青年教师为献身特殊教育事业的敬业精神，勤奋好学与刻苦钻研的奋斗精神，治学严谨与执教认真的科学精神。

（2）鼓励特殊教育教师在职提高。为完善青年教师特殊教育的教学和研究能力，残疾人高等教育院校应鼓励青年教师通过攻读学位、短期培训、访问讲学等方式，不断学习特殊教育相关专业知识和提高特殊教育教学技能并支持教师积极从事残疾人高等教育的教学研究。同时，制定政策鼓励教师参加本行业的实践活动，提高实践应用能力。当然，针对不同的教育对象，青年教师参加职后培训的要求也有所区别，这样才能加强培训的针对性、层次性、实用性。

3. 坚持相关性观点，为优化教师队伍结构创造良好的环境氛围

系统原理的相关性原则要求我们在考察系统时，必须从内部和外部两个方面来考察，一方面要考察系统内部因素之间的相互联系，相互作用；另一方面，又要考察系统要素与外部环境之间的相互联系，相互作用。因此，我们在优化残疾人高等教育教师队伍结构的同时，还要注重教师队伍结构要素与教师队伍所处的外部环境之间的相互协调，促其产生合力，努力创造一个有利于教师队伍整体发展的外部环境。

（1）从学校层面上说，残疾人高等教育院校应推进专业课程教学改革，完善特殊教育教学理念，明晰教育教学方法，为教师队伍建设提供理论依据和支撑平台。一方面，要不断探索和完善教师职后培养培训的方式和相应的激励措施，在制度上为尽快提升特殊教育教师队伍整体素质提供制度保障。另一方面，应进一步拓宽兼职教师的来源和渠道，以弥补教师某一方面能力不足的问题。一是根据相关专业人才培养的实际需要聘请特

殊教育行业的、具有丰富的残疾学生教学经验的人员参与到教学实践中；二是根据学生培养的专业方向，聘请相关行业的符合教师资格要求的人才参与到教学实践中。

（2）从国家层面上说，为营造有利于残疾人高等教育院校教师队伍结构优化的社会环境，应从我国的实际出发，加快特殊教育教师的立法建设，制定全国性的残疾人高等教育教师专业标准，实施特殊教育教师格资准入制度。同时，加强和完善残疾人高等教育教师"职前－入职－在职"一体化教育。

为此，国家应出台相关具体政策支持残疾人高等教育教师队伍建设，引导教师专业化发展，特别是从事残疾人高等教育的教师"特色"发展。

第二章　国内外普通高校教师专业化的经验借鉴

残疾人高等教育作为高等教育的一部分，其教师专业化必然与普通高等院校教师专业化具有共性的方面。本章分析比较了国内外普通高等院校教师专业化与专业发展的历程、相关的政策环境建设、教师专业标准体系和教师专业发展的支持保障建设方面的特点和经验，以期为残疾人高等教育院校教师的专业化研究提供有益的借鉴。

一、高校教师专业化与专业发展

（一）教师专业化与专业发展的内涵

从国外的文献来看，对教师专业化、教师专业发展等概念均有不同的理解。从广义而言，这两个概念是相通的，均用以指加强教师专业性的过程，但两者也有区别，可以从个体、群体与内在、外在两个维度上加以区分。"教师专业化"主要强调教师群体的、外在的专业性提升，即通过谋求社会对教师专业地位的认可和社会地位的提升来体现教师专业性或通过订立严格规范的资格许可和任职制度等体现教师专业性；而"教师专业发展"则是教师个体的、内在的专业性的提升，即教师内在专业素质的提升和专业实践的改进❶。

1. 教师专业化

1997年，联合国教科文组织发表的《关于高等教育教学人员地位的倡议》确立了高校教师作为专业人员的社会地位。在倡议的"指导原则"中明确指出："高等教育中的教学是一种专业，它是需要高等教育人员经严谨的和终身的学习和研究才能具备的专门知识和专门技能的一种公共服务；它还

---

❶ 叶澜，白益民，等. 教师角色与教师发展新探 [M]. 北京：教育科学出版社，2001：208 - 209.

需要对学生与整个社会的教育与福祉具有个人的和学校的责任感,需要对学术和研究的高水平水准具有个人的和学校的责任感。""教师专业化"一词的出现从某种意义上表明了教师职业已经不再被仅仅视为一种谋生的职业,它不同于那些由市场变化或者政府的行政能力来操纵其命运的职业,它是一种具有特殊性质的、能够给从业者带来特权和特殊义务的职业。作为从事这一职业的高校教师在享有大学自治、学术自由、终身教职等特权的同时,也必须承担相应的义务与责任。20世纪80年代以后,很多国家都加快了高校教师专业化建设的步伐,提出了高校教师专业化建设标准,虽无统一表述,但大多包含两个方面:一是专业自身的成熟程度(包括专业知识、技能成熟程度,专业组织、制度成熟程度和专业精神水平),二是高校教师专业的经济待遇、社会地位和专业声望以及由此形成的职业吸引力。

国际上高校教师专业化的关注经历了一个变化的过程,从关注高校教师的群体发展到关注教师的个体的发展。从关注教师专业发展的外部环境和专业地位到关注教师内在专业素养的发展。

2. 教师专业发展

高校"教师专业发展"是随着高等教育从精英教育到大众化教育的转化过程而产生的概念,对于教师专业发展的内涵也有一个渐进的认识过程。高校教师是大学中的核心行动者,高校教师的思想信仰、价值取向、能力水平和工作士气将直接决定高等教育实践的效率和效益,决定着它的学术影响力和社会影响力。大学的使命决定了教师胜任工作应具备的能力素质,也决定着教师专业发展的方向。因此,我们有必要从大学的使命入手,探讨高校教师的专业发展问题。

大学的使命随着时代的发展而不断延展。在国外,19世纪的英国牛津学者纽曼在他的《大学的理想》中强调,大学是一个提供博雅教育、培育绅士的地方,大学的目的在于"传授"学问而不在于"发展"知识。但随着工业革命的兴起,新的科学技术发明在生产中广泛运用,大学体制也逐步向文理结合的综合性大学发展。以德国洪堡在创建柏林大学时的主张为代表,摆脱了中古的学术传统,提出了大学的新理念,认为大学重在"发展"知识而不在"传授"知识,他强调大学既是积累和传播知识的教育机构,更应该是知识发展与创新的研究中心。他第一次提出了"学术自由"的概念,开创了现代大学教育的新纪元,"学术自由"作为大学的核心理念,成为大学孜孜以求并赖以生存的根基。而到20世纪30年代,由于知识爆炸及各行各业的发展对知识的强烈依赖和渴求，学术已与社会结合紧密，以美国威斯康星大学为代表，提出大学还应"为社会提供服务"，这使得大学从社会边缘进入了社会中心。之后，大学的教学、科研和社会服务三大职能逐渐成为公认的大学的基本职能。在我国，关于大学的功能和教师的责任的明确表述在《礼记》的《大学》篇中就有，它指出："大学之道，在明明德，在亲民，在止于至善"，即"大学的宗旨在于弘扬光明正大的品德，在于使人弃旧图新，在于使社会达到最完善的理想境界"。我国现代大学的发展起源于19世纪末到20世纪初，是在借鉴西方大学办学理念和大学制度的基础上建立起来的。蔡元培先生在担任北京大学校长期间提出的北京大学的建校观，即我国初始的现代大学理念的描述："大学肩负振兴民族的使命，大学是研究高深学问的机构，大学要思想自由、兼容并包、教授治校"。当今，大学的职能还在进一步拓展，"文化的传承创新"已经明确作为我国大学的第四大职能。在我国高等教育今后新的发展阶段中，大学将走内涵发展道路，把人才培养作为根本任务，大力培养高素质应用型、复合型人才和拔尖创新人才，更加注重大学作为经济社会发展"助推器"的重要功能，服务于国家和地方经济社会发展和文化传承创新。由此可见，现代大学承担的多重职能赋予了高校教师更多的责任，即作为教学者、研究者、社会服务者和文化传承创新者的责任。

从国际上看，在高等教育的精英教育阶段，大学教师享有特权地位和自主身份。由于该阶段高校教师的数量不多、社会影响力不大，因此，高校教师没有引起政府和社会公众的过多关注。到20世纪中叶后，大学招生人数急剧扩张，高等教育大众化时代到来，这时，高校教师的数量也有了相当数量的增长，政府在支持高校的科研活动中投入日益庞大的财政拨款和基金预算，大学的社会影响力日益强大，社会各阶层对大学的期盼很高，高校教师能力水平的参差不齐，使社会上对高校教师的褒贬之声日益增加，高校教师的专业发展越来越受到重视。20世纪70年代，洛根·威尔逊在著作《美国学者：过去和现在》中以美国大众化时期的美国高校教师为对象，重点研究了19世纪40年代早期和19世纪70年代晚期美国学术生活的三大问题：学者成长经历和道路、学术专业的地位以及学术专业的竞争和声誉等[1]。

---

[1] 陈伟. 西方大学教师专业化 [M]. 北京：北京大学出版社，2008：5–6.

国际上,关于高校教师专业发展的内涵有很多探讨,并从教师专业发展的内容、目的、综合等不同视角给出了不同的教师专业发展内涵描述。20世纪70年代,伯奎斯特(William H. Berquist)和菲利普斯(Steven R. Philips)认为,虽然大学教师发展的首要目标是提高教师个人的教学质量,但同时也应是综合的,包括了大学教师作为教学者、个人和组织成员的发展❶。80年代,尼森(Nelson W.)指出高校教师专业发展(professional development)是指为了改善教师在其职业生活中各个方面的表现而做出的一切努力和尝试。这些方面包括作为学者、研究者、学术领导者、组织决策贡献者等❷。克劳德(Claude)在《教育研究百科全书》(Encyclopedia of Educational Research)中指出,高校教师发展是指那些为保持和促进高校教师个人专业能力发展,使他们在特定的院校中完成各种任务的项目、活动、实践和策略,教师专业发展关注的方面包括教师所在学科的科研与学术活动以及正式的课堂教学和个人职业生涯的非正式的管理❸。1989年,森塔(Centra)指出,大学教师专业发展包括教学发展、专业发展、组织发展和个人发展❹。1991年,美国全美教育协会(National Education Association,简称NEA)在《大学教师发展:国力的提升》中认同森塔关于大学教师专业发展内涵的界定,并对四个方面的发展进行了更深层次的归纳,指出教学发展包括学习材料的准备、教学模式与课程计划的更新;组织发展集中于营造有效的组织氛围,促使教师采用新的教学实践;专业发展包括促进个人成长,获得提高与专业工作相关的知识、技能和意识;个人发展包括采取整体计划,提高教师人际交往能力、维护健康、进行职业规划❺。1990年,现代美国教育家、卡内基教学促进基金会主席博

---

❶ Berquist W H, Philps S R. A Handbook for Faculty Development [M]. Washington: The Council for Advancement of Small Colleges, 1975: viii.

❷ Nelson W. Faculty who stay: Renewing our most important resource, in Baldwin R. and Blackburn R. (eds.), College Faculty: Versatile Human resources in a Period of Constraint [M]. San Francisco, CA: Jossey-Bass Publishers, 1983: 70.

❸ Menges R J, Mathis B. C. Key resources on teaching, learning, curriculum, and faculty development: a guide to the higher education literature [M]. San Francisco: Jossey-Bass, 1988: 254.

❹ Centra K T. Faculty evaluation and faculty development in higher education. In J. C. Smart (Ed.), Higher Education: Handbook of theory and Research [M]. New York, Agathon Press, 1989: 155-179.

❺ National Education Association. Faculty Development in Higher Education: Enhancing a National Resource [M]. Washington D C, 1991.

耶（Ernest L. Boyer）在针对当时美国高校重科研、轻教学及大学学术功利化倾向，发表了专题报告《学术的反思》，提出了拓展学术内涵的新范式，即大学学术不仅意味着探究知识，其内涵应包括相互联系的四个方面，即探究的学术、整合的学术、应用的学术和教学的学术❶。四种学术不是彼此分割的，而是有机联系的整体。这些思想为世界范围内的高校教师专业发展提供了有益的启发和影响。高校教师的多重角色决定了对教师的学术能力要求也是多维的，越来越多的研究者强调高校教师的专业发展应是系统的、综合的活动和过程，其目标是使教师的多维学术水平得以全面提升。博耶后一任的卡内基教学促进基金会主席舒尔曼（Lee S. Shulman）进一步把教学学术发展为"教与学的学术"，进一步拓展了教师专业发展的内涵。

"教师专业发展"的内涵是指教师在整个职业生涯中，依托专业组织，通过专门训练和终身学习，逐步习得教育专业的知识与技能并在教育专业实践中不断提高自身的从教素质，从而成为教育专业工作者的专业成长过程❷。即指教师个体通过职前培养，从一名新手逐渐成长为具备专业知识、专业技能和专业态度的成熟教师及其可持续的专业发展过程。大学教师专业发展应是一个综合发展的过程，包括教学发展、专业发展、组织发展和个人发展。联合国教科文组织发表的《关于高等教育教学人员地位的倡议》不但强调了高校教师必须具有不断提升自身教学及研究水准并为学生和社会提供优质服务的责任感，要坚持严谨的和终身的学习和研究来提高自己服务社会的能力，同时也对大学提出要求，即大学作为教与学的场所，有义务为教师营造良好的氛围，更好地促进其有效学习和使其专注于专业任务的完成。

（二）高校教师专业化研究的关注点

国内外关于教师专业化研究经历了一个变化的过程，从忽视高校教师专业发展到关注高校教师的群体发展再到关注教师的个体的发展。从关注教师专业发展的外部环境和专业地位到关注教师内在专业素养的发展再到全面关注教师的多维学术的发展。

---

❶ 蒋华. 博耶学术思想及其对高等教育的意义 [J]. 高教发展与评估，2005（1）：73-77.
❷ 孟中媛. 高校教师专业化发展的国际比较与思考 [J]. 教育探索，2007（3）：121-122.

对于高校教师专业发展研究，关注点主要集中于两个方面：一是对教师专业发展过程规律性的研究，即教师专业发展体现在哪些方面、经历哪些阶段及其各阶段特点。二是对教师专业发展的促进方式探索，即探索在教师专业发展有关理念指导下，需要给教师提供哪些以及如何提供外在环境和条件，才能更好地帮助教师顺利地走过专业发展所必须经历的各阶段。这两个方面是密切联系、相辅相成的，前者是后者探索的基础和依据。这些研究对高校教师专业化起到了积极作用。

第一，对于高校教师专业化过程规律性的研究。关于高校教师专业化过程规律性的研究，即对于高校教师职业生涯发展阶段和周期的研究，国内外专家基于不同的关注点，给出了各自不同的见解。霍奇金森、斯坎普、布拉、弗里德曼和鲍德温等美国学者把成人发展理论运用于高校教师的发展研究[1]，对高校教师发展进行了分析，分别给出了对高校教师专业发展阶段的不同划分方法。例如，弗里德曼把高校教师的专业发展分为五个阶段：第一阶段是简单适应期/学科关注期（Simplistic Conformity/Disciplinary Focus），即对在高校内的角色有简单的认识，并且主要关注自己的学科；第二阶段是从关注学科到关注教学方法的转变期，对世界有更复杂的认识阶段；第三阶段是关注反思阶段；第四阶段是思维和行动的选择模式（开放性）阶段，即反思自己作为教师和学者是否有更好的思维和行动模式；第五阶段是个人的/自我概念（Individual /Autonomous Conceptualization）阶段，即建立自己有特色的教育理念，成为其他教师的老师或导师。鲍德温则把高校教师专业发展按另一种形式分为五个阶段，即进入高校工作不满3年的助理教授阶段、有3年以上工作经验的助理教授阶段、副教授阶段、距离退休还有5年以上的正教授阶段和距离退休还有不到5年的正教授阶段。我国学者也提出了高校教师专业发展的划分方法，认为高校教师的职业生涯可以划分为五个阶段：①适应生存期；②初获认可期；③相对稳定期；④高峰转折期；⑤隐退淡出期。

尽管对于高校教师专业发展阶段的划分有不同的观点，但是这些研究均表明，对于从事学术职业的高校教师来说，在不同的年龄和职业发展阶段，他们的职业兴趣、花费时间的分配、解决问题的方式、工作与工作以外的生活之间的关系等方面都有明显的不同。相关研究分析了高校教师在

---

[1] 王春玲. 美国高校教师发展阶段与维度 [J]. 比较教育研究，2011 (4)：88-92.

学术职业发展的各个阶段的不同特点和面临的挑战，这些研究与探讨为全社会和高等学校探索教师专业发展的促进方式提供了理论依据。

第二，关于教师专业化的促进方式的探索。由于高校教师专业发展是教师在严格的专业训练和自身主动学习的基础上，持续发展、日臻完美，逐步成长为专业人员的发展过程，因此它有赖于大学制度体系构建与教师发展自主性的有机结合。国际上发达国家和地区非常重视高校教师的专业发展，其关于教师专业化的促进方式的探索包括几种方式：一是成立了全国范围内高等教育专业与组织发展联盟或教师与教育发展协会等❶。这些专业协会组织和成员在交流实践经验的同时，也对高校教师专业发展进行理论研究，从而推动了高校教师的专业发展。二是完善了学校内部教师专业发展的组织氛围和制度环境建设。国际上发达国家的高校已基本形成了较为完善的教师聘任与管理制度体系，主要包括教师聘任制度、教师甄选机制、教师晋升与淘汰机制、教师绩效评价机制、教师专业发展的培养与激励保障机制等。三是建立了对教师专业发展活动的评估机制。如英国，对于高校教师专业发展项目，无论是学校开发的还是英国政府投资建设的卓越教学中心，都有一套完备的申报程序和评估制度，由英格兰高等教育拨款委员会和高校教师发展机构分层次分别进行评估。

二、高校教师专业化的政策环境比较

（一）国际上发达国家相关政策法规

许多发达国家颁布了与高校教师专业化和专业发展相关的政策，以法律形式明确了高校教师的权利和义务、任用制度等，保障了高校教师专业化的合法地位，促进了高校教师的专业发展。

在美国，高校教师专业发展经历了在理念和实践上的不断变化和完善。随着社会发展和时代变迁对教师要求的不断变化，高校教师经历了从自治学者到学校雇员的身份转变，"非升即走"的聘任制度使高校教师与学校的关系成为以契约为基础的合同关系，这对教师的发展构成了一定的社会压力。但是来自高校教师的要求保护职业安全和学术自由的呼声亦成

---

❶ 王立．美国大学教师发展研究：历史的视角［D］．上海：华东师范大学，2012．

为关注的焦点，1915 年，美国成立了高校教师的专业组织——美国大学教授协会（The American Association of University Professor，AAUP），在其成立之初即发表了《关于学术自由和终身教职的原则声明》，主张建立终身教职制度❶。AAUP 与美国院校协会（Association of American Universities，简称 AAC）进行磋商博弈，与其联合发表了几个重大声明，如《关于学术自由和终身教职的会议声明》《关于学术自由和终身教职原则的声明》和《关于教师解聘听证的程序标准的说明》等，逐步建立了拥有法律保护的高校教师现代终身教职的制度框架。但在 20 世纪 60 年代后期，美国发生了轰轰烈烈的学生造反运动，为了回应社会对高校教师工作绩效的问责，消除终身教职所引发的教师自我满足、进取心不强等问题，美国大学教授协会发表报告《终身聘任后评审：美国大学教授协会的回应》，它针对终身聘任后评审制度（Post - tenure Review）提供了实施指南和最低标准。它提出了对已取得终身教职的教师进行定期的、强制性的同行评估。它同时指出"终身聘任后评审制目的在于促进教师专业发展，提高教学效率而非问责"。基于此，美国多数高校在保留以终身教职制度为基本框架的教师聘任制度的基础上进行了改革，推行了终身教职聘后评审制度，一些大学还实行了终身教职限额制度。美国加州州立大学是第一个建立了规范的终身聘任后评价标准与程序的大学，它每五年对已获得终身教职的教师进行评价。它遵从发展性评价理念，评价结果不仅仅为教师的晋升、奖惩、薪酬等管理决策提供依据，更重要的是为教师分析诊断工作中存在的问题、制定绩效改进计划提供依据。到 20 世纪 80 年代，美国提出的"新联邦主义"政纲，将高等教育推向市场，教师作为决定大学在激烈竞争中成败的关键性因素，其发展受到了格外关注。高校教师专业发展的专门机构不断增加，教师专业发展项目得到开发和完善。美国高质量教育委员会发布的《国家处在危机之中，教育改革势在必行》报告和卡内基基金会发布的《国家为 21 世纪的教师做准备》报告，提出了提升美国高等教育教学质量的目标，这也形成了高校教师专业发展的强大动力。美国教育家博耶"多元学术观"的提出，促进了美国全美教育协会对高校教师专业发展的思考，于 1991 年发表了《大学教师发展：国力的提升》的报告。该报告指出："为适应多元学术发展的需要，大学教师的专业发展应该有更为全面

---

❶ 王立. 美国大学教师发展研究：历史的视角［D］. 上海：华东师范大学，2012.

的内涵，应包括教学发展、专业发展、个人发展和组织发展四个维度。"美国教育协会还提出了包括教师发展项目程序、标准等在内的详尽的高校教师发展策略，建议大学管理层积极规划和实施高校教师发展项目，并对项目进行有关管理和评估。

在英国，进入20世纪80年代的高等教育面临着经济改革的压力，英国政府迫于压力，先后颁布了针对高校教师的《多余人员补偿法案》和《1988年教育改革法》，取消了英国高校教师终身制，将竞争机制和流动机制引入大学，推动了高校教师的专业发展❶。在英国高校教师专业发展进程中，最有影响力的是1997年颁布的《迪尔英报告》和2003年颁布的《未来高等教育》两个法案❷。《迪尔英报告》呼吁政府要加大高等教育投入，建议拓宽教育经费来源渠道，将大学的资金来源渠道由单纯依靠政府拨款转变为政府拨款为主、多渠道自主筹集资金为辅。英国政府所采取的新政策将大学获得教学和科研经费数额与教师的教学和科研质量挂钩，从而将大学的前途与教师的专业发展联系起来。该法案还强调高校教师为社会服务的责任，要求高校教师提高自身素质，这激发了高校教师进一步发展教学和科研能力的意识。《未来高等教育》法案则规定政府要增加科研经费投入，拨专款用于建设大学的知识交流中心，从而支持大学向工商企业提供社会服务。该法案还将建立"教学卓越中心"提到议事日程，英国政府连续多年投入大量资金用于支持各大学建设"教学卓越中心"、资助高校教学改进项目、奖励优秀教师、建立教学支持网络（Learning And Teaching Support Nework，LTSN）等❸。另外，英国高等教育基金委员会还对全英所有接受拨款的高等教育机构的科研质量实施评估，并依据评估结果决定基金的分配，这一做法对高校的发展产生了较大影响，促进了科研与教学的联系及科研成果反哺教学，从而促进了高校教师的专业发展。综上所述，英国政府在保证大学自治的前提下，通过制定政策、调整拨款方式和开展质量评估等国家政策法规的引导，使高校教师的专业发展由高等教育大众化时期的国家主导的有组织、有规划的高校教师专业发展，发展

---

❶ 陈素娜. 英国、中国大学教师发展体系与特色比较研究［D］. 厦门：厦门大学，2009.

❷ 赵恒平，龙婷. 20世纪60年代美国高等教育政策的文本分析［J］. 理论月刊，2007（5）：151-153.

❸ 胡罡. 英国大学教师发展体系的形成特征与启示［J］. 吉首大学学报（社会科学版），2012（1）：157-160.

到目前的完善的高校教师专业发展体系,该教师专业发展体系由大学教师发展委员会、大学教师发展中心、院系级教师发展团体和教师个体构建而成。

(二) 中国香港和台湾地区相关政策法规

中国香港地区的高等教育较早地开始关注教师的专业发展,尤其是教师的教学发展。自 1992 年起,香港地区设立"教学发展基金"专门用来资助教师开展教学上的创新和教学方法的改进。2007 年香港成立了质素保证局(相当于中国大陆的质量评估中心),开展对高校的质量评估。为提高教与学的品质,各高校成立了"教学发展中心"机构,致力于学生的学习效能和教师的教学水平双方面的提高与探索[1]。

我国台湾地区在高等教育快速发展的初期,优先重视学术研究,教育主管部门出台了一系列政策,鼓励教师开展学术研究[2]。如 2000 年实施了"大学学术追求卓越发展计划",2002 年实施了"提升大学国际竞争力计划"等。但在以研究为导向的评价政策的刺激下,高等教育出现了偏离大学职能的现象,严重影响了教师教学水平和人才培养质量。教育主管部门认识到教学质量滑坡和竞争力下降的问题,在 2004 年推出了"奖励大学教学卓越计划",通过竞争性的奖励机制,促进各高校提升教师专业素养,培养学生的核心能力。同时,教育主管部门积极敦促各高校成立专门的教学发展机构——教学发展中心,支持教师开展教学改革,促进了教师专业发展。

(三) 我国其他地区相关政策法规

我国其他地区在促进高校教师专业发展方面制定的相关政策主要体现在两个方面:一是关于实施高校教师资格制度和聘任制改革的相关政策,二是关于高等学校教师培训工作的相关政策。在实施高校教师资格制度和聘任制改革方面,我国 1993 年颁布了《中华人民共和国教师法》,其中规定:"教师是履行教育教学职责的专业人员",从而确立了高校教师的专业

---

[1] 宋文红,等. 高校教师专业化发展及其组织模式:国际经验与本土实践 [M]. 济南:山东人民出版社,2013:282.

[2] 宋文红,等. 高校教师专业化发展及其组织模式:国际经验与本土实践 [M]. 济南:山东人民出版社,2013:259.

人员地位。1995年，又颁布了《教师资格条例》，之后出台了《教师资格认定过渡办法》，国家教育部在上海、江苏、湖北、广西、云南、四川六个省（区、市）的部分城市进行教师资格认定试点工作基础上，于2000年颁布了《〈教师资格条例〉实施办法》，这标志着我国全面实施了教师资格制度，教师资格制度成为我国的一项基本的教师管理制度。2001年，国家教育部召开了全面实施教师资格制度工作会议，各省及直辖市均出台了相应的高校教师资格认定标准和认定程序，并开设了岗前培训课程。高校教师资格认定由各省及直辖市教育委员会授权给各高校按照认定程序进行认定，并将结果报请省及直辖市教育委员会批准后颁发高校教师资格证书，高校教师资格证书在全国范围内可以互认。高校教师资格认定是我国实行高校教师聘任制改革和深化高校人事制度改革的重要环节。2002年7月，国务院办公厅转发《人事部关于在事业单位实行人员聘用制度的意见》，该意见的核心是实行人员岗位聘任制。2006年11月，人事部出台了《事业单位岗位设置管理试行办法》，这些政策的实施，目的在于推进高校教师岗位分类管理，强化岗位聘任，引入竞争激励机制，实行高校教师公开招聘，促进教师合理流动，从而促进高校教师的专业发展。在高校教师培训提高方面，我国在1996年颁布了《高等学校教师培训工作规程》，它是一部较为详尽的与高校教师专业发展相关的法规。依此，我国系统地构建了高等学校师资三级培训体系，由两个国家级培训中心、六大区级培训中心和省级培训中心及培训基地组成。2004年，国务院批转了教育部《2003—2007年教育振兴行动计划》的通知，该计划加速了我国高校师资培训工作的进程。培训体系逐步开发了岗前培训、骨干教师国内访学、骨干教师高级研修班等教师发展项目。2007年，教育部探索利用数字化、网络化技术开展高校教师国家级精品课程远程网培训工作。2011年，教育部、财政部决定在"十二五"期间启动实施"高等学校本科教学质量与教学改革工程"，其中提出了建设30个高等学校教师教学发展示范中心，发挥示范带动作用，引导高校建立适合本校特色的教师教学发展中心。国家、各省市和高校对教师的专业发展越来越重视，经费投入也越来越多。

综上所述，发达国家、我国香港和台湾地区在保证和促进高校教师专业化和专业发展方面都已制定了一系列系统的和完善的支持保障政策，明确了高校教师作为专业人员的权利和义务、任用制度等。诸国和地区都非常关注教师的专业发展，在资金支持方面和发展项目开发方面给予了充分的投入，已构建起了促进高校教师专业发展的较为完善的体系。我国大陆地区实施了高校教师资格制度，这确立了高校教师作为专业人士的地位和权利，也为教师专业发展设定了目标。但是，我国对高校教师专业发展的认识尚处于起步阶段，虽然也制定了一些促进高校教师专业发展的相关政策，但还不够系统和完善。以往对教师专业发展的理解仅仅局限于教师继续教育和培训，现在这种狭隘认识正在加以扭转。近年来，从国家层面也加大了对高校教师专业发展的支持力度，国家加大投入加强高校教师专业发展示范中心建设，努力开发提升教师执教能力的发展项目，促进高校教师教学能力提升，以回应社会对高校提供高质量教育的期盼。

三、高校教师专业标准体系比较

每一个职业都有它自己内在的准则。高校教师专业化使高校教师的职业具有了"学术专业"的特性，这就要求高校教师必须具备较高的能力素质，必须遵守学术专业的伦理规则和行为标准，必须担当起大学对社会所应承担的伦理职责。建立科学的教师专业标准是高校教学从一种职业转变为一种专业的基本标志，它有助于高校建立科学规范的教师专业发展目标，有助于高校推行基于专业标准的教师评价，促进教师提高工作绩效。教师专业标准的建立也有助于高校建立起教师职后培养的课程体系和质量标准，不断推进高等教育质量的提高。

高校教师的专业标准与教师所处的职业生涯发展阶段有关，它应是一个具有动态发展要求的专业标准体系，这个专业标准体系一般由教师入职标准和教师职务晋升标准构成。下面就国内外高校教师的入职标准和晋升标准进行分析比较。

（一）国内外高校教师入职标准比较

高校教师的入职标准在许多国家是通过高校教师资格制度来体现的。教师资格制度作为对教师实行的一种特定的职业认定和许可的制度，它是对从事教育教学工作的人员应具备的特定条件和取得相应资格的一种基本规定，它要回答什么样的人可以成为教师和怎样才能成为教师。从国际上看，许多国家均有国家层面制定的中小学教师资格制度，一些国家还将教师专业标准细分为初任标准和终身任教标准。要想取得中小学教师资格证书，还要经历严格的试用期（实习期）考察。因为考虑到了高校办学的自主性问题，各国并不都有国家层面的统一认定标准，但在大多数国家中，高校教师也必须经过一定的认证才能从事高校教师职业。这种认证在有的国家是采用全国统一制定的政府标准，如法国、意大利、德国和中国等国家，而在有的国家则没有全国或全州统一制定的教师资格认证标准，它是由各高校按照高校以外的高等教育资格评审认证机构的认证标准并结合自身特点自行制定教师资格认定标准，如美国、英国、加拿大、澳大利亚等国家。

在法国、意大利等国家，高校教师资格认证是在国家层面制定统一的认证标准。如在法国，从事高校教师职业必须通过法国大学委员会负责的高校教师从业资格认定；在意大利，获得高校教学资格则要通过国家级的考核，考核由大学、政府机构共同组成考核委员会进行❶。

在美国、英国、加拿大、澳大利亚等国家，高校教师资格认证并未像医生、律师行业那样制定全国统一的任职标准，高校教师的资格认定标准基本上是由各大学自主确定的，但是由于社会评审机构对高校办学有明确的认证标准，因此，各高校制定的教师资格认定标准也是基于社会评审机构对高校提出的整体要求制定的。

以英国为例，2006 年英国出台了国家专业标准框架（National professional standards framework，简称 UKPSF），目前有三个级别，一级和二级水平认证课程得到了大部分大学的认可，所有的新教职员都要获得符合标准的教学认证❷。大学从业人员的培训及认证由各类专业协会会同大学的教职员发展机构组织进行。英国高校执教资格的认证需要完成"硕士层次的高等教育资格（Postgraduate Certificate in Higher Education，简称 PGCHE）课程"，该课程是基于英国高等教育委员会设计的标准框架（The UK Professional Standards Framework for Teaching and Supporting Learning in HE）开发的。

再以美国为例，它虽然没有全国统一制定的高校教师任职标准，但由于其高校的设立与运营都是由高校以外的高等教育资格评审与认证机构来

---

❶ 王慧英，李天鹰. 意大利大学教师教学资格的评审及启示［J］. 当代教师教育，2011(3)：51 – 55.

❷ Chris Rust. 英国大学教师专业发展［C］// 协调发展共同成长 2011 年高校教师发展国际研讨会论文集. 长春：东北师范大学出版社，2011：32 – 37.

认证的，因此，大学要得到社会的认可，就必须按照高等教育资格评审与认证机构的认证要求并结合本校实际对教师的任职资格进一步细化，制定教师资格认定标准。美国每所高校一般都有负责教师资格认证的机构（系或教务处等）或成立专门的教师资格认定委员会。目前，由美国高等教育认证委员会（Council for Higher Education Accreditation，CHEA）和美国联邦教育部承认的高校资格评审机构有8个，其中6个为地区性机构，2个为全国性机构[1]。6个地区性机构分别负责美国不同区域内的大学认证，2个全国性机构分别是美国远程教育委员会（Distance Education and Training Council，DETC）和私立院校认证委员会（Accrediting Council of Independent Colleges and Schools，ACICS）。美国远程教育委员会是美国联邦教育部认可的对远程教育进行认证的唯一评估机构。美国的大学要想到国外办学，并且颁发与本土相同的学位证书，必须通过DETC的严格审核。私立院校认证委员会是对美国私立院校进行认证的评审机构，其认证的对象主要是提供文凭和授予副学士、学士以及硕士学位的私立职业性质的院校。美国也有相应协会针对不同学科专业类型学院制定的认证标准，如有针对商学院的AACSB认证标准（The Association to Advance Collegiate Schools of Business，AACSB），由国际精英商学院协会（AACSB International）进行认证；也有针对工程领域内本科专业的评估认证标准，由美国工程技术认证委员会（Accreditation Board for Engineering and Technology，简称ABET）制定并认证。这些认证标准中均有关于教师任职资格基本要求或对教师队伍整体要求的描述。美国各高等教育资格认证机构制定的教师资格基本标准是比较全面且灵活的，共同要素一般包括学历要求、专业能力、创新能力和工作经验等。而基于基本标准，各州（院校）制定其具体的标准。由于美国高校的教学人员的构成比较复杂，一般分为终身教职教师、全职非终身职教师（今后有可能成为终身职教师）、兼职教师（非全职非终身职教师，含普通任课教师、研究生助教和兼课教师），并且兼职教师的比例很高，因此，各高校针对不同类别教师或不同类型课程制定了相应的教师入职标准或任教条件。

1. 国外高校教师的入职标准

国外高校的教师队伍的构成与我国有很大差异，如美国高校教师队伍

---

[1] 齐泽旭. 美国高校教师资格制度的现状和发展趋势［J］. 外国教育研究，2008（11）：85-91.

由终身教职教师、全职非终身职教师和兼职教师组成。一般来看，美国高校中终身教职教师和全职非终身职教师占教师总数的比例不足50%，而兼职教师比例大于50%。终身教职教师同时承担着教学、科研、服务三项基本任务，他们享有着传统大学教师的一切特权，并对学校学术事务具有控制权。而非终身教职教师一般只从事教学，基本不从事科研和服务工作。鉴于此，我们在研讨发达国家的高校教师入职标准时，主要考察终身教职教师的入职标准。

对发达国家的高校教师资格认证标准、高等教育资格评审与认证标准和高校自行制定的教师招聘与任用条件等方面进行分析归纳，可以看到，在高校教师入职标准中共性强调的要素主要包括知识水平（教育背景）、专业领域实际工作经验、较强的教学能力、专业伦理道德要求、较强的研究能力及创新能力五个要素。

1）知识水平（教育背景）要求

各国对高校教师的知识水平要求包含了高校教师履行全面职责（教学、科研、服务）所应具备的全面知识。包括具备深厚的本学科知识和教育专业的知识等。

一是要具备深厚的本学科知识，拥有博士学位几乎已经成为从事高校教师职业的起点标准。如在德国从事高校教师需具有博士学位，且需再有约六年的研究经历，提交研究论文通过审查后才能获得高校任教资格。在美国从事高校教师职业一般需具有博士学位，但对于不同类型的高校或对于不同类型的课程等，其所聘教师的知识水平要求略有不同。四年制的大学一般将博士学位或本学科领域最高学位作为教师学历的最低要求，而两年制学院则一般将硕士学位作为教师学位的最低要求；有的大学的商务学院将教师划分为学术型教师或专业型教师，对于学术型教师要求具有博士学位，而对于专业型教师则要求具有相关专业的硕士学位，与此同时也要求其具有所任教学科专业领域的工作经验。在意大利，高校教师在获得教学资格之前要进行3～4年的博士学习获得学位，然后再有5～10年的科学研究体验[1]。

二是要具备教育专业的知识并获得相关证书。如加拿大要求应聘高校

---

[1] 王慧英，李天鹰. 意大利大学教师教学资格的评审及启示［J］. 当代教师教育，2011（3）：53.

教师的人员至少要有一年的教育专业课程的学习经历并获得相应证书。再如美国，高校教育信息化组织结合美国各高校优秀教师发展案例，提出了包含三个阶段的"大学教师发展五年计划"[1]，其中第一阶段是在教师入职前一年，即在博士研究生学习期间，实施"研究生管道项目"，提供以教学理论与教育实践为主要内容的培训课程。要求受训者掌握的基本教学技能[2]包括有效的表达技巧、互动的教学技巧、如何管理办公时间、给学生有用的书面或口头反馈、编写课堂讲授大纲、安排课时和组织考试、实验操作管理、与多文化背景的群体相处的技巧、组织讨论的方法、如何解决诸如学生对成绩的争议或学生之间的矛盾等。要求受训者需具备"全人教育"理念、掌握以"学生为中心"的教学论、"基于问题"的教学法及案例教学法、能够运用新的信息技术为教学服务。博士生在完成培训课程后，可以获得"跨学科教师资格证书"，该证书作为高校教师的准入资格证书。再如英国，国家专业标准框架（UKPSF）中要求大学教师入职时需具备的教育专业知识非常详尽[3]，要求教师需具有的核心知识包括认识和理解学科知识、掌握学科领域合适的教学方法和学术科目的水平、要理解所有学生如何学习以及学生在所有学科是如何学习的；要求教师要会选用合适的学习技术、掌握评价学习有效性的方法；要求教师具有正确的职业价值观，要尊重学习者，要奉行研究、学术和专业发展的过程和结果相结合；要求教师要承认教育的多样性并促进教育公平，要坚持持续的专业发展和对教学的反思等。

2）专业领域的实际工作经验

在各国高校教师招聘条件中，不仅关注应聘高校教师人员的知识水平（教育背景），而且也关注其在本专业领域的实际工作经历，一些应用性强的学科和专业（如商务领域等）尤其看重实务工作经历，不仅要求教师须具有本专业领域2年以上的实务工作经历，而且还要求取得教育主管部门认可的专业证书等（如美国的高校要求提供美国联邦教育部认可的专业证

---

[1] 涂文记. 美国大学教师发展模式及其对我国的启示［J］. 集美大学学报，2011（4）：29－32.

[2] 罗丹. 美国大学教师发展研究——以八所著名大学为例［J］. 比较教育研究，2007（3）：89－93.

[3] Chris Rust. 英国大学教师专业发展［C］//协调发展共同成长2011年高校教师发展国际研讨会论文集. 长春：东北师范大学出版社，2011：32－37.

书）。要求教师具有"本专业领域"的实际工作经历反映了各国高校对教师学科专业符合度的重视。这不仅在终身教职教师的任职条件中有体现，在针对承担不同课程的教师任职要求中也有体现，如美国阿拉巴马州教师资格标准❶把学科群划分为 A、B、C 三个组别，再在每个组别中划分为 1、2、3、4 级四个等级。对于不同组别的不同等级分别有不同程度的要求。以 A 组第 4 级为例，对任课教师的学历要求是必须具有博士学位，同时它对教师所学学科专业符合度也有要求，列出了四个可选条件要求，需满足其一：①具有该专业博士学位；②修满 54 学分所任教学科专业领域的研究生课程；③修学所任教学科及相关学科领域和（或）教育领域共计 54 学分研究生课程；④若一位教师任教两个学科领域课程时，要求其在主任教学科领域修满 26 学分研究生课程，在第二任教学科领域修满 18 学分研究生课程。

3）具有较强的教学能力

各国高校教师入职时要求需具备较强的教学能力。一般要求应聘教师至少有一年的教育课程的学习，熟悉高等教育教学规律，能够胜任大学教学工作。如意大利的高校教学资格的考核内容包括笔试和面试两部分，在面试过程中要对应聘人的教学演示和教学成果进行考核，合格者才能获得高校教学资格证书。再如美国，对即将成为未来大学教师的在读博士生实施"未来教师培养计划"❷，各大学十分关注在读博士生的教学能力的培养，在学校的教师专业发展中心有专门为他们安排的大学教学发展项目、各种教学问题专题工作坊等❸。不但安排有经验的人员来传授经验，而且要求受训者要动手进行课堂设计，请其他人参与讨论，提出改进意见。也要求受训者观摩他人的教学、参加课程研讨会、建立个人教学学术档案等。这些训练使博士生在成为高校教师前就已具备了先进的教育理念、掌握了先进的教学方法和手段，积累了一定的教学经验。再如英国，英国质量保证机构（Quality Assurance Agency）建议，要给即将担负教学角色的博士研究生提供最初的训练。因此，英国大学的教师专业发展中心有针对

---

❶ 齐泽旭. 美国高校教师资格制度的现状和发展趋势［J］. 外国教育研究，2008（11）：88.

❷ 张英丽. 美国博士生教育中的未来师资培训计划及对我国的启示［J］. 学位与研究生教育，2007（6）：57 – 63.

❸ 郭峰. 教师发展：马里兰大学的经验——美国大学教师发展工作个案研究例［J］. 国家教育行政学院学报，2007（3）：84 – 91.

性地开设有"迈出教学第一步（First Steps into Teaching）课程",介绍有关学生学习的基本原理和大学教学的基本观点,采用微格教学法让参与者在一个支持性的环境里丰富自己的教学实践经验,并为参与者颁发证书。教师专业发展中心还为研究生助教开设助理教师（Associate Teachers）课程,这是一门入门型课程,也是获得英国高等教育委员会（Higher Education Academy, HEA）认证的本科课程,完成者在修读200个规定的学时后可以获得高等教育委员会的准会员资格。

4）认同专业伦理规范要求

专业伦理规范的存在,使得教师职业不再被视为一种谋生的手段,而成为一种天职、使命。教师专业伦理规范是教师在教育教学工作中作为专业人员所应遵循的基本行为规范和社会准则,它是教师提高其专业水准的标准,它在很大程度上决定着教师的工作态度、专业行为。重视教师专业伦理建设是发达国家（地区）高等教育的共同特征,各国均要求高校教师应聘者要认同教师专业伦理规范要求,才能获得任教资格。每个国家（地区）的教师专业伦理规范的表述虽不尽相同,但都从教师专业角度出发讨论了教师专业伦理规范的建立,从而取代一般意义上的行业道德规范,强调了教师的自律性和教师专业组织自治性。例如,美国全美教育协会1975年颁布的《教育专业伦理规范》（Code of Ethics of Education Profession）,其内容涉及对学生的义务、对同事的义务和对专业的义务三个方面,表达了对所有教育工作者的期望,并为具体教学行为提供了判断标准[1]。美国大学教授学会通报中的"职业道德宣言",则进一步体现了美国对高校教师的专业伦理规范的要求,它要求高校教师应当追求并保持最高水准的专业操守,努力实现对学生、对专业的承诺,力争帮助每个学生实现其潜能,使之成为有价值而又有用的社会成员。同时,它要求高校教师应不负公众赋予的信任和责任,怀有专业服务的最高理想,全力提高专业水准和服务质量等。

5）较强的研究能力及创新能力

发达国家的大学均采用面向社会公开招聘的方式招聘教师,在招聘条件中对教师在本学科专业领域取得的研究成果和社会服务业绩均有较高要

---

[1] 郅庭瑾,曹丽. 美国教师伦理与职业道德教育的发展及启示[J]. 全球教育展望,2009(5)：34-38.

求,并要求在学术同行中享有较高的学术荣誉。虽然各国没有统一的标准,但各大学和院(系)都有较为严格的规定。如美国和德国把具有博士学位作为高校教师必须具备的基本条件,体现了对教师研究能力的基本要求。除此之外,多数大学还附加有进一步的要求,如美国马里兰州大学助理教授的基本条件要求需是"美国排名前五位的大学的博士毕业生,并有博士后研究经历",其次要求"在美国排名前五位的大学里工作了3~5年以上"。又如:国外一些教学科研型大学把具有专业实践经历并在业界具有较高知名度作为招聘的重要条件,因为来自不同的生产企业、具有丰富实践经验的教师,他们与原来工作的企业保持着密切的联系,这会为大学的创新活动提供很好的支撑。

2. 我国香港地区高校教师入职标准

在我国香港地区,高校教师资格的认定与美国、英国类似,虽没有全港统一的资格认定标准,但在教师入职前(研究生学习阶段)均已参加了高校的教师发展机构提供的"研究生培训项目",并在教学助手岗位进行过一定时间的教学实践,获得了学校教师发展机构颁发的教学资格认证。以香港大学为例,研究生培训项目重点关注关于教学与学习的问题,特别是本校教学和学习问题,未来教师在专职人员的引导下,研讨并反思如何以教师角色处理这些问题,如共同核心课程的显著特征、eLearning、认识我们的学生、从中学到大学:转换面临的问题、用英语授课给教学带来的改变、通过交流网络进行沟通、卓越教学与教师发展机会、从教学入门到卓越教学等。在高阶教学培训项目中,受训者可以通过 Intensive(集中学习,每学期开学前集中两天)、Seminar(研讨班,每周一次,连续5周)两种方式获得深入应用教育原理和理念的机会,从而使其达到以下学习目标。

(1)从事实和研究层面对大学生学习和教师教学之间的关联有更为深入的认识。

(2)能够开发出有用的课程框架。如定义学习产出及在教学过程和行为中的技术和评价方法运用。

(3)有效地运用技术促进学生学习。

(4)在自己的教学实践中能够运用教学的理论及策略。

(5)有能力评价和检讨自己和同事的教学实践。

(6)在实践中学会反思,并能对自己的教学进行批判性分析。

香港地区也对教师专业伦理规范有明确要求。1990年10月，香港"教育工作者专业守则筹备委员会"公布了《香港教育专业守则》，其内容涉及对专业的义务、对学生的义务、对同事的义务、对雇主的义务、对家长/监护人的义务和对公众的义务六个方面，阐明了教师的专业伦理规范。

3. 我国大陆地区高校教师入职标准

我国大陆地区高校教师资格虽然由各省（直辖市）自行制定标准进行认定，但总体来看，各省（市）的高校教师资格认定标准的内容基本一致，它是高校教师入职的基本标准，即作为一名大学教师应该具备的基本条件，以《北京市教师资格教育教学能力测试标准及办法》（京教人〔2002〕4号）为例，其包括以下几个方面。

（1）自然条件。包括国籍、年龄、身体条件（体检合格）等一些客观条件要求。

（2）从事教育职业的知识。高校教师上岗前要参加高校教师岗前培训，涉及高等教育学、心理学等课程知识的学习，并取得合格证书。

（3）专业知识水平。要求具备大学本科以上学历。但目前，各高校一般都要求应聘人需具有硕士以上学位，研究型大学一般要求应聘人需具有博士学位。

（4）语言能力。要求应聘人员需参加普通话测试，达到国家规定的标准。

（5）教育教学能力。要求应聘人员应具备承担教育教学工作所必须的基本素质和能力，要参加教育教学能力测试并达到规定的等级。我国大陆地区高校教师资格认定的教育教学能力的测试办法和标准由各省（市）教育行政部门制定，具体测试由各高校组织专家审查委员会及下设学科专家评议组完成。以北京市高校教师资格认定的教育教学能力测试标准为例，其具体包含的评价要素和要求如下。

应聘人采用试讲方式参加高校组织的教育教学能力测试，测试项目包括职业道德和心理素质、专业理论知识、教学能力、教育科研能力、现代教育技术应用能力、外语水平、自我评价和综合表现八个方面。测试结果分为A、B、C、D四个等级，一般高校规定测试成绩应达到A级或B级方可录用。具体标准如下：

① 职业道德和心理素质（通过听课提问考察）：热爱教育事业；遵守

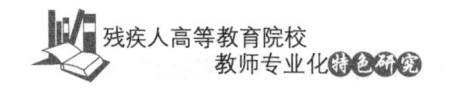

教师职业道德规范；热爱学生；敬业精神强；具有良好的心理素质。

②专业理论知识扎实（通过笔试考察）：具有扎实的本专业知识和较为广博的相关学科知识，了解当前教学改革中的有关问题。

③教学能力（通过听课、检查教案、提问考察）：选择教育教学内容和方法得当；设计教学方案合理；掌握和运用教育学、心理学知识的能力较强；语言表达简练、生动、流畅。

④教育科研能力（通过提交的材料考察）：主持或参与局级以上科研项目一项以上；独立撰写正式发表的高水平论文一篇以上。

⑤现代教育技术应用能力（通过应聘人在课堂授课的实际运用情况和查验相关证书综合考察）：能较熟练地操作计算机，并运用现代教学手段进行教学。具有教育部高等学校教育技术协作委员会颁发的教育技术等级证书。

⑥外语水平（通过实际运用情况和查验相关证书综合考察）：掌握一门以上外语，达到大学外语六级以上水平，具有较强的综合运用语言的能力。

⑦自我评价（通过自我陈述、提问和答辩考察）：能对教学过程、师生状态、教学效果进行自我评价和反思，达到改进教学的目的。

⑧综合表现：有扎实的专业知识和较为广博的相关学科知识；教学效果良好；具有较好的科学研究能力和潜能；培养学生科学意识、创新能力的意图比较明显，具备教书育人的能力和基本素质。

（二）国内外高校教师的晋升标准比较

高校教师的职务晋升标准是促进教师专业发展的最重要的手段之一，它体现了对处在不同职业生涯发展阶段的高校教师所应具备的能力素质的要求及导向，教师准备晋升的过程是教师教学科研等能力素质全面提升的过程。各国的高校教师职务晋升标准一般由各高校自行制定，不同岗位级别教师的职务晋升（升等）标准随教师的专业发展阶段的推进呈现不断递进的要求，形成了一套教师职后发展的完整标准体系。

1. 国外高校教师的职务晋升标准

我国有学者从对西方大学教师晋升条件的历史分析中归纳了影响高校教师晋升的五大影响因素，即人才培养能力、科学研究水平、学术界的地位、学历水平、同事关系。这些因素在不同的国家要求不同，并不是要求必须兼备的,在不同的历史时期,各因素的重要程度也有所不同❶。目前,国外高校教师的职务晋升条件一般由各高校自行制定,为了保证学校的人才培养质量和社会声誉,各高校的教师职务晋升（升等）评审标准反映了学校的办学理念。对教师的业绩要求主要体现在对教学、学术（研究）、社会服务三个方面的业绩要求,其中也包含了对教师在学术界地位、同事关系以及其所具有的学历水平的要求。由于不同高校的办学定位不同,因此各高校制定的教师晋升条件也存在较大差异,不同类型高校会根据自身的定位在教学、科研要求上侧重不同。但总体来看,对于社会服务工作的业绩要求却是所有类型的高校所共有的。如研究型大学对教师的业绩要求侧重于学术（科研）业绩,其所占权重较大。而一般综合性院校和文理学院对教师的业绩要求则侧重于对教学业绩的要求,对科研业绩的要求则以科研促进教学为目的。

（1）美国高校教师的晋升标准。

在美国,高校教师职业被认为是一种学术职业,在教师聘任制度中以终身教职保护学术自由。但迫于社会对高校教师完成职责和提高教学质量的问责,美国高校中也普遍实施终身聘任职后评审制度。在美国,高校教师晋升主要实行"非升即走（Up or Out）"政策。高校教师在聘任类型上大致分为终身教职（Tenure）、终身轨教职（Tenure Track）和非终身轨教职（Non-tenure Track）教师三类❷。赢得终身教职的教师会被永久性或连续性聘任直到退休,除非出现严重失职和不良记录。一般赢得终身教职的教师是教授与副教授,据统计,约有97%的教授拥有终身教职,超过80%的副教授也获得了终身教职,一些顶级大学（如哈佛大学）中有终身教职只授予教授的规定。终身轨教职教师和全职非终身轨教职教师的教师职务分为三级,即教授、副教授、助理教授。助理教授为非终身轨教职教师,但其有望经过终身职审查后获得终身职并晋升为副教授。由助理教授晋升为副教授、由副教授晋升为教授一般各需要5~7年时间,而要获得终身教职一般需要10年以上的时间。在美国绝大多数高校里,永久聘书只发给有限的一些副教授和教授。通常助理教授第一次受聘任期一般为3年,之后要进行任职评审,以决定是否续用。如获续聘,总共任期不得超过7年必

---

❶ 缪榕楠.西方大学教师晋升条件的历史分析[J].高等工程教育研究,2008（1）:132-136.
❷ 刘献君,等.中国高校教师聘任制研究[M].北京:科学出版社,2009:52.

须聘任为副教授，否则必须离任。副教授在总共任期不超过7年内如果不能晋升为教授，也必须离任。

美国各高校制定有"教师资格评审工作手册"，评审工作严格按照要求去做，以保证资格审查认定程序的严谨性。美国高校中普遍实施终身聘任职后评审制度，即对已取得终身教职的教授每五年要重新评审一次，如果第一次评审未通过，校方会对该教授提出警告，再过五年的第二次评审若仍未通过，校方有权解雇。

由于高校所涉及的学科专业范围广泛，因此，他们并非建立一个适用于所有学科教师职务晋升的普适标准，而是对教师职务晋升的成果水平要求有一个指南，如要求"具备学校认可的、高质量的学术和专业成果""提供能证明连续性进步的评审材料"等。教师职务晋升的具体评价标准由各系在学校的职务晋升指南指导下制定，并报学院审核通过。从晋升标准看，对于晋升副教授和教授的申请者的业绩要求一般均包括教学、研究与创新、服务三个方面，要求其在本领域取得显著教学、研究与创新、服务的业绩，并要在美国国内学术同行中享有较高的学术荣誉。

以印第安纳州立大学文理学院的晋升条件为例[1]，要求晋升副教授和教授的申请者须在教学、研究与创新、服务三个方面均获得"满意"评价。"满意"评价意味着教师的表现在其专业领域和校内都达到了一个很高的水准。教师能否在这三方面获得持续、显著的成绩对其能否晋升为教授至关重要。

若想获得"满意的教学"评价，要求副教授和教授申请者需满足本系规定的所有教学期望，并提供证明其高质量教学的充分证据。教学工作评价是以界定优秀教师普遍具有的某些行为、性格、态度和活动为指南，运用评价工具记录教与学的情况，同行和学生参与评价标准和指标的制定。

若想获得"满意的研究与创新成果"评价，要求副教授申请者需取得能够获得国家或地方专业认可的成果（对传统学科领域副教授申请者来说，获得"满意评价"，需至少发表4篇被大量引用的学术论文，以及本领域中其他具有重要影响的成果）。要求教授申请者需在本领域取得一系列重大、突出的研究与创新成果，并获得国家认可（如出版一本或多本受

---

[1] 赵诚. 印第安纳州立大学文理学院教师晋升和终身教职委员会及相关条例解读[J]. 世界教育信息，2013，(19)：26-33.

到好评的著作、发表多篇重要学术论文、举办一系列艺术展览等）。研究与创新活动评价需由校外同行对其研究与创新成果进行评价，学校认可并奖励那些以合同、协议或捐赠的方式引进校外经费的做法。

若想获得"满意的服务"评价，要求副教授和教授申请者要对学校、专业或社区做出重大或大量贡献。服务的内容一般包括：一是参与学校的治理，在学校的各种委员会中承担职务，参与学校的人事任免、晋升、薪酬福利等政策的决策；二是参与校外的专业学术活动，推动团体和相关专业协会的发展，从事相关咨询与顾问工作；三是为社区提供服务，如成为联邦、州或当地政府相关机构的顾问，参加一些政府资助基金的评审工作，为社区的教育、环保、医疗等公共事业开展志愿服务，深入社区举办讲座，加强大学与社区的联系等。

具体需要申请者提供的相关材料如下。

一是教学方面，要求申请人提供实施有效教学，证明其做出重要的教学贡献、促进教学多元化的相关材料：

① 每个学期完成的教学任务（课程类型、修课学生数等）；

② 学生、同行或系主任对申请人所做的教学评价；

③ 指导学生的数量和活动；

④ 课程开发成果；

⑤ 所获教学奖励和其他有关教学活动等。

二是研究与创新活动方面，要求申请人提供以下相关材料：

① 发表的论文、出版的著作、作品和成果展览、文艺表演、软件制作、研究报告等；

② 所获得的科学研究基金的名称、数额和来源；

③ 所获得的科研奖励；

④ 创新成果（如发明、作品等）；

⑤ 参加学术活动情况等。

三是服务方面，要求申请人在校内外提供优质的服务，提供相关证明材料：

① 在学校各种组织中活动的情况；

② 代表学校参与学校所在社区的公益活动及角色；

③ 对学校各种活动的赞助和指导；

④ 与社会各界的联系；

⑤ 对学校发展提出建议和被采纳情况；

⑥ 从事社会服务获得的荣誉和奖励等。

再以全球顶尖名校美国哈佛大学的教师晋升与聘任为例，非终身轨助理教授要晋升为终身教职，除了年度评审中的常规审查外，需要在试用期的最后一年接受国际同行评议。由十几名乃至二十名由资深终身教授组成的专家委员会对申请者的学术水准及其他指标进行综合评议，对教师的科研水平要求高。再如，哈佛大学教育研究院规定晋升教授的条件是：在世界范围内被同行认可，同时在某一方面有重大贡献，并且可以胜任学术带头人。

另外，美国高校每年对教师有工作考核，业绩要求也一般是从教学、研究与创新、服务三个方面要求，教师需提交有关业绩支撑材料，作为职务升级的凭证等。

（2）德国高校教师的晋升标准。

在德国，高校教师晋升实行"非走不升"政策。各高校的教授一般不从本校成员内部晋升，而是从校外招聘。德国高校教师要想获得晋升，必须离开原来的高校到别的高校去应聘。或者说德国高校实质上只有招聘制度而无晋升制度，高校教师在不断地流动，这也使得德国的高等教育结构呈现平坦化，即各高校的整体水平相当，没有明显的层次区别。另外，德国高校教师队伍还有一个显著特点是专职教师所占比例约为41.5%，而兼职教师比例约占58.5%❶。因此，我们分析德国高校教师的晋升标准时主要考察专职教师招聘条件和专职教师年度考核要求所体现出的特点。

德国高校教师是国家公务员，享有较高的社会地位，可以终身任职，工资待遇也很高。根据德国《高等教育总纲法》，高校专职教师分为教授（Professor，执行公务员 C 系列工资标准，分为 C4、C3 和 C2 级，C4 级最高）、准教授和中层人员（助教、合作教师和特殊任务教师）。在专科学校中只设有 C2 级和 C3 级教授，不设 C4 级教授。相对于我国的教师职务而言，德国的 C4 级相当于我国的教授，C3 级相当于副教授，C2 级相当于讲师。2002 年修订的德国《高等教育总纲法》新设准教授一职，它主要是以年轻研究者为对象的。助教是通往教授的过渡性学术职位，一般要具有博士学位，并能独立从事研究和承担教学任务。合作教师是指在教学和科研

---

❶ 刘献君，等. 中国高校教师聘任制研究［M］. 北京：科学出版社，2009：61.

方面与教授合作的人员,受聘期限可长可短。特殊任务教师是合同教师,负责完成某些特殊教学环节或实践教学环节的教师,这些教师一般从社会上和产业部门中聘任学有专长、实践经验丰富的专家学者和工程技术人员担任。一般来说,在这些教师中,C4 级教授和 C3 级教授具有终身教职,而其他教师均实行任期制或合同制。此外,德国的"编外讲师制度"是十分重要的教师甄选和优化机制,在"编外讲师"阶段可以使青年教师和校方共同审视其是否具有学术潜能、是否适合成为高校教师。

德国大学的专职教师的晋升标准是从教学、研究、管理、服务四个方面提出要求。一是从教师的招聘条件看,以应用科学大学(FH)为例,根据德国《高等教育总纲法》有关规定,应用科学大学教授的聘任条件是:①高校毕业;②具有教学才能;③具有从事科学工作的特殊能力,一般通过博士学位加以证明,或具有从事艺术工作的特殊能力;④在科学知识和方法的应用或开发方面具有至少 5 年的职业实践经验,其中至少 3 年在高校以外的领域工作,并做出特殊的成绩。应用科学大学的教授们还需与企业紧密合作,进行技术转让或从事应用型科研开发活动,自己的知识结构始终与科技发展、生产实际保持同步。由此可见,对以培养应用型人才为主的大学,对其教授的要求更注重其具有更强的实践能力,是"双师化"的。二是从教师的考核要求看,德国高校每年要对教师进行考核,考核内容涉及教师的教学质量、科研成果、发表论文的数量、在国内外的知名度、指导硕士生和博士生的数量、科研成果转让的数量、争取外来资金的数量以及学生对其授课的反应等方面。

2. 我国高校教师的职务晋升标准

我国大学教师的不同职业生涯发展阶段的专业标准可由各大学的教师职务晋升和岗位聘任条件予以体现。近十年来,我国高校开展了教师聘任制改革,高校按照学科建设需要设置岗位,并实行了分类设岗和岗位分级,不少高校还引入了"非升即走"的机制。分类设岗是指根据教师学术工作的侧重不同,将教师岗位划分为教学科研型、教学为主型和科研为主型等岗位类型,虽然对教师的职责要求都是从教学、科研、社会服务三个方面提出的,但会对不同类型教师岗位的职责在教学、科研、社会服务等方面设置不同的权重和下限。岗位分级是指对同一职称的教师岗位进一步进行分级,如将教授岗位分为教授一级、教授二级、教授三级、教授四级四个级别的岗位,副教授岗位分为副教授一级、副教授二级、副教授三级三个级别的岗位，其他以此类推。以往的高校教师职务晋升是指教师的职称晋级，如讲师晋升为副教授、副教授晋升为教授。而现在还会有同一职称基础上的升级。因此，职务晋升条件和教师岗位分级上岗条件和业绩要求共同构成了高校教师职务晋升（升级）的标准，它呈阶梯上升趋势，从而对教师的自主专业发展起到了导向作用。

当然，由于不同类型的高校的办学定位不同，因此对教师的专业发展要求也有所不同。我国的多所研究型大学在进入21世纪初就开始在教师聘任中引入并执行"非升即走"制度，即在一定年限内没有提升职称的讲师、副教授，实行"非升即转或非升即走"。如北京大学，在2003年启动这项改革政策，到2014年，"非升即走"实现了院系全覆盖。2014年，国家教育体制改革领导小组办公室正式批准了《北京大学综合改革方案》和《清华大学综合改革方案》，其中，为了建设一支具有国际竞争力的高水平师资队伍，两校均提出实施"预聘—长聘"制度❶。所谓"预聘—长聘"制，就是要求预聘教师在经历五六年的考核期后，才能成为长聘教师。这实际上是借鉴了美国的终身教职制度。在我国实行"预聘—长聘"制，是高校教师聘任制度改革的一次有益的探索。这一制度的落实需要同步推进学校薪酬制度改革和评价体系改革，比如实行年薪制和学术同行评价等。

（1）研究型大学教师职务晋升条件。

以复旦大学为例❷考察研究型大学教师的职务晋升条件。复旦大学是一所拥有哲学、经济学、法学、教育学、文学、历史学、理学、工学、医学、管理学、艺术学11个学科门类的综合性研究型大学，该校根据建设世界一流大学师资队伍战略目标，建立了"总量控制、按需设岗、公开招聘、科学评价、择优聘用、合同管理、岗位考核、合格续聘"的教师高级职务晋升制度。其教师岗位的设置包括教学科研型、教学为主型和科研为主型三类。学校按照学科建设和事业发展需要以及师资队伍现状等对教师高级职务的岗位数量进行总量控制，提出年度职务晋升的名额分配方案。

以教师晋升高级职务（副教授、教授）的门槛条件为例，包括基本资格标准和业绩条件两个方面：

---

❶ 清华北大综改方案获批两校均实施教师长聘制度. [EB/OL]. http：//edu.qq.com/a/20141216/010943.htm. 2014 - 12 - 16.

❷ 复旦大学教师高级职务聘任实施办法（试行）. [EB/OL]. http：//xxgk.fudan.edu.cn/d7/7d/c5178a55165/page.htm. 2013 - 01 - 10.

① 基本资格标准。

• 依法教学、教书育人、为人师表。
• 学历要求：一般需获得博士学位。
• 任现职年限要求。对申请正高级职务人员：具有博士学位教师，需担任 5 年及以上副高级职务；具有硕士（学士）学位教师，需担任 8 年及以上副高级职务。对申请副高级职务人员：具有博士学位教师，需担任 2 年及以上中级职务；具有硕士学位教师，需担任 5 年及以上中级职务；具有学士学位教师，需担任 8 年及以上中级职务。

② 业绩条件。

申请正高级职务的人员，需在所从事的学科领域内取得达到国内先进水平的成果，在同行中享有较高的学术声誉和学术影响，是本学科的优秀学术骨干。

申请副高级职务的人员，需在所从事学科领域内取得同行认可的成果，是具有发展潜力的主要学术骨干。

申报人需在晋升名额范围内择优晋升。院系根据本学科特点，围绕学术贡献、学术影响和学术活力等方面建立学术评价体系，并充分考虑教书育人、成果应用与转化、社会服务等多方面业绩，制定综合的评价标准。对申报者的学术成果坚持以学术质量为评价标准，强调高质量学术成就。采用"代表性成果"评价机制，充分依靠国内外同行的学术评议，提高学术创新质量。一般申报正高级职务需提交 3~5 项代表性成果、申报副高级职务的需提交 2~3 项代表性成果。

（2）研究型大学教师岗位分级聘任条件。

以复旦大学教师岗位聘任为例，该校实行每六年一次的集中岗位竞聘，每三年一次的岗位聘任集中调整（根据聘期中期考核结果），每年一次的年度比例岗位差额竞聘。教师岗位设置分为校聘岗位和院聘岗位。校聘岗位包括院士、长江学者、特聘教授岗位、校聘关键岗位；院聘关键岗位、院聘重要岗位、院聘骨干/梯队岗位、院聘基础岗位。校聘岗位的级别较高，上岗要求也较高，聘任条件由学校制定，聘任条件包括了职责类业绩条件、获奖类业绩条件、项目类业绩条件、教学类业绩条件、论文（著）类业绩条件五类聘任条件。院聘岗位的级别相对校聘岗位低些，聘任条件由各学院制定。

再以武汉大学为例❶,该校教师岗位分级聘任条件包括教学和教学研究条件、科研条件、社会服务条件。

① 教学和教学研究条件。

对教师授课学时或指导硕士研究生数量有明确要求,对教学为主型和教学科研型教师的教学研究有更高要求。

如教学为主型岗位。教授四级岗位聘任条件为:主持省级及以上教学研究项目1项或获省部级教学成果奖二等奖及以上奖励(排名前三)或获国家级教学成果(排名前五)、教材(排名前二)奖励或是国家本科教学质量与教学改革工程项目负责人或是学校杰出教学贡献校长奖获得者。副教授三级岗位聘任条件为:主持或参与(排名前三)校级及以上教学研究项目1项或获省部级教学成果奖三等奖及以上奖励(排名前三)或是国家本科教学质量与教学改革工程项目主要成员(排名前三)或是省级教学竞赛获奖者。

如教学科研型岗位。教授四级岗位聘任条件为:公开发表教学研究论文至少1篇或主持校级及以上教学研究项目1项或参加编写公开出版的教材或教学参考书1部(本人撰写字数不少于5万字)。副教授三级岗位聘任条件为:公开发表教学研究论文至少1篇或主持或参与(排名前三)校级及以上教学研究项目1项或参加编写公开出版的教材或教学参考书1部(本人撰写字数不少于5万字)。

② 科研条件。

对人文社会科学、理学医学、工学信息、建筑类学科、艺术学科等不同学科的教师,科研聘任条件是有所区分的。下面仅以人文社会科学类教师岗位聘任条件为例说明。

聘任人文社会科学类教学科研型教授四级岗位,需满足以下科研条件选项之一:

• 发表 CSSCI 及以上级别期刊论文7篇,其中奖励期刊论文1篇且重要期刊论文2篇;

• 社会科学教师要求主持教育部、国家社科基金、国家自然科学基金项目2项,其中国家社科基金或自然科学基金1项;人文科学教师要求主

---

❶ 关于印发《武汉大学教师专业技术岗位聘任试行办法》的通知(武大人字〔2012〕99号)[EB/OL]. http://main.sgg.whu.edu.cn/renshi/flzc/289.html. 2013-04-07.

持教育部及以上项目2项；
- 在重要出版社出版学术专著1部（含学术译著）。

聘任人文社会科学教学科研型副教授三级岗位，需满足以下科研条件选项之一：
- 发表CSSCI及以上级别期刊论文5篇，其中重要期刊论文1篇；或CSSCI及以上级别期刊论文3篇，其中奖励期刊论文1篇；
- 主持教育部及以上级别项目1项；
- 公开出版学术专著1部（含学术译著）。

③ 社会服务条件。

要求教授应在国务院学位委员会学科评议组、教育部社会科学、科学技术委员会中承担重要角色，是大额发明专利转让合同或技术服务合同的完成人等。

（3）教学研究型大学教师职务晋升条件。

以北京某地方综合性大学为例，考察教学研究型大学教师职务晋升条件。该校按照学科建设和事业发展需要以及师资队伍现状等对教师高级职务的岗位数量进行总量控制，一般不超过教师定编总数的50%（低于研究型大学），并向学校重点发展的学科专业适当倾斜。学校每年度提出职务晋升的名额分配方案。

教师职务晋升采取分层聘任原则，正高级职务由学校统一聘任，副高级及以下职务由学院聘任。教师申请高级职务（副教授、教授）晋升需满足门槛条件。达到晋升门槛条件的教师需在晋升名额范围内择优晋升。

教师晋升聘任门槛条件包括基本条件、学历资历条件和岗位业绩条件三个方面。

① 基本条件。

热爱教育事业，遵纪守法，教风端正，为人师表，教书育人，努力工作，团结协作，身心健康等。

② 学历资历条件。
- 学历要求：40岁以下青年教师申报高级职务一般应具有博士学位。对41~50岁的教师：申报正高级职务一般应具有博士学位或一年及以上国外访学研究经历，申报副高级职务应具有博士学位或一年及以上国内"211"高校或国外访学研究经历。
- 资历要求。对申请正高级职务人员：具有硕士（学士）学位教师，一般需担任5年及以上副高级职务。对申请副高级职务人员：具有博士学位的教师，需担任中级职务2年以上。具有硕士学位教师，需担任中级职务5年以上。另外，还需满足历年考核合格、获得全国职称外语等级考试A级合格证书或合格成绩、二级教育技术培训证书，完成年均72学时继续教育学习任务等要求。

③ 岗位业绩条件。

对公共基础课教师、专业课教师、科研为主型教师的岗位业绩条件略有不同，各有侧重。岗位业绩条件一般包括教学贡献、梯队建设、学术成果、成果获奖或职务发明、承担项目五个方面。对申报者的学术成果既有量的要求，又有质的要求。采用"代表性成果"评价机制，充分依靠国内外同行的学术评议。一般申报正高级职务需提交2项代表性成果，申报副高级职务需提交1项代表性成果。

以申请正高级职务的门槛条件为例，对公共课教师和专业课教师的要求有所区别：

教学贡献方面：对公共基础课教师要求系统承担一门本科课程、完成学校（院）规定的教育教学任务、教学质量优良。主持本学科教学改革、实践教学环境或课程建设。对专业课教师，在公共基础课教师要求基础上还要求指导本科生毕业设计（论文）或指导课程设计或生产实习或社会实践工作等。

梯队建设：均要求系统指导过至少1名青年教师的教学和科研工作。

学术成果：对公共基础课教师要求发表4篇以上论文，其中2篇以上高水平论文；或独立正式出版有一定影响的学术著作1部（12万字以上）；或发表3篇以上论文，其中2篇以上高水平论文同时正式出版学术著作1部（作者排序前二名，撰写3万字以上）。对专业课教师，要求的成果数与高水平成果数比公共基础课教师略高。

成果获奖或职务发明：对公共基础课教师要求具备所列各项中的一项：（a）持有国家级优秀教学成果奖证书或持有省部级优秀教学成果奖证书或获校级优秀教学成果奖励3项；（b）获国家级政府奖或作为骨干（排序在前三名）获省部级政府奖1项；（c）主编正式出版的高校教材或学术著作1部（本人撰写8万字）；（d）作为职务发明创造的第一发明人持有发明专利证书。对专业课教师的要求与公共基础课教师要求一致。

承担项目：对公共基础课教师要求具备所列各项中的一项：（a）作为

主要研究人员（排序前五名）参加完成国家级课题1项或主持完成国家级子课题1项；(b) 主持完成省部级课题1项或市教委课题2项；(c) 主持完成横向课题1项，到账经费自然科学研究类5万元，社会科学研究类2万元；(d) 作为主要研究人员（排序前五名）参加在国际组织立项并得到资助的研究项目。对专业课教师，要求主持完成横向课题的到账经费数比公共基础课教师略高，即自然科学研究类8万元，社会科学研究类3万元。

再以申请副高级职务的门槛条件为例，对公共课教师和专业课教师的要求有所区别：

教学贡献方面：对公共基础课教师要求系统承担1门本科课程、完成学校（院）规定的教育教学任务、教学质量优良。作为主要人员参与本学科教学改革、实践教学环境或课程建设。承担班主任工作2年或承担了相关学科学生科技、社团活动的指导工作2年。对专业课教师，在公共基础课教师要求基础上还要求指导本科生毕业设计（论文）或指导课程设计或生产实习或社会实践工作等。

学术成果：对公共基础课教师要求发表3篇以上论文，其中1篇以上高水平论文；或正式出版有一定影响的学术著作1部（撰写9万字以上）；或发表1篇以上论文，其中1篇以上高水平论文同时正式出版学术著作1部（作者排序前三名，撰写3万字以上）。对专业课教师要求的成果数与高水平成果数比公共基础课教师略高。如要求发表4篇以上论文，其中2篇以上高水平论文等。

成果获奖或职务发明：对公共基础课教师要求具备所列各项中的一项：(a) 持有省部级以上优秀教学成果奖证书或教书育人先进个人证书，或作为骨干获校级优秀教学成果奖励2项；(b) 获国家级政府奖或作为骨干获省部级政府奖1项；(c) 主编或参编正式出版的高校教材或学术著作1部（本人撰写5万字）；(d) 作为职务发明创造的第一或第二发明人持有发明专利证书。对专业课教师的要求与公共基础课教师要求一致。

承担项目：对公共基础课教师要求具备所列各项中的一项：(a) 作为主要研究人员参加完成国家级课题1项或主持完成国家级子课题1项；(b) 参加完成省部级课题1项或作为主要研究人员参加市教委课题1项或作为一般研究人员参加完成市教委课题2项或主持完成校级课题2项；(c) 主持完成横向课题1项，到账经费自然科学研究类2万元，社会科学研究类1万元；对专业课教师要求主持完成横向课题的到账经费数比公共

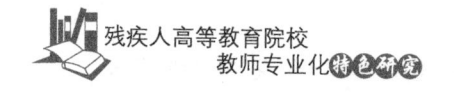

基础课教师略高，即自然科学研究类3万元，社会科学研究类1.5万元。

（4）教学研究型大学教师岗位分级聘任条件。

仍以北京某地方综合性大学为例，考察教学研究型大学岗位分级聘任条件和职责要求。该校为本科为主型院校，同时招收少量研究生。教师岗位四年为一个聘期，聘期结束后实行新聘期的集中竞聘，原则上在聘期内不受理岗位升级。教师工作考核采取年度考核和聘期考核相结合的方式。教师岗位设置分为教学为主型、教学科研型和科研为主型三类。教学为主型所占比例小于25%，教学科研型占70%左右，科研为主型所占比例小于5%。教师岗位聘任也是采取校院两级聘任，正高级职务岗位的任职条件和岗位职责由学校制定，副高级及以下职务岗位的任职条件和岗位职责由各学院（教学部）在学校的指导意见框架下根据实际情况自行制定并聘任。

以正高级职务岗位的聘任条件为例，一般包括教学类业绩、学科建设关键职责、获奖类业绩条件（或项目类业绩条件）、论文（著）类业绩条件、职务发明或科技成果转化类业绩等。各类业绩条件均包含多个选项条目，按任职、获奖、项目、论文水平级别的高低归纳在A、B、C类条件中。符合A类条件（如长江学者、国家杰出青年科学基金资助人选、国家重点学科带头人、国家级教学名师、主持国家重大项目、在 Nature 或 Science 上发表论文的作者等）1项或教授任职满3年且符合B类条件（如市级重点学科带头人、市级高层次人才、市级学术创新团队负责人、国家级教学团队负责人、主持国家研究项目1项或省部级研究项目2项、国家级精品课程负责人、市级教学名师、省部级教学或科研成果一等奖获得者、上一聘期发表高水平论文8篇以上、科技成果转化获得经济效益到校经费500万元等）2项的教师可聘任到教授二级岗位。符合B类条件2项或教授任职满3年且符合B、C类条件（市级重点建设学科带头人、省部级教学或科研成果二、三等奖获得者、上一聘期发表高水平论文5篇以上、科技成果转化获得经济效益到校经费350万元等）中的任意2条的，可聘任到教授三级岗位。

从工作职责要求上看，各级教学岗位均包含了教学、科研和公共服务工作职责，并特别强调每位教师必须在一个聘期内完成4~5项公共服务工作。要求教授要在校级各类学术组织中承担重要角色，承担青年教师系统指导任务等；副教授及以下职务的教师则要主动组织或参与学院一级的组织中的各项有价值、有意义的公益活动。

由此可见,我国的高校教师的聘任机制正在发生着变革,也在探索保护学术自由和破除"大锅饭"的平衡关系,教师岗位设置的分类分型体现了促进教师发挥特长和发展个性的思考,有利于教师的"人职匹配"。教师岗位设置的分级体现了对做出重要贡献的教师工作的肯定并在薪酬上予以体现,调动了教师工作积极性。明确教师岗位各级的上岗要求,对教师专业发展具有导向作用。教师的聘任条件一般均涵盖教学、科研和社会服务三个方面,随各校的办学定位不同,在对教师的要求上存在着一定差异。

四、高校教师职后专业发展比较

(一)国际上发达国家教师的职后发展

发达国家非常重视高校教师的职后专业发展,现已经形成比较完备的体系,表现在以下几个方面。

1. 具有保障教师专业发展的系统完备的法律法规

前述文献分析表明,许多发达国家很早就已颁布了与教师专业发展相关的政策法规,以法律形式明确了教师专业发展的权利和义务,提出了包括教师发展项目程序、标准等在内的详尽的高校教师发展策略,并建议大学管理层要积极规划和实施高校教师发展项目,并对项目进行有关管理和评估等。

2. 形成并壮大了促进教师专业发展的全国性组织

许多发达国家成立了全国范围内高等教育专业与组织发展联盟或教师与教育发展协会等。如美国在 1974 年建立了美国高等教育教师专业和组织发展协会(Professional and Organizational Development Network,POD 网络),1977 年建立了全美教师、专业及组织发展协会(the National Council for Staff, Program, and Organization Development, NCSPOD),这些专业协会组织和成员在交流实践经验的同时,也对高校教师专业发展进行理论研究和经验交流,从而推动了高校教师的专业发展。在高等教育资助机构(如国家科学基金会、福特基金会等)的充足资金的支持下,美国的高校教师专业发展活动不断拓展,教师发展组织由原来的两个全国性组织(高等教育专业与组织发展网络联盟和全美大学教师、项目与组织发展委员会）发展到地区性教师发展联合体或联盟不断涌现，进而发展到与英国、澳大利亚、德国、新西兰等国家的高校教师发展专业组织的联合，成立了国际教育发展联合体。这些教师发展组织开展了大量的教师发展促进活动，有效地促进了高校教师的发展。

3. 形成了较完善的促进教师专业发展的制度体系

在国家政策的引导和支持下，发达国家的高校内部加强了教师专业发展的组织氛围和制度环境的建设，各高校已基本形成了较为完善的教师聘任与管理制度体系，主要包括教师聘任制度、教师甄选机制、教师晋升与淘汰机制、教师绩效评价机制、教师专业发展的培养与激励保障机制等，这些管理制度和支持保障政策有力地促进了教师的专业发展。

（1）教师聘任制度：现行的教师聘任制度是遵循保障教师学术自由并促进教师专业发展的宗旨，在原有的高校教师全员终身教职制度基础上改革形成的，可以归纳为三种类型：美国式的"短期合同制与终身制并行"，德国式的"大学教师为公务员"，日本式的"实行选择性任期制"。各国逐步废除了高校教师终身教职制度而实行教师聘任制，并在"追求办学效益而实施教师聘任制"和"尊重高校教师学术自由职业性质"之间寻找平衡点。

（2）教师甄选机制：教师甄选机制兼有学术职业准入的严格性和教师来源的开放性。发达国家的高校均采用面向社会公开招聘的方式，通过民主程序和自由竞争，择优录用教师。各高校还强调教师选拔渠道的多元化，并采取措施促进高校间以及高校与社会间的人才流动。美国和德国一般均把具有博士学位作为高校教师必须具备的基本条件，大多数高校还会设有学术职业准入要求。如德国把具有专业实践经历也作为聘任高校教师的一个重要条件，美国大学中普遍实行教师职业准入期制等。青年教师要获得终身教职，必须经过多年努力，历经多个考察其学术能力的环节，面临多次被淘汰的风险。

（3）教师晋升与淘汰机制：美国大学实行"非升即走"的教师晋升制度，德国大学实行"非走不升"的教师晋升政策。从晋升的条件看，获得终身教职的条件要求越来越高，教师需要在本领域取得显著的教学、科研和社会服务业绩，并且在学术同行中享有较高的学术荣誉。教师晋升与淘汰制度促进了教师的优胜劣汰和合理流动，实现了真正意义的教师"能上能下"和"能进能出",保证了教师队伍的高水平,增强了教师队伍的活力,促进了教师专业发展的自主意识。

(4) 教师绩效评价机制:发达国家普遍实施了终身聘任后评审制度(Post-tenure Review),即对已取得终身教职的教师进行定期的、强制性的同行评估,评价内容一般包括教学、科研、行政服务及为地方经济服务三个方面,这是为了回应社会公众对高校教师工作绩效的关注,消除终身教职所引发的教师自我满足、进取心不强等问题所采取的绩效评价政策。美国加州州立大学是第一个建立了规范的终身聘任后评价标准与程序的大学,它每五年对已获得终身教职的教师进行评价。发达国家的高校在教师评价中倡导发展性评价理念,认为评价结果不应仅仅为教师的晋升、奖惩、薪酬等管理决策提供依据,更重要的是为教师分析诊断工作中存在的问题、制定绩效改进计划提供依据。美国大学教授协会的报告《终身聘任后评审:美国大学教授协会的回应》,针对终身聘任后评审制度提供了实施指南和最低标准,它指出"终身聘任后评审制的目的在于促进教师专业发展,提高教学效率而非问责"。美国教育家博耶拓展的多维学术内涵,促使不同的高校思考如何根据自身的特点来确定自己独特的任务和办学方案,妥善处理好不同形式学术之间的关系,制定适合本校的教师的绩效评价指标体系,加强对教师行为的引导作用。

(5) 教师专业发展的培养与激励保障机制:①各高校纷纷创建了教师专业发展的专门机构——教师发展中心或教学发展中心,为教师专业发展搭建系统化平台。这些机构以促进有效教学与学习为使命,开发符合教师专业发展需要的资源。②建立了从事促进教师专业发展的专家团队。这是一支高素质的专家队伍,具有学术、职业和管理等混合学术背景和广泛的学术实践经验,尤其是具有质量保障和教育发展等方面的经验,保证了教师专业发展项目开发与支持的权威性、实用性、针对性。③为教师专业发展提供必要的经费保障。各高校在鼓励教师自主争取经费基础上,非常重视经费的筹措,学校设有专门机构主管研究经费筹集,包括联邦、州和地方政府的拨款、国防项目、企业项目以及民间基金等,以保证教师有充足的研究经费。④将教师个人的专业发展同组织发展有机结合,促进了教师的专业发展自主意识。教师专业发展机构与院、系协调配合,为教师的职业发展提供规划与咨询,教师将自身发展目标与学校整体发展目标相结合,在自身发展的同时,也为学校的使命和战略目标的实现做出了自己的贡献。⑤建立了促进教师专业发展的权益和福利保障机制。薪酬作为教师业绩的直接激励，被各大学作为教师管理领域的重要课题加以研究，建立了较为完善的教师工资福利系统和激励机制，突出了教师个人工作业绩和能力在职务晋升和薪酬增长中的作用。⑥倡导柔性管理，在高校教师面临压力日渐增大的情况下，给予教师更多的、更细腻的人文关怀。如美国在大学中引入了EAP模式，形成教师压力管理的组织机制，启动了校园救助系统工程等。

4. 开发了广泛丰富、模式灵活的教师专业发展项目

教师发展中心为教师更好地完成工作职责提供精心设计的、广泛丰富的发展项目和针对不同教师群体的区别性发展项目，如研究生管道项目、新教师入职培训项目、教师督导与反向辅导项目、跨学科交流和学习项目、领导发展项目、研究者发展项目、国际交流项目等。教师专业发展活动的模式也是灵活多样的，如工作坊、主题研讨会、教与学论坛、短期汇报、个性化咨询等。

5. 建立健全了教师专业发展活动的评估机制

发达国家均建立了教师专业发展活动的评估机制。如英国，对于大学教师专业发展项目，无论是学校开发的还是英国政府投资建设的卓越教学中心，都有一套完备的申报程序和评估制度，由英格兰高等教育拨款委员会和大学教师发展机构分层次分别进行评估，保证了教师专业发展专门机构的工作质量，从而为促进教师专业发展搭建优良品质的系统化平台。

（二）国内高校教师的职后专业发展

我国实施了高校教师资格制度和聘任制改革，形成了促进教师职后专业发展的政策环境。为了促进高校教师的职后发展，我国系统构建了高等学校师资三级培训体系，在全国范围内建立了高校教师培训基地，各省市和高校也有相应的培训机构。由于我国高校教师缺少职前培养环节，高校教师培训基地为新任高校教师开设了岗前培训课程。高校教师培训基地为在职教师的发展开发了国内访学、高级研修班等教师发展项目。"十二五"期间启动实施的"高等学校本科教学质量与教学改革工程"，加大了对教师专业发展的投入，促进了高等学校教师教学发展示范中心的建设。各高校着眼于学校发展战略的要求，努力构建基于教师胜任特征的能力素质发

展体系，通过制定教师绩效评价目标及评价标准，为教师专业发展提供外部驱动力。各高校积极从学校层面建立和完善教师培养机制，如青年教师导师机制、教师企业实践机制、优秀教师示范机制、督导专家导教机制等，促进教师教学能力的提升。我国的专业技术人员的继续教育要求也对高校教师职后专业发展起到了促进作用。我国建立了中国高校教师网，为教师之间的知识的交流、传递、共享搭建了互动的、人性化的知识交流网站。从大学的院系层面，初步形成以教师职业生涯发展理论为指导，对教师的能力素质提升进行系统设计和规划，为教师专业发展制定个性化培养方案的环境。学校通过举办青年教师教学基本功比赛、多媒体课件制作大赛、优秀教案评比、教师执教能力比赛等教学技能竞赛，以赛促教。在教师专业发展课程开发上，形成了国内外学术交流、学术休假和高级研修班、学科专业带头人研修培训等发展项目。各高校倡导学习型组织的建设，借此促进高校教师团队创造、运用并转化知识，进而强化持续创新的能力，以适应不断变化的任务要求。由于我国对于高校教师专业发展的认识刚刚起步，因此与发达国家相比存在较大差距。

五、普通高校教师专业化的经验借鉴

（一）完善教师专业发展的政策环境

对比许多发达国家和地区，它们已颁布了促进教师专业发展的系统、全面的政策法规，以法律形式明确了教师专业发展的权利和义务，也明确了政府和学校在促进教师专业发展中的角色和义务，教师专业发展已从社会、学校的外部驱动转化为教师的自主的、内在驱动。而在我国，对高校教师专业发展的认识尚处于起步阶段，虽然近年来开始重视高校教师的专业发展，出台了一些促进教师专业发展的规定，取得了一定进展，但是从系统和长远角度的政策设计仍显不足。我们需进一步完善制度建设、明确高校教师作为专业人员的权利和义务，同时完善高校教师专业发展体系建设。在国家层面加大对高校教师专业发展的经费支持力度，聚各方之力支持教师专业发展，鼓励高校开展教师专业发展中心建设，吸引教师协会和团体推动教师发展，集中优质资源开发提升教师执教能力的发展项目，提高高校教师专业发展水平。

（二）完善高校教师专业标准体系

1. 完善高校教师入职标准

一些发达国家对高校教师实行了教师资格认证制度，一些国家虽没有明确的教师资格认证，但在高校认证过程中也反映了对教师准入的严格要求。而在我国虽然实行了高校教师认证制度，但是这一资格认证尚未实现社会化，教师均是在入校之后的一年内取得教师资格证，且取证的课程设置尚不完善，新任教师的职前教学知识和教学实践都比较欠缺。在美国等发达国家，高校任课教师中来自社会的兼职教师占相当高的比例，这些兼职教师在获得教育专业相关认证后，可以承担高校课程教学。而在我国，目前的高校教师资格认证仅限于高校教师，社会上有志从事高等教育的人员无法获得相关证书。实现高校教师资格认证的社会化有两点益处：一是可以进一步明确教师入职的知识和能力要求，为有志成为高校教师的人员提供指导；二是可以为社会上希望承担高校教学的具有丰富实践经验的行业企业人员提供一个提高教学能力的途径，并使其教学能力能够得到认证，这对于吸引社会人员承担高校课程教学、形成不可忽视的兼职教师队伍是十分有利的。

通过与发达国家高校教师入职标准比较分析我们不难发现，我国高校教师入职标准存在以下问题。

（1）缺乏对教育专业相关知识的明确要求，我国的高校教师岗前培训课程有待完善。尽管我国高校教师的应聘者大多具有博士或硕士学位，但大多数仅是在本学科专业领域具有较深的造诣，而对教育学科专业知识的掌握相对匮乏。因此，高校教师的岗前培训是非常必要的。从国外相关文献分析不难看出，国外教育机构在设计高校教师入职培训的课程上详尽而实用。他们关注培养教师树立正确的职业价值观、培养教师具备"全人教育"理念、掌握好的教学方法（以"学生为中心"的教学论、"基于问题"的教学法及案例教学法、有效的表达技巧、互动的教学技巧等）、教会教师要关注学生学习以及具有促进教育公平的意识、要坚持持续的专业发展和对教学的反思等。而我国目前的高校教师岗前培训采取集中讲授方式，仅仅通过对教育学、心理学、教学技能等基础知识进行学习和考试，就能获得高校教师岗前培训合格证书。其内容不够全面、形式单一，对指导教师入职后如何有效地开展教学针对性不强。

（2）缺少对高校教学实际经验的要求，也没有相应的严格和完善的职前培养环节。目前，我国高校设置的教师培养体系中，并没有直接培养高校教师的学科和专业，高校缺少从教学实践环节和心理适应期来全面考察高校教师应聘者的综合素质与能力的环节。新入职教师只需获得高校教师岗前培训合格证书就可上岗教学，有的高校甚至由于缺少教师而在教师没有获得岗前培训合格证的情况下就匆匆上岗。国外高校则具有比较严格和完备的职前培养环节，如美国的"未来教师培养计划"、英国的"国家专业标准框架"和"迈出教学第一步课程""助理教师课程"等，这些做法都值得我们学习和借鉴。

（3）不同类型的高校对教师的学历学位要求盲目攀比。对于研究型高校，要求教师入职需具有博士学位是必须的，而对于教学型高校，教师入职的首要条件应是看其教学能力的高低。如果其教学能力突出且具有丰富的实践经验，也可以在学历要求上有所放宽。

（4）我国在高校教师资格认证上没有对学科专业做实质性的区分，相关要求不明确，不利于对新任教师的入职指导。

（5）教师资格证没有有效期限制，认证标准没有随教育形势和教育理念改变做出及时调整，难以发挥促进教师不断发展的引导作用。

综合各国的高校教师入职标准和要求，可以从以下几个方面进一步完善我国高校教师入职标准。

（1）具有教师专业理念并认同职业道德和行为准则要求。要热爱教育事业，能够遵守国家的教育法律法规。要有进取心，不断追求并保持最高水准的专业操守，努力实现对学生、对专业的承诺。要有合作精神，与同事相互尊重并进行很好的合作等。

（2）要具有相关专业知识，包括高等教育知识和本学科专业知识。要具有教育学、教育心理学的基本知识，承认教育的多样性并促进教育公平，尊重学习者；要具有教学论和学习理论的相关知识，掌握本学科领域合适的教学方法、掌握"以学生为主体"的教学论，理解所有学生如何学习、会选用合适的学习技术和掌握评价学习有效性的方法等；要具有高等教育法律法规的基本知识，在自身的教学实践中用以约束自己并预防和解决棘手问题。要具有本学科领域的深厚知识，同时了解其实际运用领域和与其他学科的联系，这会为教师今后的教学和科研奠定坚实基础。

（3）要具有相关专业能力，包括教学能力、研究能力和社会服务能力。在教学能力要求方面：应通过一定阶段学习和教学实践而获得教学能力，教师要熟悉高等教育教学规律，具有教学设计能力与组织实施有效教学的能力，能够运用适宜的教学方法和手段开展教学，能够有效地控制课堂。教师的教学语言要规范、生动，板书书写符合规范。教师要掌握现代信息技术并能有效应用，以提升教学效果。教师要了解学习理论，运用合理的教学评价和激励机制促进学生提高学习效能。教师要具有教学反思能力，能够根据评价结果及时调整和改进教学，能够对教学过程与效果进行自我评价、分析与改进。在研究能力要求方面：教师要具有开展教学研究和科学研究的能力，这是教师水平提高的根基，当然对于不同类型的院校要求的侧重点有所不同。在社会服务能力要求方面：发达国家的教师入职条件要求应聘者要具有本专业领域的实际工作经验，对于一些应用性强的学科和专业尤其看重实务工作经历，不仅要求教师须具有本专业领域2年以上的实务工作经历，而且还要求取得教育主管部门认可的专业证书等，这些应聘者一旦入职成为高校教师，其在社会服务能力方面具有很大优势。对于教师的社会服务能力要求包括具有开展与本专业领域相关的社会服务能力，能积极开展产学研结合、促进科技成果转化等，能够配合和推动学校与企业、社区建立合作互助的关系，提供咨询服务，为学生参与社会实践提供条件等，这些要求应在今后逐步纳入我国高校教师的入职标准。

2. 明确合格教师标准

教师入职后经过规定时期的教学实践，应在入职标准基础上有所进步，从而独立担负起一名合格教师的职责，在入职标准基础上应增加以下几项形成教师的合格标准。

（1）专业实践能力：要具备本学科专业领域的专业技术实践能力（获得相关专业领域职业资格证书）与指导学生实践的能力。

（2）创新能力：要具备创新性思维能力、创新性实践能力与培养学生创新精神和创新能力的能力。一是从教师的学历要求上应达到博士学位水平，这体现了教师具有研究能力的基础。二是要具有专业实践经历并取得创新成果，这会为教师的创新活动和培养学生的创新能力提供很好的支撑。

（3）自我发展能力：要具备职业生涯规划能力及终身学习的能力，要有计划地规划自己的职业发展目标，不负公众赋予的信任和责任，勤学进取,全力提高专业水准和服务质量。要依托学术共同体交流和分享经验及资源,坚持持续的专业发展和对教学的反思。要具有课程开发能力,能够关注社会发展并映射于自己的教学实践中,了解社会的用人需求,不断改进课程教学、开发课程或更新课程内容。

3. 制定符合学校定位的晋级标准引导发展

我国高校教师晋升考核标准同质化倾向比较严重,没有很好地体现学校办学定位。而且,高校普遍存在的重科研、轻教学的倾向,造成了教师的专业发展困惑。这种现象也曾发生在发达国家,但他们正在反思并扭转这种局面,因此他们的做法是值得我们借鉴的。一是晋升标准要符合学校的自身定位,研究型、教学研究型和教学型高校的教师晋升标准应该有所不同;二是对于教师所承负的多重角色任务,在评价机制上应该予以适当的和公平的体现。美国教育家博耶提出的新的学术观,即探究的学术、教学的学术、整合的学术、应用的学术,就是针对美国高校在教师评价、晋升、考核、奖励等政策上存在的科研至上的问题而提出的。我国高校目前的晋升与考核评价机制步其后尘,教师的教学成就没有得到应有的认可等都受到了业界的质疑。因此,只有研究制定更符合校情、规范可行的教师评价制度和晋升标准,才能引导教师向着正确的方向发展。

(三) 建立健全教师发展指导与服务机构

发达国家非常重视教师的专业发展,建立健全了教师发展体系,包括大学教师发展委员会、大学教师发展中心、院系级教师发展团体和教师个体。学校从实现学校战略目标出发,系统规划教师的发展。将教师个人的专业发展同组织发展有机结合,促进教师的专业发展自主意识。学校建立教师专业发展中心,为教师专业发展提供指导。教师发展中心与院、系协调配合,为教师的职业发展提供规划与咨询。尤其值得关注的是,很多高校对教师的发展需求十分重视,配备有教职员发展协调员,及时登记并了解教职工的需求,积极与教师个人和教师发展中心合作,共同为教师的发展提供所需的信息和建议,可见学校的服务工作的细致和周到程度。我国高校近年来也积极从学校层面建立和完善教师培养机制,如青年教师导师机制、教师企业实践机制、优秀教师示范机制、督导专家导教机制等。中国高校教师网的建立,也为教师间知识的交流、传递、共享搭建了互动

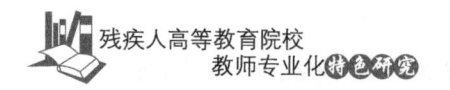

的、人性化的知识交流网站。但相比发达国家对于教师专业发展的系统设计和提供周到服务的做法还需加以研究改进。

（四）系统开发教师专业发展项目

发达国家的高校教师发展中心基于本校教师的专业发展需求开发了广泛丰富、模式灵活的教师专业发展项目。他们建立了一支高素质的从事促进教师专业发展的专家团队，这些专家具有学术、教学和管理的复合背景与实践经验，具有教学质量评价与保障的丰富经验，从而保证了所开发的教师专业发展项目具有系统性、权威性、针对性和实用性。他们能够考虑到不同类型教职工的发展需求开发发展项目，如研究生管道项目、新教师入职培训项目、教师督导与反向辅导项目、跨学科交流和学习项目、领导发展项目、研究者发展项目等。也有体现全方位服务与促进教师全面发展的项目，如应对压力的心理疏导课程、交流与演讲、政策与法律、自我评价与发展等。教师专业发展活动的模式也是灵活多样的，如工作坊、主题研讨会、教与学论坛、短期汇报、个性化咨询等。教师培训内容也与时俱进，随着教育改革和发展形势不断更新内容。虽然我国高校通过举办青年教师教学基本功比赛、多媒体课件制作大赛、优秀教案评比、教师执教能力比赛等教学技能竞赛，以赛促教，取得了较好效果；在教师专业发展课程开发上，也形成了国内外学术交流、学术休假和高级研修班、学科专业带头人研修培训等发展项目，但相比之下，我国的教师发展项目模式比较单一，各类活动的覆盖面还不够宽、针对性还待加强。

（五）建立教师专业发展活动的评估机制

许多发达国家建立了教师专业发展活动的评估机制。对于高校教师专业发展项目，无论是学校自行开发还是政府投资建设的卓越教学中心开发的，都有一套完备的申报程序和评估制度，从而保证了教师专业发展专门机构的工作质量，为促进教师专业发展搭建了系统化平台。

第三章　国内外残疾人教育教师专业化经验借鉴

如前所述，残疾人高等教育作为高等教育的一部分，它可从国内外普通高等院校教师专业化方面获得经验借鉴。由于我国残疾人高等教育现处于起步发展阶段，而在发达国家残疾人高等教育发展至今在立法、整体规划、教育支持体系、师资等方面都已较成熟，研究并借鉴相关经验十分必要。另外，残疾人高等教育作为残疾人基础教育后的教育，其教师专业化的要求也必然有与基础教育相互联系且延续契合的方面。因此，本章重点研究国内外残疾人基础教育教师专业化的发展和经验，研究国外残疾人高等教育院校教师专业发展的经验，并在此基础上提出了促进我国残疾人高等教育院校教师专业发展的建议。

一、国内外残疾人基础教育教师专业化的经验借鉴

（一）残疾人基础教育教师资格认证标准体系比较

1. 发达国家残疾人基础教育教师资格标准体系

（1）美国残疾人基础教育教师资格标准。

美国残疾人基础教育实行的教师资格专业标准包括准入式和选择性两种体系。

准入式资格认证标准是指要想从事特殊教育职业必须持有特殊教育教师资格证书，才能有资格成为特殊教育教师，因此，美国大部分州主要实行的是资格准入式的特殊教育教师专业标准体系。担任残疾人教育的教师除了要获得基本的普通教师任职标准和特教教师任职标准外，还要根据其服务的教育对象类别，取得相应的资格标准。例如，若想担任听力障碍儿童的教师，就必须符合这个领域任教的资格标准，从而获得特教教师的任职资格。这个资格标准认证还有限制，取得证书5年后需再修满规定学分

的课程才能换取新的证书。美国各州实行的是地方分权的教师资格认证制度，但为了使这些有所差异的地方分权教师资格认证制度能够在全国范围内有一定程度的趋同，美国成立了全国性的教师资格认证机构来指导和协调各州的教师资格认证制度，目前认证机构主要是美国国家专业教学标准委员会（National Board for professional teaching standards，NBPTS）和美国优质教师证书委员会（American Board for Certification of Teacher Excellence，ABCTE）[1]。认证标准为美国特殊儿童委员会所使用的2009年修订的第六版标准。取得任职资格的方式分为标准化考试和非标准化考试。尽管各州考试形式或内容有所不同，但目的都是控制教师资格证书的发放，确保从教申请人在各个方面达到从教要求。而且，不论申请人在哪个州参加考试，考试结果在各州互相承认。同时，特殊教育教师资格的获取除了要符合教师资格认证标准外，还要通过特殊教育教师资格认证考试。特殊教育教师资格考试内容依照特殊教育教师资格认定标准来制定，而且各州的考试内容和形式亦有所不同，但获得的特殊教育教师资格认证考试的结果在各州相互通用。另外，在进行教师资格考试和审查的过程中，绩效评估方式受到越来越多的重视，成为教师资格认证评估方式新的发展趋势[2]。

选择式资格认证标准是指美国部分州实行的"选择性教师资格制度与选择性证书计划"（Alternative Certification Program，ACP）。20世纪80年代中期，为应对特殊教育教师数量短缺、质量低下等问题，《不让一个孩子掉队》法案和《2004年残疾人教育促进法》提出"高质量"教师培养计划，这也为特殊教育教师的培养带来了极大挑战。实施选择性教师资格制度正是应对这一挑战的重要手段之一。选择性证书计划或由当地教育机构（LEA）主办，或由高等教育机构与当地教育机构联合主办，主要针对有一定工作经验、希望从事教育工作的社会人士，一般要求申请者至少具有学士学位，所主修的专业与所申请教授的科目相同或相关，申请时与学区内的某所学校签订雇用合约。经过严格的筛选过程获准参与选择性证书计划后，即在教学经验丰富的导师指导下，边工作边接受培训。接受培

---

[1] 吴姗，洪明. 当代美国教师认证组织的对峙与互补——全美专业教学标准委员会与美国优质教师证书委员会之比较研究[J]. 教育研究，2007（4）：25–27.

[2] 王雁，肖非. 中国特殊教育教师培养研究[M]. 北京：北京师范大学出版社，2012：59–60.

训、初次获得资质的时间，不同的州、不同的项目规定不同，一般为1～3年❶。选择性教师证书计划在美国各州结合本土实际情况推行各自的计划。选择性证书计划已在一定程度上缓解了全美特教师资缺乏的状况。

(2) 英国残疾人基础教育教师资格标准。

英国实行的是资格准入式的特殊教育教师资格制度，即特殊教育教师既要有普通教师资格证书还必须同时获得特殊教育教师资格证书。教师资格证书采取的方式是首先要修满规定的学分，或者通过初次资格考试者，即可取得临时证书，然后要进行实习才可获得正式的教师资格证书。英国2003年的《教育法》规定，从事针对听觉障碍、视觉障碍或多重感官障碍这三种类型学生的教师除了获得普通教师资格和特殊教育教师资格证书之外，还必须获得针对这三类障碍的教师准入资格。除此类情况之外，若在普通学校专门负责这三类学生的教师或者当地教育部门任职的巡回指导教师也要获得相应的准入资格，同时从事这三个领域工作的早期教育和义务教育阶段以后的教师也可申请该准入资格。任听觉障碍、视觉障碍或多重感官障碍三类学生的教师准入资格标准包括两部分：第一部分是对所有申请准入资格教师的基本要求，具体包括：要获得普通教师资格证书并有一定的教学经验；教师在完成新教师培训后，需要试用期一年之后，才能获得准入资格。第二部分是对各类准入资格的专业知识和专业技能的要求。其中针对听觉障碍学生的教师准入资格标准包括116项，针对视觉障碍学生的教师准入资格标准包括118项，针对多重感官障碍学生的教师准入资格标准包括113项❷。上述三类准入资格都从基本知识、专业知识和专业技能三个方面体现，其中专业技能包括9种专业能力，即具备相应的交流能力、制订教学计划的能力、使用有效方法进行教学的能力、对学生学习情况进行评估和监控并提供反馈的能力、检查学习、教学和评估效果的能力、促进积极行为的能力、创造适宜学习环境的能力、进行团队合作的能力、为他人提供建议的能力。英国特殊教育教师准入资格的获得途径主要采用在职培训。教师必须首先获得普通教师资格证书，并在此基础上具有一定的教学经验，才能申请获得特殊教育准入资格。

---

❶ 汪蔚兰，昝飞. 美国特殊教育选择性教师资格制度实施及启示 [J]. 中国特殊教育，2009 (11): 61 - 65.

❷ 王雁，肖非. 中国特殊教育教师培养研究 [M]. 北京: 北京师范大学出版社，2012: 74 - 75.

（3）日本残疾人基础教育教师资格标准。

日本实行的是资格准入与资格等级结合式的特殊教育教师资格制度。日本1989年修订的《教师执照法》和1990年修订的《教师执照法实施细则》均有对特殊教育教师任职资格的规定，其中《教师执照法实施细则》中明确规定：除了修满普通教育学校教师证书的学分之外，还要修满相关特殊教育领域规定的专业学分。特殊教育教师资格证书必须通过笔试、口试和实际操作等审定合格后才能授予。而特殊教育教师资格证的要求比普通教育要高，日本特殊教育教师证书分为3级。第1级，相当于起码级，叫做"二级许可证"。获得特殊教育二级许可证是需要得到二级普通教育许可证的基础上，再修满特殊儿童教育的课程学分，才能获得。持有特殊教育二级许可证，可以在特殊幼儿园、特殊小学、特殊初中教师职位出现空缺时申请成为特殊学校教师，但没有资格申请到高中任教。第2级，相当于中级，叫做"一级许可证"。申请特殊教育一级许可证的前提是有一级普通教育许可证（其前提是：大学本科毕业并获得学士学位，所获得教育类学分为14~32学分）再加上特殊教育的学分。教师持有特殊教育的一级许可证可以在特殊幼儿园、特殊小学、特殊初中任教，也可以申请到特殊高中任教。第3级，相当于高级，叫做"专修许可证"。申请普通教育专修许可证的条件是：修完硕士课程并获得硕士学位。获得普通教育教师的专修许可证，再加上特殊教育规定的学分，可申请特殊教育教师专修许可证。获得特殊教育专修许可证的教师就可以到任何级别的特殊学校任教。特殊教育教师要想职务升级，必须持有相应的证书。

2. 我国残疾人基础教育教师专业标准

（1）我国大陆地区残疾人基础教育教师资格认证。

我国大陆地区残疾人基础教育教师资格认证是国家对特殊教育教师实行的职业资格认定制度。《残疾人教育条例》第33条规定了残疾人教育的教师除应具有国家规定的普通学校教师的学历、资格外，还应具有残疾人教育专业知识，并取得专业资格证书[1]，同时，也提出了要建立特殊教育教师资格标准的目标和任务，为特殊教育教师的专业发展奠定了法律基础。2012年发布的《关于加强特殊教育教师队伍建设的意见》（教师

---

[1] 中华人民共和国残疾人教育条例. 第37条（国务院令第161号发布）（国务院网站）. http://www.gov.cn/gongbao/content/2011/content_ 1860775. htm.

〔2012〕12号）文件中提出培养具有复合型知识技能的特殊教育教师、康复类专业技术人才，到2020年，形成一支数量充足、结构合理、素质优良、富有爱心的特殊教育教师队伍。2015年8月教育部出台《特殊教育教师专业标准（试行）》（教师〔2015〕7号），此标准针对特殊教育学校、普通中小学幼儿园及其他机构中专门对残疾学生履行教育教学职责的专业人员。标准作为特殊教育教师专业发展的基本准则，同时也是特殊教育教师培养、准入、培训、考核等工作的重要依据。虽然我国已经制定了《特殊教育教师专业标准（试行）》，但是其可操作性和完整性仍待进一步完善，尚未形成针对特殊教育领域的教师资格认证制度。在我国部分地区（如上海）实行了"特殊教育资格证书"制度❶，涉及盲校、聋校、培智学校、工读学校的四类教师，规定了各类教师基本的知识和技能要求，也从2002年开始对上海市特殊教育领域的新进教师提出了岗位证书培训的要求。目前，我国尚未形成系统的有针对性的特殊教育入职资格标准和准入制度，特殊教育专业毕业生一般持普通教师资格证书上岗入职，进入一所特殊教育学校进行为期一年的实习期，实习期过后经过考核合格便可成为一名正式的特殊教育教师。

（2）我国台湾地区残疾人基础教育教师资格认证。

我国台湾地区实行的是资格准入与资格等级结合式的特殊教育教师资格入职制度❷。依据2002年的"师资培育法"第12条规定，台湾地区的教育主管部门办理特殊教育教师资格的认证，下设教师资格检定委员会负责具体检定工作，符合条件的申请者在考试检定合格后，由教育主管部门颁发特殊教育教师证书。特殊教育教师资格考试的内容包括"国语"能力测验、教育原理与制度、特殊教育学生评量与辅导、特殊教育课程与教学等，其注重实际操作能力考核。非特殊教育专业的其他科系学生可以通过特殊教育专业学分班以及辅修等方式学习特殊教育课程，例如，2004年台湾地区颁布的"特殊教育教师师资职前教育课程教育专业课程科目及学分"规定，凡准备从事特殊教育教职的大学生，应先在在读期间修满40个特殊教育学分（包括一般教育专业科目10学分及特殊教育专业科目30

---

❶ 于素红. 上海市特殊教育师资资格制度的现状与发展[J]. 中国特殊教育，2008（6）：52-57.

❷ 兰岚，兰继军，吴永依. 台湾地区特殊教育及对大陆特殊教育发展的启示[J]. 中国特殊教育，2008（12）：18-23.

学分），学业结束成绩及格后，参加教学实习半年，再参加检定考试，考试及格后取得特殊教育师资的资格证书。

（3）我国香港地区残疾人基础教育教师资格认证。

香港地区制定了一系列鉴定教师学历和资格的严格制度，规定全港教师均应向"教育署"注册，进行资格认定，可分为注册教师和暂准教师。特殊教育学校和特殊教育班的教师都应该有学士文凭，非学位的教师应经过训练取得教师证书。近年来，非学位教师资格培训由香港教育学院完成并由其提供教师证书；学位师资培训由香港大学和香港中文大学完成。对入职前没有受过特殊教育训练的教师，政府为他们安排相应的特殊教育培训，1993年，师资培养方式由16周学时的培训改为两年制培训（一年全日制上课，一年在职教学实习）。主要由香港教育学院特殊教育系承担特殊教育师资培训工作❶。

（二）残疾人基础教育教师专业发展保障的比较

1. 发达国家残疾人基础教育教师专业发展保障

美国很重视特殊教育教师的专业发展及培训，标准清晰、内容全面和经费充足是其主要优势所在。美国特殊教育教师的在职培训已建立起由美国教育部制定资格标准和专业发展计划、全美教学专业标准委员会负责管理、综合性大学及高等教育机构进行实施的培训体系❷。美国教育部每年制订教师质量专业发展计划并提供资金，由各州立教育机构提出参与申请，再由各地方教育机构及高等院校具体实行。高校还和学区合作，建立教师专业化发展学校，为在职教师提供教学指导、观摩学习、教学实践、案例研究等机会。美国特殊教育教师专业化培训的目标主要包括：第一，解决特殊教育教师在课堂教学中发现的、自身能力无法解决的实际问题和教学技术上的难题；第二，发展特殊教育教师的专业特点及潜能优势，满足他们的个人兴趣爱好和特长需要；第三，更新特殊教育教师的知识和技能，以适应教育改革创新的发展。这些目标的达成是为了改进现有教育教学问题，提高教学质量，以及促进美国特殊教育教师专业发展。美国特殊

---

❶ 王雁，肖非. 中国特殊教育教师培养研究［M］. 北京：北京师范大学出版社，2012：74-75.

❷ 顾定倩. 美国特殊教育教师任职资格的介绍及对我们的启示［J］. 外国教育研究，1999（4）：40.

教育教师进修专业的范围也较广，除特殊教育和学科教育领域外，教育技术也已经成为一个重点，美国许多州的教育管理机构要求教师必须掌握教育技术，大学和教育机构提供的进修和培训课程中都包括教育技术的内容，教师也可以通过网络课程来取得教育技术合格证书。美国特殊教育教师的培训主要包括正式培训和非正式培训两种。正式培训模式包括硕士学历进修、特殊教育资格证书培训、假期短期培训、专题研讨会等。非正式培训模式包括：第一，网上免费获得。第二，在学校及学区范围内建立专业学习型社区，通过教师间的谈话、教师小组会议、共同设计教学方案等方式帮助教师提升教学能力及发展专业领域能力。第三，网络虚拟"学习社区"，高校与学区间、学校与教师间、特殊教育教师间、教师与学生间的互动交流都能帮助特殊教育教师进行自主学习。

日本对残疾人基础教育学校教师的专业提升提供多种条件和要求。为了促使特殊教育师资素质的提升，采取国内进修、出国留学和各种学术研究活动形式，为教师提升专业创造了条件。1972年，文部大臣下属的"师资培养审议会"及国立大学协会下属的"师资培养制度特别委员会"都相继就特殊教育师资培养问题进行了审议[1]。另外，日本特殊教育学会也设立了特别委员会，专门研讨规划特殊教育师资培养问题。日本特殊教育教师专业研究活动主要有以下形式：第一，特殊教育的学习研究活动。一般由文部省主持，地方教育委员会协助举办。通过组织各种特殊教育专业内容的讲习会，调动现任特殊教育教师钻研专业知识的积极性，掌握更广博的专门知识技能，提高教育水平。每年定期举办讲习班，实际而生动地交流特殊教育经验，促进特殊教育教师专业素质提高。第二，国内进修。对于在职的特殊教育教师，从事一年特殊教育教学工作后，可以到国立大学进修学习，接受与研究主题密切相关的指导教师的指导。第三，国外留学。向国外派遣特殊教育教师，以吸收世界各国特殊教育经验。第四，国立特殊教育综合研究所进修。教师在研究所进修的主要内容包括重度、多重障碍课程、精神薄弱教育课程、病理教育课程、语言障碍教育课程和情绪障碍教育课程等，在进修中促进了教师学习科学理论并与个人经验密切结合。

---

[1] 周谊. 日本特殊学校教师的证书［J］. 中国特殊教育，1998（1）：5-6.

2. 我国残疾人基础教育教师专业发展保障

我国也十分重视残疾人基础教育学校教师的专业发展。1993年的《中华人民共和国教师法》、1994年的《残疾人教育条例》和1998年的《特殊教育学校暂行规程》中规定："各级人民政府教育行政部门、学校主管部门和学校应当将特殊教育师资的培训列入工作计划，对教师进行多种形式的思想政治、业务培训；特殊教育学校应当制订培训工作计划，积极为教师和其他人员进修创造条件，教师和其他人员进修应根据学校工作需要，以在职、自学、所教学科和所从事工作为主。"2012年《关于加强特殊教育教师队伍建设的意见》（教师〔2012〕12号）规定开展特殊教育教师全员培训。对特殊教育教师实行5年一周期不少于360学时的全员培训。依托"国培计划"采取集中培训和远程培训相结合的方式，加大对全国特殊教育学校教师的培训力度，要求各地要同步开展特殊教育学校教师和承担随班就读任务教师的全员培训。推进信息技术与特殊教育教师培训深度融合，为特殊教育教师专门建立网络研修社区，开展特殊教育教师教育技术能力专项培训，促进特殊教育教师专业发展常态化。教师培训机构要建立专兼结合的特殊教育教师培训队伍，培养师范生具有指导残疾学生随班就读的教育教学能力❶。在实施层面，我国的特殊教育教师职后培训工作由各地区教育主管部门负责，由高等师范院校的特殊教育院（系）和特殊教育机构（特殊教育中心）承担实施，已初步建立多层次、多渠道、多种模式的特殊教育师资培训体系。许多经济发达的地区已将特殊教育师资在职培训纳入继续教育的轨道。培训的内容主要包括特殊教育理念和基本理论、特殊教育专业知识和技能、特殊教育教学方法及策略、特定专业技能培训和特殊教育技术应用等。随着融合教育思想的推广，越来越多的特殊儿童进入普通学校学习，这要求特殊教育教师掌握与不同专业团队合作的技能。因此很多地区培训也涉及基于融合教育理念的相关内容。从培训模式看，可以分为学历进修、校本培训、短期培训、交互式培训、研究型培训和远程培训。学历培训是提高学历层次的学历进修；校本培训是基于特殊教育学校的发展，让受训教师在教学实践中，通过骨干教师的引领，学会特殊教育方面的专业技能和掌握相应的专业知识；短期培训是在省市级

---

❶ 关于加强特殊教育教师队伍建设的意见［EB/OL］. http：//www.moe.edu.cn/publicfiles/business/htmlfiles/moe/moe_ 1778/201209/141772.html.

特殊教育中心或高等师范院校举办的各种形式、各种时限的培训班、提高班，其培训分类可以按照教师类别（如听障教育教师、自闭症儿童教师、融合教育教师等），也可按照专业类别（如行为分析班、物理治疗班、语言训练班等）；交互式培训是定期在当地组织的一些特殊教育理论与实践、操作、运用等方面的具有示范性的学校公开观摩研讨课；研究型培训是通过举办不同主题的研讨会，主要针对教育教学实践中的问题开展；远程培训是利用现代信息技术，以生动、形象的方式展示给受训者。以上不同模式的培训促进任残疾人教育的教师专业化的发展与提升。

台湾地区在1987年颁布的"特殊教育法"对在职教师的专业进修作出了规定："在职教师的进修，由各级主管教育行政机关策划办理。"1995年通过的"教师法"，对教师的资格、聘任、权利、义务、进修等都作了规定，明确教师专业进修既是教师的权利又是教师的义务。1996年，《高级中等以下学校及幼稚园教师在职进修办法》对教师进修的机构及教师进修的要求和方式等都作出了比较具体的规定，其中第9条要求"教师在职期间每一学年至少进修18小时或1学分，或五年内累积90小时或5学分"。2003年台湾地区教育行政部门制定了"高级中学以下学校及幼稚园教师资格检定办法"，2004年，出台了"大学院校师资培育中心评鉴作业要点"，对高等院校经批准设立的师资培育中心的评鉴工作所涉评鉴对象、评鉴项目、评鉴机构、评鉴等级和评鉴结果的运用等都作了明确的规定，以保证师资培育机构的培训质量和对师资培育机构评鉴的公正。台湾教师的职后教育由教育行政部门规定的教师进修机构负责，各县市至少有一所教师研习中心来组织本县市的教师进修研习，还有大学设立的培训机构接受教育行政部门或有关学校的委托，开展教师进修研习。还有许多按学科或按层次设立的教师学成中心接受非师范毕业生的教师养成培训。各地的教师会参与研习机构组织的教师进修研习活动。进修内容包括教育专业与专门学科，尤其对中小学特殊关注九年一贯课程的七大领域与五大议题、当前最热点的教育政策、性别平等教育政策、教师会组织功能、教师权益全责议题等；进修的形式包括集中研习、网上研习、校本研习等。台湾特殊教育教师的职后培训是在整个教师教育的大背景下进行的，同样遵循着教师教育的基本要求，同时在师资培育上实行分类别、分阶段的培训，强调了专业性和科学性，专业指向性非常明显。例如，《特殊教育教师登记及专业人员选用办法》中具体列出了不同类型教师必须修习的特殊教育科目和学分。特殊教育培训中心在提供适切的课程及辅导等措施的同时，展开各种研究推进特教教师的专业提升。

（三）经验借鉴

1. 法制化是特殊教育教师专业发展的保障

特殊教育教师教育法制化是特殊教育师资素质的基本保障。因此，随着特殊教育教师专业化的发展，世界各国都认识到法制的重要作用，美国、英国等发达国家从事残疾人教育的教师都必须获得教师资格证书和特殊教育资格证书以及专门从事残疾人类别的专业证书，普通教育资格证书不能等同或替代特殊教育专业资格证书。我国尽管在1994年国务院发布的《残疾人教育条例》中已经明确提出"国家实行残疾人教育教师资格证书制度"，之后也颁布了一系列政策、标准，但因缺乏行之有效的措施来保障实施，至今还没有推广。因此，国家应尽快出台专门的、具体的特殊教育教师资格认证条例及实施办法，确保特殊教育教师在法律的保证下得到培养和发展。特殊教育教师资格认定制度的实行是特殊教育师资发展的必然趋势，也是特殊教育师资质量的保证。只有在相关的法制保障下，特殊教育师资才能向职业化、专业化方向发展。

2. 多类型的专业标准有利于提供更专业的服务

特殊教育是教育体系的一部分，因其教育对象的特殊性，决定了从事特殊教育的教师比普通教师有着更强的专业技能与知识。资格标准的建立是残疾人教育教师专业化发展的前提和基础。这种专业性就需要有切合实际的专业认证制度。专业认证是现代教育的一大特征，前提是需要制定专业标准。纵观国际特殊教育的发展，各国都建立了严格、细致的特殊教育教师资格标准。残疾人教育因教育对象的差异性极大，任残疾人教育教师必须接受更有针对性、更加专业化的培养，才能切合实际的需要。因此，应强调残疾人教育教师的专门性，培养针对不同类型特殊儿童群体的专业教师也是世界各国残疾人教育教师培养的一个趋势。建议我国残疾人教育教师的专业标准也能针对不同的教育对象，制定不同类型特殊教育对象的教师专业标准（如听障教师专业标准、视障教师专业标准等），这将是我国特殊教育教师专业发展的趋势所在。

3. "可持续发展"是特教教师专业化发展的根本

残疾人教育教师的专业化意味着专业发展的持续性、生成性与整合性。这就需要任残疾人教育的教师具备可持续发展的基本素养和终身学习能力。现代特殊教育教师必须能够适应不断演化和发展变化的复杂教育教学情景以及特殊儿童的需要。特殊教育教师的职业发展应是职前教育、入职教育和在职教育一体化的终身教育历程和职业生涯发展进程。为满足残疾人教育教师的专业发展，其课程应呈现出模块化的基本特征。任残疾人教育的教师应强调教育培养的实践性和方法的多样性。推进残疾人教育教师的终身教育的发展，意味着建立一个开放的专业发展体系。

4. 建立完善的专业标准培养支持保障体系

纵观世界特殊教育发展较好的国家，无不建立了从政策支持、经费保障、制度支持到完善的培养标准和培养体系的特殊教育教师培养支持体系。因此，建立完善的特殊教育教师培养支持体系是特殊教师教育发展的重要保证和必然趋势。首先，要建立完善的政策支持体系。各级政府政策和法律的支持将为特殊教育教师培养提供制度支持与保障。其次，建立有机的经费保障体系。它是特殊教育师资培养的物质基础和制度基础。最后，建立特殊教育教师的相关标准体系和要求，建立合理的培养体系，促进特殊教育教师的专业化发展。

5. 将融合教育教师的培养纳入视野

融合教育已成为目前特殊教育领域中一个重要的思潮和理论，融合教育是特殊教育发展的必然形式。因此，融合教育教师的培养也将成为世界特殊教师教育发展的重点和趋势。我国2014年国务院出台的《特殊教育提升计划》明确提出"全面推进全纳教育"，同时也开展了一系列的残疾儿童少年随班就读的试验与推进工作，越来越多的特殊儿童进入普通学校学习，如何培养融合教育教师已成为我国特殊教师教育发展中必须面临和解决的问题。因此，要保证全纳教育的有效开展，行之有效的途径即在普通师范教育中更多地渗入特殊教育的内容。在随班就读教师的培养中，一方面，政府的领导与干预至关重要，是随班就读师资培养及教师工作的政策保障。另一方面，明确随班就读师资培养的目标、拓展培养途径。具体而言，首先要抓好职前教育，把特殊教育的内容普及到各级各类师范教育之中。其次，将特殊教育纳入中小学教师和校长的继续教育与培训中。最后，拓展类型，培养多种类型的专业教师，如培养巡回指导教师、资源教师等保障融合教育的开展，同时也要为随班就读教师提供丰富资源和教育机会。

二、发达国家残疾人高等教育教师专业发展

（一）残疾人高等教育教师的入职标准

1. 美国残疾人高等教育教师入职标准

美国残疾人能够平等享受高等教育是以美国 1973 年颁布的《康复法案》为标志的，该法案规定了高等院校不得在招生、入学或入学后安置等各方面歧视残疾学生，并且规定必须给残疾学生在教学、服务、设施等方面提供便利，做出改善。第三十届联合国大会 1975 年通过的影响深远的《残疾人权利宣言》，明确规定了残疾人享有各种权利，其中包括接受教育、职业培训以及其他能够最大限度地挖掘残疾人的潜力，促进其回归社会或重返社会的措施的权利等，这进一步推进了美国建立健全残疾人社会保障法律制度，保障残疾人受教育权。1990 年美国颁布了《残疾人教育法案》，该法案适用于 3~21 岁的儿童期至青年期的所有残疾人。该法案虽未涉及高等教育，但是对高等教育有不可估量的影响，因为基础教育的改进为高等教育提供了良好的基础。2008 年 8 月，美国《高等教育机会法案》（*Higher Education Opportunity Act*）正式被纳入高等教育法律体系。该法案推进了对日益高涨的大学学费、复杂的联邦奖学金申请手续、学生贷款发放程序、校园安全等关键问题的改革，希望给美国青年提供更多的接受高等教育的机会。其中确保残疾学生拥有平等的进入大学的机会条款主要包括三点：一是建立一个国家性的机构，为残疾学生和他们的家人提供支持服务；二是帮助高校吸收及保留残疾学生接受研究生教育，改善并更新相关教育的资料和设施；三是提供残障人士公平的入学机会，为其提供奖学金和其他必要的援助。由于美国保障残疾人公平享受高等教育方面的法律法规的不断健全，美国残疾人大学生比例不断提高。1978—2010 年，残疾大学新生入学比例从 2.6% 提高到 10.1%，更多的残疾人接受高等教育。

要提高残疾人高等教育的质量，就必须要有高质量的教师队伍作保障。美国残疾人高等教育教师的入职条件和其他美国普通高等院校一样，并没有全国统一制定的入职标准，而是由各高校自主确定的。由于社会评审机构对高校办学有明确的认证标准，所以各高校制定的教师的入职标准

也是非常严格的。而对于特殊教育从业者（包括从事高等特殊教育的教师），美国要求其必须获得相应的特殊教育资格认证，因此，特殊教育教师资格认证证书也是美国特殊高等教育教师入职的必备条件。因为美国的教育管理实行分权制，所以特殊教育教师的资格认证并不是由联邦政府制定并强制推行的，目前在美国最为全面系统和具有影响力的特殊教育教师任职资格规定是美国特殊儿童委员会（Council for Exceptional Children, CEC）制定的特殊教育教师专业标准。

CEC 是现今美国乃至世界上最大的民间性特殊教育学术团体，有 17 个专业分会，在美国设有 59 个州和地区委员会，并在世界 40 多个国家设有 275 个分部，从而形成了一个巨大的专业活动网络。

1922 年，CEC 创始之初就以制定特殊教育领域的专业标准和伦理准则为主要目标。作为公认的特殊教育专业标准的引领者，CEC 开发了标准、伦理准则、操作规范和指南，以确保具有充分准备的、职业化的特殊教育者对特殊学生实施教育。CEC 与其他专业机构合作，以确保所有的特殊教育工作者有一个强大的专业工作环境，并做好充分准备以支持特殊学生的学习[1]。1995 年，CEC 制定的《每个特殊教育者必须知道什么——有关特殊教育教师准备和资格的国际标准》（*What Every Special Educator Must Know：The International Standards for the Preparation and Certification of Special Education Teachers*）第一版发表。之后随着特殊教育和教师教育的不断发展，在 1996 年、1998 年、2000 年、2003 年、2009 年和 2012 年对该标准进行了多次修订[2]。2003 年的第五版将名称改为《每个特殊教育者必须知道什么——为特殊教育工作者制定的伦理准则、标准和指南》（*What Every Special Educator Must Know：Ethics，Standards and Guidelines for Special Educators*）。2009 年的第六版又称为《每个特殊教育者必须知道什么——伦理准则、标准和指南》（*What Every Special Educator Must Know：Ethics，Standards, and Guidelines*）。在 2012 年，CEC 修改了特殊教育工作者初级标准和高级标准，以确保特殊教育入门者和特殊教育专家具有相关的知识和技能，能够安全、道德和有效地实践，并且确保特殊教育教师能够获得有效的指导。

---

[1] 美国特殊教育教师认证标准［EB/OL］. https：//cec. sped. org/Standards.

[2] 顾定倩，刘颖. 美国特殊教育教师任职标准的演变和特点分析［J］. 比较教育研究，2014（1）：31－36.

纵观各版本标准，其结构发生了较大变化，形式与内容也在不断地多样化、丰富化和精细化，日臻完善。1995年的第一版标准分为三个部分：第一部分为特殊教育教师的伦理准则；第二部分为开始从事特殊教育的教师的共同标准和分类别标准；第三部分为帮助特殊教育教师培养院校和机构实现标准的指南[1]。2003年的第五版标准在内容上进行了扩充，基于实践的应用和指导功能加强，该标准细化为五个部分：第一部分为特殊教育教师的伦理准则；第二部分为特殊教育教师职业发展规划指南；第三部分是对实现指南的进一步扩充，为帮助州工作人员、特殊教育教师和师资培养项目实现指南而分别提供使用标准的工具和策略；第四部分是为初级、高级特殊教育教师分别制定的共同标准和分类别标准；第五部分为特殊教育专业助手的共同标准和分类别标准[2]。在2009年的第六版标准中，在各版标准制定的知识和技能标准基础上，进一步延伸出内容标准（Content Standard），对特殊教育教师应掌握的技能和承担的责任进行了集中的详尽深入的阐述[3]。主要包括三大部分：第一部分为特殊教育教师的伦理准则，第二部分为总体指导特殊教育教师知识和技能培养的初级、高级"内容标准"，第三部分为分类别制定的初级、高级特殊教育教师知识技能标准。第六版标准制定的对所有类别特殊教育教师均要求掌握的共性核心知识和技能项目为126条，要求不同类别教师应掌握的专门知识和技能的条目调整较大，技能项目增多，知识项目减少，可见对特殊教育教师的实践技能更加重视。第六版标准对初级特殊教育教师种类划分为10类，高级特殊教育教师种类增至6类，专业助手种类划分为一般专业助手和为盲聋者提供服务的专业助手2类，至此CEC为18类特殊教育教师规定了任职资格。初级特殊教育教师的职责主要是针对不同教学环境和课程的教育教学工作；高级特殊教育教师的职责则在于诊断、科技辅具运用、就学就业转衔、管理、早期干预、听力学等非教学工作；专业助手的职责是辅助教学。美国全国教师教育认证委员会（the National Council for the Accreditati-

---

[1] The Council For Exceptional Children. What Every Special Educator Must Know：The International Standards for the Preparation and Certification of Special Education Teachers [M]. Virginia The Council For Exceptional Children, 1995：9 - 11.

[2] The Council For Exceptional Children. What Every Special Educator Must Know：Ethics, Standards, and Guidelinesfor Special Educators [M]. Virginia Pearson/Merrill/Prentice Hall, 2003：4 - 5.

[3] 顾定倩, 刘颖. 美国特殊教育教师任职标准的演变和特点分析 [J]. 比较教育研究, 2014（1）：31 - 36.

on of Teacher Education，NCATE）在 2012 年 12 月批准了新的 CEC 特殊教育教师专业标准（以下简称"第七版标准"），它包含一整套系统化标准，是特殊教育教师的入职准备和专业发展的引领和指南。NCATE 要求，自该标准通过的两年内为过渡期，各教师培养项目可以自主选择采纳第七版标准或第六版标准，但到 2015 年初，所有培养项目必须按照第七版标准执行。

第七版标准包括两部分内容，如表 3-1 所示。第一部分是伦理准则和职业行为规范（Special Education Professional Ethical Principles and Practice Standards），其中包括 CEC 特殊教育工作者伦理准则（Special Education Professional Ethical Principles，于 2010 年 1 月由 CEC 理事会正式通过）和 CEC 特殊教育工作者职业行为规范（Special Education Standards for Professional Practice）。第二部分是特殊教育工作者的培养标准（CEC Special Educator Preparation Standards），它包含指导特殊教育工作者知识和技能方面培养的初级和高级培养标准（CEC Initial and Advanced Preparation Standards，是所有类别特殊教育教师所需具备的共同核心性知识和能力）和针对不同类别特殊教育教师的 CEC 专门领域标准集（Initial and Advanced Specialty Sets），其中初级和高级培养标准取代了 2009 年第六版版本中的"内容标准"，高级培养标准是为教师的职后专业发展提供指南。

在第七版标准中体现特殊教育工作者入职要求的内容包括 CEC 特殊教育工作者伦理准则、CEC 特殊教育工作者职业行为规范、CEC 初级培养标准集和 CEC 初级专门领域标准集。

表 3-1 第七版 CEC 标准包含的内容

包含部分	包含标准	
第一部分 伦理准则和职业行为规范	CEC 特殊教育工作者伦理准则	
	CEC 特殊教育工作者职业行为规范	
第二部分 特殊教育工作者的培养标准	CEC 初级培养标准	
	CEC 高级培养标准	
	CEC 专门领域标准集	CEC 初级专门领域标准集
		CEC 高级专门领域标准集

第一部分：CEC 伦理准则和职业行为规范

1.1 CEC 特殊教育工作者伦理准则（Special Education Professional Ethical Principles）

CEC 特殊教育工作者伦理准则由 12 条基础条目组成，要求所有特殊教育工作者恪守并推进以下准则❶：

（1）为协助特殊学生获取最佳学习效果和最佳生活质量，要坚持以挑战性的目标来要求他们。但同时应当尊重他们的人格、文化、语言和背景。

（2）保持高水准的专业能力和操守，实施专业的判断，以更好地服务于特殊学生及他们的家庭。

（3）促进和帮助特殊学生融入学校和社区当中，并令他们从中受益。

（4）与为特殊学生提供服务的他人同心协力地开展合作。

（5）在相互尊重的基础上建立与家庭之间的联系，积极地带领特殊学生的家庭及他们本人参与教育决策。

（6）用事实证据、教学数据、研究和专业知识来指导实践。

（7）保护并照顾特殊学生的身体和心理安全。

（8）不参与也不容忍任何伤害特殊学生的事情发生。

（9）按照 CEC 制定的职业道德规范、标准和政策从事职业活动；严守与职业相关的法律、法规和政策；呼吁法律、法规和政策的改进。

（10）为获取将会改善特殊学生学习效果的职业条件和资源呼吁。

（11）通过积极投身于专业组织，不懈地促进行业发展。

（12）积极参与专业知识和技能的增进和传播。

1.2 CEC 特殊教育工作者职业行为规范（Special Education Standards for Professional Practice）❷

该规范描述了特殊教育工作者在工作中需要遵守的行为规范，涉及九个方面，共 66 条，见表 3-2 和表 3-3。

---

❶ http：//www.cec.sped.org/~/media/Files/Standards/Professional% 20Ethics% 20and% 20 Practice% 20Standards/Ethics% 20Translations/CEC_ Ethics_ Traditional_ Chinese.pdf.

❷ http：//www.cec.sped.org/~/media/Files/Standards/Professional% 20Ethics% 20and% 20 Practice% 20Standards/CEC% 20Special% 20Education% 20Professional% 20Practice% 20Standards.pdf

表3-2 CEC特殊教育工作者职业行为规范的条目数

序号	内容	条目数
1	教学与评估（Teaching and Assessment）	12
2	专业认证与聘用（Professional Credentials and Employment）	17
3	专业发展（Professional Development）	6
4	专业同事（Professional Colleagues）	6
5	专业助手（Paraeducators）	5
6	家长与家庭（Parent & Families）	7
7	研究（Research）	6
8	案例管理（Case Management）	5
9	非教育支持（Non-Educational Support）	2
	合计	66

表3-3 CEC特殊教育工作者职业行为规范

方面	内容
1. 教学与评估	1.1 实施系统性、个别化教学，以使特殊学生的学习效果最大化 1.2 应在成为特殊教育教师的准备阶段认同和采取基于实证的实践，这样可以最有效地满足特殊学生的个性化需求 1.3 使用定期评估以准确测量特殊学生的学习进步，并根据测量结果因材施教 1.4 创建一个安全、有效和能够反映文化需要的学习环境，以有助于实现特殊学生的需求、促进特殊学生学习和积极自我概念的实现 1.5 参与选择和使用有效的和能够反映文化需要的学习环境的教学材料、设备、支持和资源，以适应其职业角色要求 1.6 从文化角度和语言学角度使用适当的评估程序来精确地测量想要测量的内容，并且不歧视特殊学生或具有不同文化背景学习者的个别化学习需求 1.7 仅使用那些基于实证、适当的行为改变的实践，且要尊重特殊学生的文化、尊严和基本人权 1.8 支持使用积极行为支持，并遵守当地有关学科方法和行为改变的政策，除非政策要求他们参与惩罚 1.9 避免使用令人生厌的技术，除非重复试验更积极和较少限制的方法都失败了。需经过与父母的适当的协商和官方机构认可 1.10 不对特殊学生进行惩罚 1.11 对于不专业的或不道德的行为，要报告主管 1.12 为有特殊学习需求的个体推荐特殊教育服务，以使其能够接受适当的教育

续表

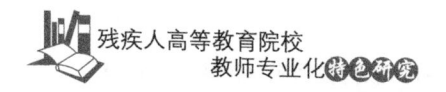

方面	内　容
2. 专业认证与聘用	2.1　在谋职时，要以准确的、合乎道德和合乎法律的方式展现自己的知识和专长 2.2　确保从事特殊教育的教师、管理者和相关服务提供者通过专业资格认证 2.3　运用他们的专业知识和技能开展实践，并在需要时寻求适当的外部支持和咨询 2.4　在打算离职时，应提供与当地教育机构政策和合同一致的申请 2.5　坚持合同和聘用条款，或者由主管对不称职行为提出警告，如果必要的话，可以终止合同 2.6　倡导适当的和支持性的教与学条件 2.7　提倡备有充足的人力资源，保证不使用代课教师或支持人员，包括专业助手等，以不导致对特殊教育服务的否定 2.8　在个人问题影响到工作绩效时要寻求专业帮助 2.9　确保专业人士作为个人所作的公开声明不被解释为代表一个机构的官方政策声明 2.10　客观地记录和向主管和/或管理人员报告资源不足之处，并提出适当的纠正建议 2.11　在评估求职者（包括申诉程序的申请人）时，要客观、无歧视地回应 2.12　用既定的程序解决工作场所内的专业问题 2.13　书面沟通和明确应聘者义务和责任，包括那些被认定符合就业条件的人 2.14　期望职责能够得到同事的理解和尊重，并致力于确保这一理解和尊重 2.15　促进教育质量提升，积极参与特殊教育计划和通识教育计划的规划、政策制定、管理和评估 2.16　为特殊教育专业人员和计划提供足够的监督和支持，以保证提供合格的特殊教育专业人员 2.17　明确在特殊教育专业人员的管理和监督中的责任和问责。
3. 专业发展	3.1　制定旨在系统提升从业者知识和技能（包括文化能力）的个性化专业发展计划，以保持高水平的竞争力 3.2　掌握与实践相关的最新的程序、政策和法律知识 3.3　能够客观和系统地评价自己、同事、服务和计划，持续改进专业表现 3.4　提倡用人机构能够为有效的校内专业发展以及个人专业发展计划提供足够的资源 3.5　参与对处于准备阶段的候选人提升现场经验的系统指导 3.6　作为导师参与对其他特殊教育者的指导

续表

方面	内　容
4. 专业同事	4.1 结识和尊重来自其他学科的专业人员的技能和专门知识，以及来自己学科的同事们 4.2 努力在专业同事中培养积极和尊重的态度，并公正对待具有特殊学习需求的人士 4.3 与其他部门同事合作，改善对特殊学生的服务和成果 4.4 与普通教育和其他服务于特殊学生、特殊教育专业的同事合作，以改善为特殊学生服务的成果 4.5 当同事的行为是非法的、不道德的或不利于特殊学生的，应加以干预 4.6 不参加利益冲突
5. 专业助手	5.1 确保特殊教育专业助手可以获得他们所承担任务的相应培训 5.2 仅对专业助手分配那些经过适当准备的任务 5.3 为专业助手提供持续的关于其任务绩效表现的反馈信息 5.4 为专业助手提供及时的、支持性的合作沟通，以期达到工作预期 5.5 当专业助手的行为是非法的、不道德的或不利于特殊学生的，应加以干预
6. 家长和家庭	6.1 使用相互尊重的和能够准确理解的沟通方式与家长和家庭进行文化上的适当沟通 6.2 在规划、组织和评估特殊教育服务和授权作为教育过程中的合作伙伴时，积极寻求和利用家长和特殊学生的知识 6.3 以尊重彼此隐私、机密和文化多样性的态度保持家长和专业人员之间的沟通 6.4 抓住机会以准确、恰当的信息和专业方法进行家长教育 6.5 告知家长相关的教育权利和保障措施 6.6 采用多种方式辨识与尊重存在于学校和社区内的文化多样性 6.7 尊重与学生和家长的专业关系，既不寻求个人利益，也不建立不适当的关系
7. 研究	7.1 不要故意用误导他人的方式进行研究 7.2 积极支持和参与研究，旨在提高具有特殊学习需求者的学习效果 7.3 保护研究参与者的权利和福利 7.4 准确地解释和公布研究结果 7.5 监测涉及特殊学生的研究项目的意想不到的后果，并停止那些可能导致伤害超标的活动 7.6 倡导提供足够的资源来支持长期研究过程，以提升特殊教育实践水平和特殊学生的学习效果

续表

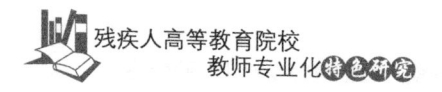

方面	内 容
8. 案例管理	8.1 维护准确的学生记录，并确保适当保密标准的落实和执行 8.2 遵循符合规定程序的恰当的保障措施，并协助学校适当处理有关问题 8.3 根据有效的和客观的实践记录，为管理者、同事和家长提供准确的学生和程序数据 8.4 保持信息的保密性，除非在特定条件下保密内容已获书面同意进行信息发布 8.5 致力于为特殊学生的转衔进行适当规划
9. 非教育支持	9.1 执行指定的特殊的非教育支持任务，如管理药物，只有按照当地政策和在提供了书面说明书文件、法律、政策信息时才可履行职责，并且所承担的专业责任应是公开的 9.2 主张特殊教育专业人员一般不应接受非教育支持任务

其中在"专业认证与聘用"条款中明确规定要"确保从事特殊教育的教师、管理者和相关服务提供者通过专业资格认证"。

第二部分：特殊教育工作者的培养标准

该部分首先分析了专业标准在特殊教育工作者职业生涯中所扮演的角色，此过程包括从培养阶段到获取资格证书，再进入专业发展，最后到高级认证。这一部分是特殊儿童委员会（CEC）已经完成和正在进行中的工作的概要，它们能确保高质量的标准引导着特殊教育工作者在职业生涯中的每一步实践。然后给出了 CEC 的一整套系统化标准，包括 CEC 初级培养标准（Initial Preparation Standards）、CEC 高级培养标准（Advanced Preparation Standards）和 CEC 专门领域标准集（Initial and Advanced Specialty Sets）三个标准，其中 CEC 初级培养标准和 CEC 专门领域标准集中的初级标准体现了对新入职特殊教育教师的要求。

CEC 对特殊教育教师提出的入职要求如下：

（1）每个候选人需具备相应的教育学知识和技能。

（2）具有坚实的基础文科学科知识（需具有认可机构授予的相应学士学位）。

（3）掌握相应的核心学术课程和专业课程的内容（如数学、阅读、英语/语言艺术、科学、社会研究和艺术等）。

教师须具备教育学知识和技能，这样可以使其把个性化学习需求放在特殊教育的中心，聚焦于改变教学变量来优化学习；教师具备基础文科学科知识可以确保学生阅读、书面和口头交流、计算、解决问题的能力和思考的熟练度。教师掌握相应的核心学术课程和专业课程的内容（如数学、阅读、英语/语言艺术、科学、社会研究和艺术等）可以满足与一般教育者的合作所需，也可以满足特殊教育对象宽泛的有一定水平的学习需要。

（4）按照 CEC 初级培养标准和 CEC 专门领域标准集中的初级标准要求进行一定时间的系统的、有计划的训练。

2.1 CEC 初级培养标准[1]

CEC 初级培养标准是所有特殊教育教师入职所需具备的共同核心性知识和能力，涉及学习者和学习、学科内容知识和专业基础、教学法、专业化发展与合作四个领域，包含学习者发展和个性化学习差异、学习环境创设、学科内容知识、评估、教学计划与策略、专业学习与实践、合作七个方面，由 28 个知识和能力核心要素构成，如表 3-4 所示。在 CEC 标准中对这些知识和技能进行了详尽的阐述，从而可以为特殊教育教师入职前做好职业准备提供有效的指导。

表 3-4 CEC 初级培养标准的基本结构和内容

领域	方面	核心要素
学习者和学习（Learner and Learning）	1. 学习者发展和个性化学习差异（Learner Development and Individual Learning Differences）：理解学生的特殊性及其发展和学习是如何相互作用的，同时使用这一知识来为特殊学生提供富有挑战性和有意义的学习体验	1.1 理解语言、文化和家庭背景如何影响特殊学生的学习 1.2 能够运用对发展和个体差异的理解来应对特殊学生的个别需要
	2. 学习环境创设（Learning Environments）：能够创建安全、包容并且反映文化需要的学习环境，从而使特殊学生成为积极的、高效的学习者，具有良好的情绪，形成积极的社会交往以及自主能力	2.1 能够与普通教师以及其他同事合作来创设安全、包容并且能够反映文化需要的学习环境，使特殊学生参与有意义的学习活动和社会交往活动 2.2 能够使用激发动机且具有指导性的教学策略来教会特殊学生适应不同的环境 2.3 知晓如何安全、恰当地干预处于危险中的学生

---

[1] https://www.cec.sped.org/~/media/Files/Standards/Professional%20Preparation%20Standards/Initial%20Preparation%20Standards%20with%20Elaborations.pdf

续表

领域	方　面	核心要素
课程内容知识和专业基础（Content Knowledge and Professional Foundations）	3. 课程内容知识（Curricular Content Knowledge）：能够同时使用一般课程和专业课程知识为特殊学生提供个别化的教学活动	3.1　了解所教课程的核心概念、结构以及研究工具，能够组织知识、整合跨学科技能，使特殊学生取得有意义的进步 3.2　理解并使用一般课程和专业课程知识讲授的跨学科知识，为特殊学生提供个别化学习 3.3　能够调整通识课程和专业课程知识，使其适用于特殊学生
教学法（Instructional Pedagogy）	4. 评估（Assessment）：使用多样化的评估方法和数据资源来做教育决策	4.1　能够选择和实施无歧视的正式和非正式评估 4.2　能够使用评估的基本理论和实践经验来解读评估结果，并用其指导针对特殊学生的教育决策 4.3　与家长及同事合作，使用多种评估信息来为特殊学生做教育决策 4.4　引导特殊学生进行高质量的学习，并及时反馈
	5. 教学计划与策略（Instructional Planning and Strategies）：选择、调整并使用一系列基于实证的教学策略促进特殊学生的学习	5.1　在选择、建立和调整特殊学生学习内容时充分考虑个体能力、兴趣、学习环境以及语言和文化因素 5.2　使用技术来支持教学评估、计划及实施 5.3　熟悉扩大替代沟通系统以及一系列辅助技术来支持特殊学生的沟通和学习 5.4　使用策略促进特殊学生的语言发展和沟通技能的提高 5.5　能够与学生本人、家长及专业团队合作来为特殊学生制定并实施针对多种环境及不同学习经历的教育和转衔计划 5.6　能够教会学生掌握技能并促进技能的迁移和概化 5.7　能够向特殊学生讲授跨学科知识和技能，例如批判性思维以及问题解决能力

续表

领域	方 面	核心要素
专业化发展与合作（Professionalism and Collaboration）	6. 专业学习与实践（Professional Learning and Practice）：使用该领域基本知识及其专业道德原则和实践标准指导特殊教育活动，开展终身学习，提高专业水平	6.1 能够运用专业伦理准则和行为规范指导教育活动 6.2 知晓专业道德基础知识和当前热点话题对专业实践的影响 6.3 理解多样性是家庭、文化、学校的一部分，并且复杂的人类问题能够与特殊教育服务的提供产生相互作用 6.4 理解终身学习的重要性，参与专业发展活动和学习共同体 6.5 通过参加倡议和指导活动来促进专业发展 6.6 能够为专业助手、助教以及志愿者提供指导
	7. 合作（Collaboration）：能够以符合文化传统的方式与家长、其他教育者、相关服务提供者、特殊学生及社区人员合作来满足特殊学生的不同学习需要	7.1 能够使用高效合作的理论和实践 7.2 能够成为同事寻求合作的资源 7.3 能够在不同背景中与不同人员进行合作，提升特殊学生的生活质量

2.2 CEC 高级培养标准

详细内容在教师职后发展章节中介绍。

2.3 CEC 专门领域标准集[1]

CEC 专门领域标准集分为 CEC 初级专门领域标准集和高级专门领域标准集。

CEC 初级专门领域标准集体现了对从事不同类型的残疾教育对象（专门领域）教育的教师应具备的知识和技能入职要求。这个标准集对应于不同的残疾教育对象划分为 12 个标准：

（1）盲和视障生教师（Initial Special Education Blind and Visually Impaired Specialty Set）。

（2）聋和重听生教师（Initial Special Education Deaf and Hard of Hearing）。

（3）聋盲生教师（Initial Special Education Deafblind Specialty Set）。

---

[1] https://www.cec.sped.org/Standards/Special-Educator-Professional-Preparation/CEC-Initial-and-Advanced-Specialty-Sets

(4) 发展障碍/自闭症生教师 (Initial Special Education Developmental Disabilities and Autism Specialty Set)。

(5) 早期干预教师 (Initial Special Educator Preparation Standards Early Childhood Specialist Set)。

(6) 情绪和行为障碍生教师 (Initial Special Education Emotional and Behavior Disorders Specialty Set)。

(7) 超常教育教师 (Initial Special Education Gifted and Talented Specialty Set)。

(8) 个别化普通和独立课程结合的教师 (Initial Special Education Individualized General and Independence Curriculum Combined Specialty Set)。

(9) 个别化普通课程教师 (Initial Special Education Individualized General Curruculum Specialty Set)。

(10) 个别化独立课程教师 (Initial Special Education Individualized Independence Curriculum Specialty Set)。

(11) 学习障碍生教师 (Initial Special Education Learning Disabilities Specialty Set)。

(12) 肢残和病弱生教师 (Initial Special Education Physical Health Disabilities Specialty Set)。

在这些标准中详细列出了不同领域教师在学习者发展和个性化学习差异、学习环境创设、课程内容知识、评估、教学计划与策略、专业学习与实践、合作七个方面应掌握的知识和技能，非常全面和具体，便于教师理解和掌握。近年来，CEC标准更加重视运用与实践，因此在每个标准中所列技能要求的条目均多于知识要求条目。以盲和视障生教师、聋或重听生教师、肢残和病弱生教师三个初级专门领域标准为例，每个标准均列出了针对相应领域的初任教师所必须掌握的专门知识和技能，其条目数如表3-5所示。

表3-5 第七版标准中 CEC 初级专门领域标准集
所含知识技能条目数（以其中3个标准为例）

涉及方面	盲和视障生教师 知识	盲和视障生教师 技能	聋或重听生教师 知识	聋或重听生教师 技能	肢残和病弱生教师 知识	肢残和病弱生教师 技能
学习者发展和个性化学习差异	21	3	24	0	23	3
学习环境创设	12	18	11	21	13	21

续表

涉及方面	盲和视障生教师		聋或重听生教师		肢残和病弱生教师	
	知识	技能	知识	技能	知识	技能
课程内容知识	5	4	4	4	7	3
评估	8	14	6	12	6	12
教学计划与策略	14	29	8	32	8	35
专业学习与实践	18	20	21	18	17	16
合作	6	13	5	12	5	17
合计	84	101	79	99	79	107
总计	185		178		186	

下面以聋和重听生教师的专门领域标准为例介绍相关的知识与技能要求，见表3-6。

表3-6 聋和重听生教师的初级专门领域标准

(1) 学习者发展和个性化学习差异		
知识（24条）		
修订后编码	修订前编码	要　求
ISCI1K1	ICC2K1	典型和非典型的人类成长和发育
ISCI1K2	ICC2K6	特殊学习需求个体间的相似与不同
ISCI1K3	ICC2K2	各类特殊群体特性的教育内涵
ISCI1K4	ICC2K4	在支持性发展中家庭体系和家庭成员的角色
ISCI1K5	ICC3K4	文化视角会影响与教学相关的家庭、学校及社区之间的关系
ISCI1K6	ICC3K3	不同文化间的信仰、传统、价值观的多样性及其对有特殊学习需求个体及其家庭、学校间关系的影响
ISCI1K7	ICC2K3	有特殊学习需求个体与家庭所处的环境和文化的特点及其影响
ISCI1K8	ICC2K5	有特殊学习需求和无特殊学习需求个体的相似和不同之处
ISCI1K9	ICC2K7	不同药物对特殊学习需求个体的影响
ISCI1K10	ICC3K1	特殊环境会影响个体的生活
ISCI1K11	ICC3K2	学习者的学业和社会能力、态度、兴趣和价值观对教育和生涯发展的影响
ISCI1K12	ICC3K5	来自不同文化背景的特殊学习需求个体的学习方法的差异，以及掌握应对这些差异的策略
ISCI1K13	ICC6K1	文化和语言差异对成长和发展的影响

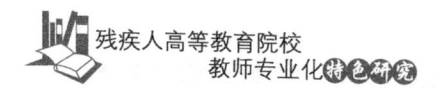

续表

修订后编码	修订前编码	要　　求
ISCI1K14	ICC6K2	个体自身的文化和语言使用的特质和那些与其他文化和语言使用的不同之处
ISCI1K15	ICC6K3	可能导致文化误解的行为方式和沟通方式
DHH1K1	DHH2K1	聋和重听学生的认知和语言发展
DHH1K2	DHH2K2	听力损失的时间、鉴定时的年龄和服务提供对聋或重听学生发展的影响
DHH1K3	DHH3K1	经验和教育布局对所有发展领域的影响
DHH1K4	DHH3K2	文化认同和语言对所有发展领域的影响
DH1K5	DHH6K1	语言与非语言共同的构成要素
DHH1K6	DHH6K2	早期干预对语言发展的重要性
DHH1K7	DHH6K3	感官输入对语言和学习发展的影响
DHH1K8	DHH6K4	口语和视觉沟通模式
DHH1K9	DHH6K5	口语和手语发展的理论研究现状
技能（0条）		

（2）学习环境

知识（11条）

修订后编码	修订前编码	要　　求
ISCI2K1	ICC5K1	对学习环境的要求
ISCI2K2	ICC5K2	针对特殊学习需求个体的基本的课堂管理理论和策略
ISCI2K3	ICC5K3	教和学的有效管理
ISCI2K4	ICC5K4	影响有特殊学习需求个体行为发展的教师态度和行为
ISCI2K5	ICC5K5	教育及其他环境所需的社会技能
ISCI2K6	ICC5K6	危机预防和干预的策略
ISCI2K7	ICC5K7	促进个体在一个多文化的环境中和谐、积极生活的策略
ISCI2K8	ICC5K8	营造使个体保持、欣赏和尊重自身的和他人的彼此不同的语言和文化传统的学习环境
ISCI2K9	ICC5K9	了解个别特定文化所特有的消极行为方式
ISCI2K10	ICC5K10	不同群体所使用的、应对各种种族的固有传统和各自信仰的策略
DH2K9	DH5K1	家庭沟通与文化对所有发展领域的影响

技能（21条）

修订后编码	修订前编码	要　　求
ISCI2S1	ICC5S1	创设一个安全、合理、积极、包容和尊重多样性的支持性学习环境
ISCI2S2	ICC5S2	在各种情况下判断和建立对个体和社会行为的现实期望

续表

修订后编码	修订前编码	要　求
ISCI2S3	ICC5S3	判断在不同的安置环境中，融合所需的各种支持
ISCI2S4	ICC5S4	设计能够鼓励个体积极参与小组活动的学习环境
ISCI2S5	ICC5S5	调整学习环境，管理各种行为问题
ISCI2S6	ICC5S6	使用从所有参与者那里得到的行为数据和信息，改进和调整学习环境
ISCI2S7	ICC5S7	与健全个体和有特殊学习需要个体建立和维持和谐关系
ISCI2S8	ICC5S8	教育学生学会自我倡导
ISCI2S9	ICC5S9	创建鼓励自我倡导和增强独立性培养的环境
ISCI2S10	ICC5S10	采用有效的、多样的行为管理策略
ISCI2S11	ICC5S11	采用与特殊学习需求个体需要相一致的最为宽松的行为管理策略
ISCI2S12	ICC5S12	设计和管理日常生活
ISCI2S13	ICC5S13	组织、开发和维持学习环境，以支持个体获取在积极的文化内和文化间的经验
ISCI2S14	ICC5S14	调停学习环境中学生间的文化冲突，以促进各人种、群体、个体的发展
ISCI2S15	ICC5S15	组织、指导和支持专业助手、志愿者和导师的行为
ISCI2S16	ICC5S16	采用综合预防措施
DHH2S1	DH5S1	为聋或重听个体与同行和榜样间的相互作用提供持续的机会
DHH2S2	DH5S2	提供附带的语言体验
DHH2S3	DH5S3	为聋和重听个体准备口译人员
DHH2S4	DH5S4	为聋和重听个体提供管理辅助技术
DHH2S5	DH5S5	设计一个课堂环境，以最大限度地提高视觉和/或听觉学习的机会，并满足发展和学习的需求

（3）课程内容知识

知识（4条）

ISCI3K1	ICC7K1	构建课程发展和教学实践的理论和相关研究
ISCI3K2	ICC7K2	普通课程和特殊课程的范围和顺序
ISCI3K3	ICC7K3	国家级、州级、地方级的课程标准
ISCI3K4	ICC7K4	计划和管理教和学环境的技术

技能（4条）

ISCI3S1	ICC7S1	判定和区分普通课程领域的优先范围，并根据有特殊学习需求的个体的特点做出调整

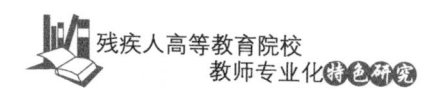

续表

修订后编码	修订前编码	要 求
ISCI3S2	ICC7S7	在学业性课程中整合情感的、社会的、生活的技能的教育
DHH3S1	DH7S2	计划和实施连续服务间的转衔
DHH3S2	DH7S3	将语言教学融入学术领域
（4）评估		
知识（6条）		
ISCI4K1	ICC8K1	评估使用的基本术语
ISCI4K2	ICC8K2	与个体评估相关的法律条款及伦理原则
ISCI4K3	ICC8K3	筛查、转介前、转介和转介程序
ISCI4K4	ICC8K4	评估工具的使用及其局限
ISCI4K5	ICC8K5	国家级的、州级的或省级的、地方级的评估调整和修正措施
DHH4K1	DHH8K1	用于评估耳聋或重听个体的专门术语
技能（12条）		
ISCI4S1	ICC8S1	收集相关的背景信息
ISCI4S2	ICC8S2	管理无偏见的正式和非正式的评估
ISCI4S3	ICC8S3	使用各种技术来指导评估
ISCI4S4	ICC8S4	开发或调整个别化的评估策略
ISCI4S5	ICC8S5	解释正式或非正式评估的信息
ISCI4S6	ICC8S6	利用评价信息为有特殊学习需求的个体（包括来自文化和/或语言差异背景的个体）资格认定、课程设计和安置决定
ISCI4S7	ICC8S7	采用有效的沟通技巧向所有利益相关者报告评估结果
ISCI4S8	ICC8S8	评估对有特殊学习需要个体的教学，并监控特殊学习需要个体的进展
ISCI4S9	ICC8S9	建立和记录个体成绩
DHH4S1	DH8S1	使用聋或重听个体首选模式和语言沟通的管理评估工具
DHH4S2	DH8S2	制定专门的评估程序，允许其他形式的表达
DHH4S3	DH8S3	利用各种技术实施评估
（5）教学计划与策略		
知识（8条）		
ISCI5K1	ICC7K1	构建课程发展和教学实践的理论和相关研究
ISCI5K2	ICC7K2	普通课程和特殊课程的范围和顺序
ISCI5K3	ICC7K3	国家级、州级、地方级的课程标准

续表

修订后编码	修订前编码	要求
ISCI5K4	ICC7K4	计划和管理教和学环境的技术
ISCI5K5	ICC7K5	涉及教学、干预和直接服务的专业助手的角色定位和职责
ISCI5K6	ICC4K1	用基于研究的实践验证学习者和环境的特征
ISCI5K7	ICC6K4	增强性和辅助性沟通策略
DH5K1	DH4K1	支持聋和重听个体精通和记忆的可视化资料和记事本等
技能（32条）		
ISCI5S1	ICC7S2	与团队其他成员合作、开发、实施全面的、纵向性的个别化授课内容
ISCI5S2	ICC7S3	把学生及家长纳入设置目标和监控过程中来
ISCI5S3	ICC7S4	使用功能性手段来开发干预计划
ISCI5S4	ICC7S5	使用任务分析法
ISCI5S5	ICC7S6	确定个别化学习目标的顺序，并实施及评价
ISCI5S6	ICC7S7	在学科课程中融入情感教育、社会和生活技能
ISCI5S7	ICC7S8	根据文化、语言、性别差异，选择和开发教学内容、教学资源和教学策略
ISCI5S8	ICC7S9	教育计划中融入并实施教学辅助技术
ISCI5S9	ICC7S10	准备课程计划
ISCI5S10	ICC7S11	准备并组织材料以完成日常课程计划
ISCI5S11	ICC7S12	有效利用教学时间
ISCI5S12	ICC7S13	根据持续性观察结果对教学做相应调整
ISCI5S13	ICC7S14	根据社会态度和行为标准，帮助学生提升展示自我的行为水平
ISCI5S14	ICC4S1	利用各种教学策略促进各种环境的融合
ISCI5S15	ICC4S2	教导学生利用自我评估、问题解决及其他认知策略满足自我需求
ISCI5S16	ICC4S3	依据有特殊学习需求个体的特点选择、调整、使用教学策略和教材
ISCI5S17	ICC4S4	利用学习策略以促进个体技能在不同学习环境中的保持和迁移
ISCI5S18	ICC4S5	采用学习策略来提升个体的自我意识、自我决策、自我控制、自信和自尊
ISCI5S19	ICC4S6	采用学习策略促进有特殊学习需要个体成功转衔

续表

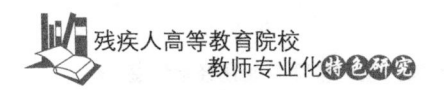

修订后编码	修订前编码	要　　求
ISCI5S20	ICC6S1	利用各种策略支持和提升有特殊学习需求个体的沟通技能
ISCI5S21	ICC6S2	使用沟通策略和资源来培养母语不是主流语言的学生对学习内容的理解能力
ISCI5S22	ICC7S15	修改正在进行的评估数据的教学实践
DHH5S1	DH6S1	使用策略来促进认知和沟通的发展
DHH5S2	DH6S2	实施激励和使用剩余听力的策略
DHH5S3	DH6S3	在所有情况下促进独立沟通
DHH5S4	DH6S5	发展口头交流口语和熟练手语能力的策略
DHH5S5	DH7S1	使用专门针对聋或重听个体的专门技术、资源和教学策略
DHH5S6	DH7S4	开发成功的模式和经验
DHH5S7	DH4S1	精通教育聋和重听个体所使用的语言
DHH5S8	DH4S2	提供活动通过口语和/或书面语言促进学生提高英语和手语的读写能力
DHH5S9	DH4S3	将第一和第二语言教学策略应用于个体教学
DHH5S10	DH4S4	在显性教学、指导教学、同伴学习和反思中提供平衡

（6）专业学习与实践

知识（21条）

修订后编码	修订前编码	要　　求
ISCI6K1	ICC1K1	形成特殊教育实践基础的模型、理论、哲学和研究方法
ISCI6K2	ICC1K2	与行为管理的计划和实施相关的法律、政策和伦理原则
ISCI6K3	ICC1K3	特殊教育与教育机构的组织和功能发挥之间的关系
ISCI6K4	ICC1K4	与特殊学习需要相关的师生、家长、其他专业人士和学校的权利和义务
ISCI6K5	ICC1K5	对特殊学习需求个体的定义与鉴别，包括来自不同文化和语言差异背景的个体
ISCI6K6	ICC1K6	与评估、资格认定、连续性安置服务相关的议题、保证问题和正当程序的权利问题
ISCI6K7	ICC1K7	家庭系统与教育过程中家庭成员的角色
ISCI6K8	ICC1K8	不同文化群体长期形成观点和主要贡献
ISCI6K9	ICC1K9	主流文化对学校发展及在学校中学习和工作的个体的影响
ISCI6K10	ICC1K10	在学校、家庭间可能存在的价值观、语言、习俗的差异所带来的潜在影响

第三章 国内外残疾人教育教师专业化经验借鉴

续表

修订后编码	修订前编码	要　　求
ISCI6K11	ICC9K1	影响教学的个体文化偏见和文化差异
ISCI6K12	ICC9K2	教师做为有特殊学习需求个体的楷模作用
ISCI6K13	ICC9K3	个体的职业生涯发展
ISCI6K14	ICC9K4	保持当前的基于研究的实践
DHH6K1	DH7K1	为聋或重听个体制订的计划
DHH6K2	DH9K1	教师和支持人员在聋或重听个体教育实践中的角色和责任
DHH6K3	DH9K2	与聋或重听个体教育相关的专业资源
DHH6K4	DH9K3	与聋或重听个体教育领域相关的专业组织的知识
DHH6K5	DH1K1	聋和重听个体的发病率和患病率
DHH6K6	DH1K2	聋教育独特的社会文化、历史和政治力量
DHH6K7	DH1K3	失聪的病理学因素导致个体额外的感觉、运动和学习差异
技能（18条）		
ISCI6S1	ICC9S1	按照 CEC 制定的伦理准则及其专业标准实施专业活动
ISCI6S2	ICC9S2	具备较高的能力，在专业活动中正直、公正地做出合理判断
ISCI6S3	ICC9S3	以合乎伦理准则的行为提供适当的服务
ISCI6S4	ICC9S4	在法律和政策指导下实施专业活动
ISCI6S5	ICC9S5	有责任心，为有特殊学习需要个体的教育和生命质量的最大提升做出努力
ISCI6S6	ICC9S6	对个体的文化、语言、宗教、性别、残疾、社会经济背景和性取向保持敏感性
ISCI6S7	ICC9S7	根据自身的能力形式，并在必要时寻求帮助
ISCI6S8	ICC9S8	有效使用口头的、非口头的以及书面语言
ISCI6S9	ICC9S9	对教学进行自我评估
ISCI6S10	ICC9S10	获得特殊需求方面的信息
ISCI6S11	ICC9S11	反思自身的实践以提高教学和专业发展能力
ISCI6S12	ICC9S12	参与有益于特殊学习需求个体及其家庭、同伴的专业活动
ISCI6S13	ICC9S13	承诺开展基于研究的实践
ISCI6S14	ICC1S1	清晰陈述自己对特殊教育的理解
DHH6S1	DH6S4	熟练使用口语和本土手语与聋人社区进行沟通

105

续表

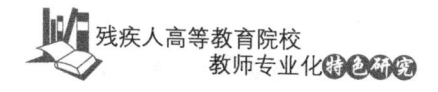

修订后编码	修订前编码	要　　求
DHH6S2	DH9S1	终身努力,以保持和提升教学语言能力
DHH6S3	DH1S1	对教育实践所依据的历史基础和研究证据做出解释
DHH6S4	DH1S2	发展和丰富与聋人社区相关的文化竞争力

（7）合作

知识（5条）

ISCI7K1	ICC10K1	咨询和合作的模式与策略
ISCI7K2	ICC10K2	在设计个别化教育计划中,有特殊学习需要个体、家庭以及学校、社区的角色定位
ISCI7K3	ICC10K3	有特殊学习需要个体的家庭的需求以及根据这些需求所能提供的援助策略
ISCI7K4	ICC10K4	促进有特殊学习需要个体、家庭、学校人员和社区人员之间沟通合作的文化响应因素
DHH7K1	DH10K1	为聋或重听学生提供支持的服务、组织和网络

技能（12条）

ISCI7S1	ICC10S1	与特殊学习需求个体保持相互信赖的私密交流
ISCI7S2	ICC10S2	在对有特殊学习需求的个体的评估过程中,与家长和其他人合作
ISCI7S3	ICC10S3	保持与家庭、专业人员间的相互尊重、互惠互利的合作关系
ISCI7S4	ICC10S4	帮助有特殊学习需求个体及其家庭成为教育团队中的积极参与者
ISCI7S5	ICC10S5	计划和召开与有特殊学习需求个体及其家庭的合作性会议
ISCI7S6	ICC10S6	与学校、社区成员合作,帮助有特殊学习需求的个体融入不同的环境
ISCI7S7	ICC10S7	使用集体解决问题的技能来开发、实施和评价所举行的合作性活动
ISCI7S8	ICC10S8	采用建模技术调整教学方法,指导他人
ISCI7S9	ICC10S9	与校方沟通交流,了解有特殊学习需求个体的特征和需求
ISCI7S10	ICC10S10	和来自不同背景的有特殊学习需求的个体的家庭进行有效沟通
ISCI7S11	ICC10S11	观察、评价专业助手,为他们提供反馈
DHH7S1	DH10S1	为家庭提供支持,以帮助他们在沟通模式、哲学和教育方面做出明智选择

综合来看,美国高校的特殊教育教师的入职要求如下:

(1)取得特殊教育教师资格认证证书(应同时满足初级准备标准和所从事残疾教育类型对应的初级专门领域标准所规定的知识和技能要求)。

(2)需满足 CEC 关于"特殊教育工作者的专业准备"中规定的教师候选人进行特殊教育教师资格认证所需达到的要求,如需具有认可机构授予的学士学位且掌握文科学科硕士学位的共同核心基础课程和专业课程,并承担过一定时间的系统的、有计划训练等。

(3)需满足所应聘高校提出的其他任职要求。

下面我们以美国加劳德特大学和罗切斯特聋人工学院这两所残疾人高等院校为例分析其教师任职要求。

美国加劳德特大学(Gallaudet University[1],也称"高力德大学")和罗切斯特聋人工学院是美国具有悠久历史的残疾人高等教育学府,一般来说,文科类专业由加劳德特大学举办,而理工科专业由罗切斯特聋人工学院举办。这两所大学对教师的入职要求可以认为是美国残疾人高等教育教师入职标准的一个缩影。

美国加劳德特大学位于美国首都华盛顿,它创建于1856年,是世界上第一所为聋人设立的私立综合性大学,也是唯一一所专门为聋和重听者设置本科、硕士及博士课程的大学。加劳德特大学拥有国家财政拨款的多元目标的教学机构和研究中心,它致力于培养高层次人才,同时也为聋、重听及健听者设置学术研究和公共服务。它重点研究那些致力于改善聋人和重听者生活的问题,为聋人、他们的家庭和朋友,以及从事聋人工作的专业人员提供服务。

加劳德特大学目前拥有文、理、商、艺等50多个本科专业,管理、教育、心理、病理等15个硕士学科,教育、哲学等5个博士学科。它下设艺术与科学学院、交际学院、教育与人类服务学院、学校管理学院和本科课程学院五个学院,它还拥有加劳德特儿童发展中心、加劳德特研究中心、加劳德特翻译中心、出版社和世界最丰富的聋人资源图书馆,是一所学科最多、层次最高、规模最大、历史最长的世界著名聋人大学。学校有教职工200多名,其中30%左右为聋人或重听者。

加劳德特大学教师的入职条件与普通大学的要求有许多相同之处,同

---

[1] 美国加劳德特大学简介[EB/OL]. http://www.syse.syn.cn/display_new.asp?id=526

时增加了对教师从事特殊教育的有关知识与能力的要求。加劳德特大学教师入职条件如下。

（1）学历学位要求：对于预备终身教职的教授、副教授、助理教授，要求其具有博士学位；对于预备终身教职的讲师和非终身教职的讲师，要求其具有硕士学位。

（2）教学和专业实践经验要求：对于预备终身教职的教授、副教授、助理教授，要求其具有大学教学经验；对于预备终身教职的讲师和非终身教职的讲师，要求其具有相关专业工作经验。

（3）特殊教育知识与技能要求：要求均须具备特殊教育任职资格，掌握美国手语、聋人文化与聋人学知识。具有相关手语等级考试证书，具有手语语言结构方面的宽泛知识，在手语及手语教育方面具有优秀经验。

（4）相关能力素质要求：具有本学科相关知识和技能，善于因材施教，富有团队合作精神，工作独立、自信、主动，善于运用各类电脑软件开展教学和研究活动等。

（5）学术活动和服务的经验：对于预备终身教职的教授、副教授、助理教授，要求其具有学术活动和服务的经验。

美国罗切斯特聋人工学院，其全称为美国国家聋人工学院（National Technological Institute for the Deaf，NTID）[1]，是罗切斯特理工大学（Rochester Institute of Technology，RIT）下设的九所学院之一[2]。它成立于1965年，是世界第一所聋人工学院，位于纽约州罗切斯特市。当初确定院址时，不仅考虑到罗切斯特市理工大学的雄厚教学资源，而且认准作为柯达胶卷公司、博士伦隐形眼镜公司和施乐复印机公司的故乡的罗切斯特市能为聋人工学院毕业生提供很好的就业市场。罗切斯特聋人工学院致力于培养学生具有专业技术本领，能够适应高速发展的社会需要和增强学生的学习兴趣和技能。罗切斯特聋人工学院设有教育科学研究所，有一批资历深厚的专职研究员从事国家重点科研攻关项目，研究改进教学技术以及分析研究聋人文化和手语，培训美国手语翻译和聋教育师资。

---

[1] 美国罗切斯特理工大学聋人工学院（National Technical Institute for the Deaf）简介［EB/OL］. http：//www.ntid.rit.edu/about

[2] 美国罗切斯特理工大学聋人工学院简介［EB/OL］. http：//www.spe-edu.net/Html/longjiaoxue/200901/645.html

罗切斯特聋人工学院为聋人学生提供2~4年大专程度的科学技术，计算机和文学艺术必修课程等。专业设置包括应用艺术和电脑制图、应用计算机技术、经济贸易、应用会计、办公自动化技术、计算机与机器合成技术、数码图像和印刷技术、医疗保健、表演艺术等30多个专业。一些符合条件的聋人学生还可以在罗切斯特理工大学的其他八个学院与健全学生一起攻读学士和硕士学位，可攻读的专业比较广泛，包括信息技术、电脑软件设计与开发、电脑美术、摄影摄像技术、生物学、化学和医疗技术等200多个专业。聋人学生在罗切斯特理工大学的其他学院选修课程时，聋人工学院会为学生提供手语翻译和课堂笔记记录员进行随堂服务，或为学生提供采用一种同声传译到笔记本电脑的随堂记录服务。目前罗切斯特聋人工学院的教师能够使用多种手段与学生交流，如手语、唇语、书写、面部表情和肢体语言等。

罗切斯特聋人工学院只负责颁发大专学位证书，而学士证书和硕士证书由罗切斯特理工大学负责颁发，此外，罗切斯特理工大学还可颁发人力资源管理专业博士学位。

罗切斯特聋人工学院的教师入职条件与罗切斯特理工大学的入职条件基本相同，但在掌握特殊教育知识与技能方面有进一步的要求：均须具有特殊教育任职资格，掌握美国手语、聋人文化与聋人学知识，能够用清晰和利于理解的手语进行交流。

2. 日本残疾人高等教育教师入职标准

以日本筑波技术大学为例考察日本残疾人高等教育教师入职标准。日本筑波技术大学（National University Corporation Tsukuba University of Technology）是1987年建立、2005年开设大学本科教育的日本国立大学。该校是日本国内唯一一所招收听力障碍和视力障碍学生的高等教育机构[1]。2005年10月1日，原筑波技术短期大学正式改制成为四年制大学，2010年设立了研究生院技术科学研究生部（硕士课程），开始招收听力障碍和视力障碍研究生。筑波技术大学坐落于茨城县南部的筑波市，筑波是日本科学研究重镇之一，以筑波科学城为人所熟知。筑波大学、筑波技术大学及产业技术综合研究所均设于此。

筑波技术大学下设产业技术学院、保健科学院、研究生院、残障者高

---

[1] 日本筑波大学简介［EB/OL］. http://www.tsukuba-tech.ac.jp/

等教育研究援助中心四个主要机构❶。该校开设了5个本科专业，分别是面向听障生的产业信息和综合设计2个专业和面向视障生的针灸学、理疗学、信息系统3个专业；设有3个研究生方向，分别是产业技术、保健科学和信息系统。

该校在努力加强高等教育课程相关的各专业领域研究的同时，采用最新的科学技术，开发能够补偿视听觉障碍的教学方法和系统等，积极构建没有信息交流障碍的教育环境。为了让毕业生适应今后的知识型社会，教师根据每个残障学生的特点进行教学，培养具有广泛学识、专业技能和实际应用能力的专业人才。努力使视听觉残障者立足社会，作为残障者的领军人物为社会做出贡献，同时通过研究和实践新的教学方法，为国内外残障者教育事业的发展做出贡献。另外，它还对其他接收视听觉障碍学生的大学等提供援助，促进开展与世界各国的高等教育机构交流有关残障者教育研究的国际交流活动。筑波技术大学为了在更高层次实现这些目标，在努力充实研究生院的同时，将增设教职员培训课程等以充实教学研究。

筑波技术大学拥有一批优秀的教师，现有教职员180多名，其中专职教师80多名，残障者高等教育研究援助中心近30名；专职职员近70名。专职教师中具有博士学位占65%、硕士学位占28%。

筑波技术大学教师的入职条件如下。

（1）专业符合度：所学专业要与所从事专业相符。

（2）学历要求：一般应具有硕士以上学位。从前述该校教师队伍的现状看，教师中具有博士学位已占65%，绝大多数教师（占93%）具有硕士以上学位。

（3）人员范围：健全人和视觉、听力、肢体障碍者均可入职。

（4）特殊教育相关知识和技能要求：日本实行特殊教育资格准入制度，教师入职前要经过针对特殊教育的知识和技能的培训，如掌握视力和听力障碍者心理、认知、学习特点等方面知识，学习使用特殊学生的无障碍支持系统等。经考核合格后，方可承担特殊教育工作。

---

❶ 日本筑波大学的学院、科系、专业介绍［EB/OL］. http：//www. tsukuba－tech. ac. jp/chinese/undergraduate_ schools. html/

（二）残疾人高等教育教师职后发展

1. 美国残疾人高等教育教师职后发展

美国 CEC 的特殊教育教师专业标准中规定，要为新入职教师一对一配备导师并制定了导师制的目标；在 CEC 职业行为规范的"专业发展"条款也有对教师专业发展的要求；此外，制定 CEC 的特殊教育高级准备标准则为特殊教育教师的职后发展提供了指南。各高校按照 CEC 标准，开展一系列有利于教师专业发展的活动。美国的特殊教育认证证书规定了有效期限，一般为 3～5 年，教师需在证书到期后继续修满规定学分的课程才能换领新证，这也促进了教师的自主发展意识。

（1）实行新任教师导师制。

CEC 标准要求每位新任特殊教育者应在特殊教育实践之初接受为期至少一年的导师指导。导师应是与被指导者的工作领域相同或相似的经验丰富的专业人员，他须为被指导者提供持续的专业建议和引导支持。尽管新任特殊教育者经过了认真准备，但在应用和归纳所获新技能方面仍然可能面临挑战。如同其他专业人士一样，特殊教育者在资深同事的支持下，可以更快地成长为能手，从而更容易在这个行业站稳脚跟。

导师制的目标包括以下几个方面：

① 促进新教师所学知识和技能的应用。

② 传递先进的知识和技能。

③ 促进新教师融入学校的学习社区。

④ 帮助新教师减少工作压力，提高工作满意度。

⑤ 为新教师专业实践提供支持。

导师制在新教师和资深经验教师之间建立了一种专业上的联系，可以帮助新老师进一步发展在所认证领域的知识和技能，帮助新教师在这一领域成为能手。这是一种师徒关系，而不是监督关系。这里至关重要的一点是导师用知识、技能和经验帮助新教师，给新教师提供专业的支持。特殊教育工作者担任导师是他们的专业职责的一部分，为了有效承担此项责任，他们可以从 CEC 获得相关资源和支持，也可以获得学校的支持。

（2）对教师职后发展提出明确要求。

在 CEC 职业行为规范（Standards for Professional Practice）的第三条款（关于"专业发展"）的第 3.1 至 3.6 条中，对特殊教育教师的专业发展提出如下要求：

①要制定旨在系统提升特殊教育教师知识和技能（包括文化竞争力）的个性化专业发展计划（Professional Development Plan，简称PDP），以维持高水平的竞争力。

②要保持与职业相关的程序、政策、法律的知识更新。

③要参与客观系统的评估活动，对自己、同事、服务和以不断提高工作绩效为目标的计划进行评估。

④用人单位应提供充足的资源，用于全校性的教师专业发展及个人专业发展计划。

⑤为在准备阶段的候选人提供参与系统监督领域的经验。

⑥要为其他特殊教育工作者担任导师。

CEC还对特殊教育者的专业发展和相关管理机构所应给予的支持提出了期望："随着特殊教育的标准、实践、政策等发生变化，用人教育机构有责任确保所有从业人员和其他参与人员具备必要的知识和技能；特殊教育教师获得不断发展的、有效实践的最先进的知识以满足特殊学生的需要是十分必要的。"为此，CEC呼吁联邦政府和专业协会、州/省、地方学区、高等教育机构和其他相关实体要为教师专业发展投入必要的资源，教师专业发展计划的制订要立足于成人学习原则并体现继续教育的专业标准。

CEC还规定，每位特殊教育者须平均每年参加36学时（3.6个继续教育学分）专业发展活动，这些发展活动应是有计划、有组织、被认可的相关领域的实践。这些专业实践活动可以包括多种职业发展单元的组合、继续教育单元、大学课程、服务于专业组织、参加专业研讨会、专门项目或参加关于专业文献的有计划的讨论等。用人单位应提供资源以促进特殊教育者的持续发展。

这些规定对教师的专业发展和高校开展教师专业发展活动提供了指南。

CEC还制定了特殊教育教师高级培养标准[1]和高级专门领域标准[2]，CEC高级培养标准是对特殊教育教师在整个职业生涯中的专业发展的共性

---

[1] https：//www.cec.sped.org/Standards/Special－Educator－Professional－Preparation/CEC－Initial－and－Advanced－Preparation－Standards

[2] https：//www.cec.sped.org/Standards/Special－Educator－Professional－Preparation/CEC－Initial－and－Advanced－Specialty－Sets

要求，涉及学习者与学习、学科内容知识和专业基础、教学法、专业化发展与合作四个领域，包含评估、学科内容知识、程序/服务/结果、研究和调查、领导力和政策、专业和道德实践、合作七个方面，由 28 个知识和能力要素构成，见表 3-7。

表 3-7　CEC 高级培养标准的基本结构和内容

领　域	方　面	核心要素数
学习者和学习 （Learner and Learning）	1. 评估 （Assessment）	2
课程内容知识和专业基础 （Content Knowledge and Professional Foundations）	2. 课程内容知识 （Curricular Content Knowledge）	3
教学法 （Instructional Pedagogy）	3. 程序/服务/结果 （Program, Services, and Outcomes）	5
	4. 研究和调查 （Research and Inquiry）	3
专业化发展与合作 （Professionalism and Collaboration）	5. 领导力和政策 （Leadership and Policy）	5
	6. 专业和道德实践 （Professional and Ethical Practice）	7
	7. 合作 （Collaboration）	3
合计		28

CEC 高级专门领域标准集则体现了对不同类别特殊教育教师的专门领域的知识能力要求，包含 12 个标准：

（a）特殊教育学术干预专家（Advanced Special Education Academic Intervention Specialist）。

（b）特殊教育管理专家（Advanced Special Education Administrator Specialist）。

（c）特殊教育行为干预专家（Advanced Special Education Behavior Intervention Specialist）。

（d）聋和重听教育专家（Advanced Special Education Deaf and Hard of Hearing Specialtist）。

（e）发展障碍和自闭症专家（Advanced Special Education Developmental Disabilities and Autism Specialtist)。

（f）特殊教育诊断专家（Advanced Special Education Diagnostician Specialist）。

（g）特殊教育早期干预专家（Advanced Special Education Early Childhood Specialist）。

（h）超常教育专家（Advanced Special Education Gifted and Talented Specialist）。

（i）融合教育专家（Advanced Special Education Inclusion Specialist）。

（j）学习障碍专家（Advanced Special Education Learning Disabilities Specialist）。

（k）特殊教育技术专家（Advanced Special Education Technology Specialist）。

（l）特殊教育转衔专家（Advanced Special Education Transition Specialist）。

每个标准都对应与 CEC 高级培养标准所含的七个方面（评估、课程内容知识、程序/服务/结果、研究和调查、领导力和政策、专业和道德实践、合作）制定了相关的知识要求和技能要求。它可以为特殊教育教师进一步发展成为特殊教育专家提供有效的指导，教师掌握这些知识和技能可以更有针对性地服务于教育对象。

（3）教师所在院校提供支持保障。

我们可以从美国加劳德特大学和罗切斯特理工大学的促进教师职后专业发展的做法中获得借鉴经验。

加劳德特大学重视教师的职后专业发展，它设立了继续学习中心（The Center for Continuing Studies，CCS），为教师提供丰富多样的专业发展项目，制定支持和鼓励教师专业发展的政策等，从而有效地促进了教师的专业发展。

① 继续学习中心的目标：提供一系列促进教师个人和专业发展的课程、计划和服务，提高为聋人提供服务的人员、机构和组织的教育水平和领导力。

② 继续学习中心培训模式：包括校内课程、校外扩展课程、合作学院提供的课程、认证项目等。例如：

• 校内课程：继续学习中心提供丰富的个人和专业发展课程和项目，分为秋季课程、春季课程和暑期课程。也提供晚上和周末课程，可提供认证或学历教育。仅暑期课程和秋季课程中各类课程总数就超过 50 门。

● 校外扩展课程：加劳德特大学的地区和国家扩展机构办公室为各地分支机构或合作机构提供资源、咨询和培训服务。

● 合作学院提供的课程：加劳德特大学继续学习中心与 Burstein 领导力学院合作提供许多领导力方面的课程和项目，如：机构和领导力、学校改革培训项目、消费者、家庭和社区宣传、聋儿及家庭：合作及领导力项目、盲聋年轻人在行动、聋人女性的领导力研讨班、企业及领导力研讨班、有色人种聋人戏剧艺术领导力培训、草根动员领导力培训、专业教练、新手项目管理课程等。

● 认证项目：提供一系列非学历教育认证项目，可满足教师的专业发展需要。需支付较低的学费，所获学分不能在加劳德特大学申请学位时使用，但可以转换到其他大学使用。一些认证项目可以被视为拥有了研究生学历。认证课程的学习要求与学历认证课程的要求是相同的。

③ 继续学习中心开设的课程包括：

● 聋人研究和聋人文化系列课程。如：黑人聋人研究、聋人文化、聋人女性研究、残疾人研究、动力学压迫、多文化生活；种族研究、聋人社会中的口语传统、文化研究导论、残疾人研究、听障学生评估等；

● 教育系列课程。如：教学功能课程、双语政策和立法基础；美国手语和英语双语教育对 0~5 岁幼儿的意义、聋人学生的语言及文字发展、英国手语及英语双语教育对 0~5 岁幼儿的理论意义、特殊教育发展趋势、教学内容的差异性教学等；

● 英语系列课程。如：聋人文学导论、GRE 考试准备、大学阅读和学习学会导师培训课程等；

● 婴幼儿及家庭系列课程。如：聋儿沟通、语言和认知发展、聋儿及家庭顶点项目等；

● 翻译教育系列。如译员的话语互动分析、话语互动分析、翻译导论、手语翻译考试前准备等。

● 领导力和倡导力系列。如新手项目管理、成功的基金文本写作、企业和领导人研讨班、聋儿家庭领导力视角等。

● 语言学系列。如美国手语、美国手语和英语对比研究、基础法语、沟通辅助技术、初级手指拼写、中级手指拼写、可视手势语沟通、手语及手势系统、手语基本类别、手语写作导论等。

- 聋人指导系列。如现实听力学、早期听力干预专业人员的基因和听力损失知识、美国听力损失概述等。
- 心理学系列。如成年发展、健康心理学、心理学及聋人等。
- 社会工作系列。如社会工作写作、社会工作认证准备等。

④继续学习中心开设的认证项目包括：

- 聋人学生的教育项目（针对学历与非学历教育，只提供在线方式教学）。
- 听障婴儿幼儿及家庭项目：合作和领导力跨学科认证项目（针对学历与非学历教育，18学时，在线/校内混合式教学）。
- 聋人适应性导师培训认证项目（针对非学历教育认证，16学分，7门课，2年，在线/校内混合式教学）。
- 美国手语、英语聋儿早期双语教育项目（0~5岁）（学历－非学历，在线/校内混合式教学）。
- 学校改革培训项目（非学历认证，4门课，1年半至2年，在线/校内混合式教学）等。

⑤支持教师专业发展的政策：教师一旦注册学习国家认证的继续教育机构进修学校批准或指定的课程，学校将提供给教师教育补助。

罗切斯特聋人工学院教师专业发展依托于罗切斯特理工大学的教师专业发展支持体系。罗切斯特理工大学同样重视教师的专业发展，它设有教师专业发展中心，面向全校开设丰富的、较为系统和细致的多序列发展课程，涉及教师工作的方方面面，每年开设的各类课程总数超过80门。由于聋人学生不仅局限于在聋人工学院接受教育，而是可以在全校范围内选择合适的专业攻读本科或研究生，因此，在教师专业发展课程中提供了手语培训、专业手语培训和一些资格认证项目。

①教师专业发展中心（CPD）使命：为学校员工提供优质、及时和高效的专业发展活动和资源，以满足不断发展的员工需求。CPD有内部和外部的合作伙伴支持，有课程专家和内部利益相关者不断反馈，通过面授和在线学习实现其使命。

②教师专业发展模式：采取四种模式，即教师专业发展中心提供各类培训课程、举办各类讲座、提供在线电子学习资源、提供教与学服务资源（包括教师学习社团、教师教与学研究会、定制培训和一对一咨询等）。

③各发展模式提供的课程或活动：发展中心提供的各类培训课程包括

教学、沟通、技术、文化、政策、导师制、知识、项目资助、领导力、效率和工作技巧等方面。以 2013 年秋季学期该中心提供的课程为例,包括以下科目:

- 针对所有教师的必修科目。如防止骚扰和歧视、不良行为早期干预等。
- 针对新入职人员的系列培训科目。如学院政策和流程、信息安全、新职员培训、新教师培训等。
- 提高绩效的系列培训科目。如如何解决冲突、做更好的倾听者、尊重和礼仪、了解对学生的支持和扶助措施、经费安全、面临留校查看问题的学生转化、保持条理和高效、提高工作效率、知识产权和技术产业化、内部控制防止职业欺诈、会议的组织、如何防止人体工程学损伤、时间管理和任务主次、校园内和社区资源利用、降低口音和发音培训、职业安全与卫生培训、写作培训、演讲培训等。
- 科研项目申请系列培训科目。如提升你的科研能力、研究预算的编制、申请私人基金项目、人类为主题的研究、科研涉及的法律和规定、资助政策和科研管理、项目申请评价、Google 科研基金申请、美国国家科学基金、联邦预算流程、国防部项目申请和评审、学校科研概述、提高协作的效率、导师的专业发展、非项目管理人员的项目管理技能等。
- 会计流程和原则的系列科目。如受到资助的项目会计和规定认证培训等。
- 学生多样性系列课程。如群体沟通方面提高包容性的资格证书课程 6 门、群体动力学及多样性资格证书课程 5 门、弱势群体支持资格证书课程 5 门、持续性及社会公正资格证书课程 5 门、女性和性别中心课程 12 门、了解我们的国际学生、基于不同性取向的安全区培训等。
- 聋文化和手语系列课程。如教职员工手语培训、手语和口语自学实验室、美国手语和聋文化学习体验、有效的手语应用、特别专业方向手语培训、聋人和健听人的合作和沟通等。
- 交通安全培训。
- 学生行为管理规定。
- 写作系列培训(高效精确的写作等)。
- 领导力和管理系列科目。
- 职业和个人发展系列科目。

- 计算机技术系列等。

④ 发展中心提供的各类讲座，包括：

- 如何使用资源共享系统 RIT Wiki（Getting Started with the RIT Wiki）。
- 如何使用教务系统的"我的课程"（Getting Started with my Courses）。
- 批判性思维工作坊（Workshop on Applied Critical Thinking at the Discipline Specific Level）。
- 如何使用在线会议系统（Adobe Connect Getting Started with Adobe Connect）。
- 如何使用在线调研系统（Getting Started with Clipboard）。
- 新教师培训（Power Reception for New 2013 Faculty）。
- 成果发表（Publishing Partners：TWC and You）。
- 职业发展（Destination Intersession：Your Ticket to Paradise）。
- 提供了丰富的在线电子学习资源（E Learning Zone）。

⑤ 发展中心提供的教学服务资源（Teaching & Learning Services），包括：

- 教师学习社团（Faculty Learning Community）。
- 教师教与学研究会（Faculty Institute on Teaching & Learning）。
- 定制培训（Customized Training）。
- 一对一咨询（One - to - One Consultations）等。

教师学习社团通常由 6 个教师组成，两周见面一次。所有的教师学习社团都由不同科目的教师组成，其共同目的是探索教学的学问。每个成员在春季学期教师教学研究会上做教学演示，并在罗切斯特理工大学数字媒体图书馆发布。有的教师学习社团还要制作教学资料文件，阐释教学演示、他们的教学理念、他们在教师学习社团的经验反馈等。在教师学习社团中，教师们还可以认识大学同行，为了共同目标和挑战建立起来友谊，合作探讨教学方法。从 2001 年起，罗切斯特理工大学就提供了这个跨专业的全年运行的教师学习社团给全职教师。2009 年开始，这个全年运行的项目缩减到两个季度。此外，还有单季度的教师学习社团，针对不同的教学主题。教师教学研究会从 1998 年 5 月起在罗切斯特理工大学开展，教师教学研究会把各地的教师聚集在一起，分享他们科研经验、教学心得。研究会请到著名的报告者出席活动，还举办海报展和联谊会。专业发展中心提供的定制培训是根据教师需求提供的一对一的或小范围的培训，为教职员工提供支持技术方面培训，或为教师使用在线资源方面提供教学设计指导。专业发展中心还为教职员工提供一对一咨询，教师在教学和其他教学相关问题上有私密咨询的愿望（如课堂观察、教学资料、教学反馈、课程/教师调查和分析等）时可以使用。

2. 日本残疾人高等教育教师职后发展

以日本筑波技术大学教师职后发展为例，学校促进教师的职后发展体现在以下几个方面。

（1）教学活动中促进教学能力发展。

学校会对教师承担教学任务提供帮助和支持，每年度向教师发放具体的计划和要求，如讲授科目或科目中的具体章节、实习实训教学活动如何开展等。

（2）开展各类专业发展活动。

为了在更高层次实现学校的教育目标，该校设置了教职员培训课程、举办研究会和讨论班等。培训课程重点培养教师灵活运用各种教学辅助设备和系统，熟练掌握手语、盲文等交流沟通技术。该校还举办以残障学生援助协调人等为对象的研究会、讨论班等，促进教师提升特殊教育知识和技能。

（3）以研究活动促进教师发展。

在教研和科研方面，学校鼓励教师研究教学方法，能够根据残障特性制定教学内容、采用适宜的教学方法，结合学生的个人能力，激发学习积极性。鼓励教师参与学校的教学研究和教学环境建设项目，近些年来，学校开展的研究项目❶有：

① 为视觉障碍者接受高等教育完善校内外无障碍环境的援助事业项目，涉及完善能够高效系统地制作、积累、提供盲文、画面触控、录音、电子文件等视觉障碍者使用的学习资料的体制。研制了《多模式图书——天文学入门》，为了评价视觉障碍者的使用效果，进行了实验教学；以志愿者为对象，举办了制作点图和编辑数码录音图书知识的培训班；制作了用于学习信息技术和保健科学的盲文图书和录音图书等。

② 筑波听觉障碍学生高等教育技术辅助中心（T-TAC）构建涉及充

---

❶ 日本筑波大学专项课题 [EB/OL]. http://www.tsukuba-tech.ac.jp/chinese/special_projects.html

实全国大学的听觉障碍学生援助体制,构建综合性咨询援助网点等内容。

③ 提高视听觉障碍学生专业水平的学习援助项目,涉及为满足各类残障学生的不同需求,完善特殊的学习援助环境。面向视觉障碍学生开发了将群组软件语音化的浏览器,试验性地导入多模式引导系统,面向听力障碍学生开发了多功能合一的通用软件包援助设备等。

④ 面向弱视学生构建利用便携式终端的e-learning环境项目,充分利用便携式终端的机动性和灵活性,构建e-learning环境,为存在视觉障碍的弱视学生以通过国家考试和资格考试为目的的自学活动提供援助。

⑤ 为具有视觉障碍的医科学生提供高水准教育的环境改善事业项目,对相关问题进行调查研究,完善帮助学生克服障碍的ICT化教育环境。为便于导入与按摩和针灸相关的临床考试(OSCE)完善环境,并提供教材,构建有益于学生就业的体系。

⑥ 以提高听觉障碍者专业性和协调性为目的的教育资产环境构筑事业项目,该项目在充实可有效利用IT技术的教学资源和教学内容外,强化与国内外大学开展专业水平的交流。

(4) 在教师考核中体现发展要求。

该校将完成教研与科研工作列入教师年度工作计划,并在教师年度考核中加以评定。鼓励教师针对教学开展研究,不断提升自身水平。

(三) 经验借鉴

1. 建立系统完善的政策支持环境

发达国家非常重视残疾人教育的发展,对保障残疾人受教育权利有相关立法支持,同时不断加大对残疾人教育的经费投入,这既保证了残疾人教育事业的发展,也为残疾人教育教师的专业化发展提供了强有力的支持。如美国的《残疾人教育法》,法律规定不仅健全细致而且具有可操作性,而我国对残疾人高等教育的法律规定很多方面体现出原则性较强、倡导性内容较多、条款内容过于笼统、操作性不强等缺陷。美国《残疾人教育法》明确规定,法案保护重度残疾学生接受免费而适当的公立教育的权利,这为残疾学生的日常生活和受教育提供了必要的保障。我国对残疾人教育经费的保障从立法层面看,缺乏明确而有力的制度,更多地是在规划纲要中以临时性指令的方式加以保障。《中华人民共和国残疾人保障法》对经费问题只有笼统的规定(如"各级人民政府应当将残疾人事业经费列入财政预算"），而在具体实践中对残疾人教育的投入基本上没有从制度上加以落实，目前只有针对贫困残疾学生就学的助学金制度。《中华人民共和国残疾人教育条例》中虽然专设一章"物质条件保障"，但也只是概括性地提及各级人民政府应承担残疾人教育经费。对保护残疾人合法权益所需要的经费和其他物质条件则在立法中缺少具体的量化规定。对残疾人在各个具体的受教育阶段所需要的经费标准、承担主体等都没有明确的规定。正因为立法上的不足，在残疾人事业计划及规划纲领中就不断提出经费投入的要求（如在"十一五"规划中提出要将残疾儿童少年接受义务教育切实列入政府优惠政策范围，在同等条件下，接受高级中等以上教育的贫困残疾学生优先享受国家资助政策），然而这种临时性的经费保障手段相对于残疾人教育的经费需求来讲是远远不足的，也非长久之计。发达国家不断加大对残疾人教育的经费投入，保证了残疾人教育教师的专业化发展。如美国联邦政府、各州政府和私人团体通过经费支持来帮助准特殊教育教师接受必需的专业训练。近几年，美国各州日益关注特殊教育教师的入门指导计划，为了保证计划的顺利进行，他们除了接受政府的拨款外，还采取其他多种渠道筹集资金支持特殊教育教师的培训，并对参加培训的教师给予额外的补贴。此外，美国为促进特殊教育发展、吸引优秀的人才从事特殊教育且留住优秀的特殊教育教师，他们通过改善特殊教育教师的福利待遇、建立联邦政府和州政府的针对特殊教育教师实施的各项津贴补助机制，保证了特殊教育教师的薪水高于普通教师。我国特殊教育经费投入与此对比显得严重不足，特殊教育教师的专业化发展缺乏明确的政策支持和充足的经费保障。

2. 制定系统完善的特殊教育教师标准

我国需要制定系统完善的特殊教育教师标准。发达国家在完善残疾人教育法律法规的基础上，也规范了对残疾人教育教师的要求，从事残疾人教育的教师（包括残疾人高等教育教师）均需获得特殊教育资格认证证书。如美国特殊教育的发展依赖于高水平的教师队伍，美国通过 CEC 制定了一整套特殊教育教师资格认证系统化标准，它既包括了特殊教育教师的道德准则、职业行为规范，也包括了特殊教育教师应达到的知识和技能要求（为初级和高级教师分别制定了共同核心标准和分专业领域标准），这成为特殊教育教师的入职标准和教师专业发展的指南。同时，它还为各州政府和院校提供了使用这一标准的工具和策略，它还呼吁联邦政府和专业协会、州/省、地方学区、高等教育机构和其他相关实体要为教师专业发展投入必要的资源，促进特殊教育者的持续发展等。在标准中还规定了特殊教育者须平均每年参加36学时专业发展活动。这些标准和要求保证了特殊教育教师队伍把好了入门关，同时对教师的职后专业发展起到了促进作用，也为高校开展教师专业发展活动提供了指导。值得一提的是在CEC标准中充分体现了对残疾人个体的尊重，如规定"特教专职者在专业实践上应提高和保持高度的能力水平和思想境界"，"仅用那些指定的训练方法和行为条例，不能伤害特殊学生的自尊心和侵犯其基本人权：如体罚"，"特殊教育者应维护特殊学生，在言语写作及各种场合的表现都代表他们的利益"，"除有书面批准或规定机密可以公布的特殊情况外，应保守情报机密"等。这申明了特殊教育教师不仅是教育者，更是许多障碍者利益的代言人和维护者，为他们的成长和最终融入社会提供服务、负有责任。特殊教育教师在实践中应使尊重特殊人群及其家庭成为个人的内在品质。在行动上要使自己的专业活动有益于特殊群体和他们的家庭，尽最大限度维护特殊学生，并且有益于其他同事、学生或研究对象的研究学习。在教师的"发展性"规定中，它强调特殊教育教师应按照继续教育计划参加在职培训、专业研讨会、专业会议、专业学术团体的活动等，从而保持对特殊教育和相关教育领域研究和学术动态的了解，不断提升自己的专业技能，丰富自己的专业知识等。而在我国，没有具体的法律法规对特殊教育教师的要求进行明确界定，对教师从事特殊教育所应具备的知识、技能和行为要求缺乏具体指导。因此，要提高特殊教育教师队伍水平，促进教师专业发展，就必须实行特殊教育教师资格准入制度和制定我国特殊教育教师的入职标准，并对特殊教育教师的专业发展提出明确要求，从国家的政策层面加以保障，从而从根本上保证特殊教育教师队伍的质量。

3. 构建开放综合的教师发展模式

从美国、日本的特殊教育高等院校的教师发展活动看，其模式灵活多样，高校非常重视教师继续教育的开放性和综合化，既有校内课程、校外拓展课程、面授课程、在线课程，为教师提供教与学服务资源（包括教师学习社团、教师教与学研究会、定制培训和一对一咨询等），也有认证项目、学历项目。另外，还鼓励教师开展针对特殊教育的教学研究。灵活丰富的发展模式给教师更大的选择空间，学校对教师的指导和服务更为贴心。而在我国，教师的专业发展模式相对单一，影响了教师参与的积极性和实效性。

4. 设置丰富多样的教师发展课程

从美国两所残疾人高等教育院校的教师专业发展培训课程不难看出，其课程设置系统全面，涉及各类教职员工工作的方方面面。有针对所有教师的必修科目，有针对新入职人员的系列培训科目，有提高绩效的系列培训科目，有帮助教师申请科研项目系列培训科目，有学生多样性系列课程、聋文化和手语系列课程等。每学年开设的培训课程达到50门以上。这些讲座针对性和实用性很强，而且根据教学形势的发展和有关教师标准的修订而不断更新。学校的教师发展中心还为教师开设很多实用讲座，例如，如何使用资源共享系统RIT Wiki、如何使用教务系统的"我的课程"、批判性思维工作坊、如何使用在线会议系统、如何使用在线调研系统、成果发表等。教师还可参加学习社团，研讨教学、分享经验。而在我国，针对教师提高特殊高等教育知识与技能的专业发展课程很少，并且不能根据教育发展不断开发新的课程，而且课程多是知识讲授型的，对教师的技能发展缺乏指导。建议我国残疾人高等教育教师的专业发展课程要调整结构，适当增设聋人（盲人）研究、弱势群体支持、反歧视、手语培训等课程，适当增设社会学、文学、管理、伦理等社会科学和人文科学的课程。应以培养复合型高校特殊教育教师为目标，把提高教师与残疾人之间的沟通能力、教育能力、创新能力、教材教法运用能力、协作能力等作为教师专业发展的重点。

第四章　残疾人高等教育院校教师专业化的需求分析

本章从视力残疾、听力残疾、肢体残疾三类残疾大学生的身心特征、培养过程、就业状况、我国残疾人高等教育的法律法规四个方面分析了作为残疾人高等教育院校教师这个专业性极强的职业对从业人员专业化的需求，提出了残疾人高等教育院校教师专业化的特殊需求。

残疾是指身体结构、功能的损害及个体活动受限与参与的局限性。残疾人是指在精神、生理、人体结构上，某种组织、功能丧失或障碍，全部或部分丧失从事某种活动能力的人。我国目前使用的残疾人残疾分类和分级标准是由中华人民共和国国家质量监督检验检疫总局、中国国家标准化管理委员会于2011年1月14日发布并于2011年5月1日开始实施的（中华人民共和国国家标准2011年第2号公告，GB/T26341—2010），该标准将残疾分为视力残疾、听力残疾、言语残疾、肢体残疾、智力残疾、精神残疾和多重残疾七类。各类残疾按残疾程度分为四级：残疾一级、残疾二级、残疾三级和残疾四级。残疾一级为极重度，残疾二级为重度，残疾三级为中度，残疾四级为轻度。现阶段我国的残疾人高等教育院校主要招收视力残疾、听力残疾、肢体残疾三类大学生，本研究的对象为以上三类大学生。

一、残疾大学生的身心特征对教师专业化的需求

（一）残疾大学生生理特征

1. 视力残疾大学生生理特征

（1）视力残疾的定义与标准。

视力残疾是指由于各种原因导致双眼视力低下并且不能矫正或双眼视野缩小，以致影响其日常生活和社会参与。视力残疾包括盲及低视力。我

国的视力残疾标准见表4-1。

表4-1 我国视力残疾标准

类别	级别	视力、视野
盲	一级	无光感~<0.02；或视野半径<5°
	二级	0.02~<0.05；或视野半径<10°
低视力	三级	0.05~<0.1
	四级	0.1~<0.3

凡是符合表4-1标准的持有中华人民共和国残疾人证的学生都有资格参加残疾人高等教育院校举办的残疾人单独考试，成绩合格被录取后，就可以进入残疾人高等教育院校为视力残疾学生开办的专业学习，成为本研究对象的学生。

残疾人高等教育院校招收视力残疾学生的专业招生标准是按照表4-1执行的，但作为视力残疾大学生教师除了了解表4-1的视力残疾标准外，还需要准确理解视力残疾的教育性分类标准，把握视力残疾学生教育教学活动的规律和特点，有效开展视力残疾学生教育教学活动。视力残疾的教育性分类标准可分为教育盲和教育低视力两级。

教育盲（Educational Blindness）：视觉受损伤程度严重到无法经视觉进行学习者。这些人必须以听觉、触觉、嗅觉、肤觉等为主要的学习手段，在读写方面使用点字。

教育低视力（Educational Low Vision）：远距离使用视力困难较大，近距离能够看见物体，视觉是这些人的主要学习手段，他们可以阅读印刷品，经过调整可以掌握许多明眼人学习和生活的内容。

视力残疾大学生由于各种原因导致双眼不同程度的视力损失或视野缩小，难以平常方式从事普通人所能从事的学习、工作或其他活动。因此，视力残疾大学生就要以听觉、触觉、嗅觉、肤觉等"非平常的方式"进行学习，这就对视力残疾大学生教师提出了挑战，他们的教学必须以视力残疾大学生非平常的学习需要为转移，主动适应视力残疾学生的学习方式。

（2）视力残疾对个体发展的影响。

眼睛是人们观察周围事物、接受外界信息的重要器官。在空间定向、时间估计、生活、学习和工作乃至个体智力发育中，都有着十分重大的作用。与其他感觉相比，视觉具有感知范围大、距离远、知觉速度快、转移灵便等明显特点。视觉一旦丧失,视觉所特有的优越性便也全部丧失。对于视力残疾人来说,他们在感知觉方面的一个最突出特点是部分或者全部丧失视觉。

视力残疾有先天和后天之分。后天失明的残疾人在身体发育上与普通人没有区别。而先天失明的残疾儿童由于视力残疾,对其身体发育带来影响,表现出与普通大学生不一样的生理特征。

视力残疾儿童身体的生长发育与普通儿童有着相同的规律,也是呈波浪式上升的。但对于先天视力残疾的儿童,失明对其运动功能的发展产生了一定的消极影响。由于视力的丧失,视力残疾人的独立移动能力受到限制,进而限制了他的活动。视力残疾儿童日常的运动活动量明显比普通儿童少,活动的空间范围比普通儿童狭窄,活动的方式也较为不同。普通儿童大多喜欢参加户外运动,运动量较大,活动的方式也是丰富多彩的,视力残疾儿童则可能更多的坐着做一些精细动作或做与耳朵有关的事情。这些都可能导致视力残疾儿童动作发展缓慢,影响其身体素质。多项研究表明:视力残疾儿童生长发育的速度要比普通儿童缓慢,身体素质也比普通儿童差,体态也不及普通儿童匀称,脊柱异常等不良体态比较多见。主要表现为走路弓腰驼背、亦步亦趋、磕磕绊绊,面部不自然,常常是眼睛睁睁眨眨、动作不协调等。

2. 听力残疾大学生生理特征

(1) 听力残疾的定义与标准。

听力残疾是指由于各种原因导致人的双耳不同程度的永久性听力障碍,听不到或听不清周围环境声及言语声,以致影响其日常生活和社会参与。我国的听力残疾标准见表 4-2。

表 4-2 我国听力残疾标准

级别	程 度
一级	听觉系统的结构和功能极重度损伤,较好耳平均听力损失大于 90 dB HL,不能依靠听觉进行言语交流,在理解、交流等活动上极重度受限,在参与社会生活方面存在极严重障碍
二级	听觉系统的结构和功能重度损伤,较好耳平均听力损失在 81~90dB HL,在理解和交流等活动上重度受限,在参与社会生活方面存在严重障碍
三级	听觉系统的结构和功能中重度损伤,较好耳平均听力损失在 61~80dB HL,在理解和交流等活动上中度受限,在参与社会生活方面存在中度障碍
四级	听觉系统的结构和功能中度损伤,较好耳平均听力损失在 41~60dB HL,在理解和交流等活动上轻度受限,在参与社会生活方面存在轻度障碍

(2) 听力残疾对个体发展的影响。

听力残疾儿童身体的生长发育遵循了普通儿童的生长发育的一般规律。但与普通儿童相比，具有一定的特殊性，因此，听力残疾大学生表现出与普通大学生不一样的生理特征。

① 身体机能低于普通学生。调查结果显示听力残疾大学生身高、体重、胸围、肺活量均值的总体水平低于正常同龄组，在肺功能、耐力素质方面非常显著地差于普通大学生。

② 影响言语发展。听力残疾人的发音器官一般是正常的，但因为听不到或听不清周围环境声及言语声，就不能进行模仿练习，导致发音器官僵硬萎缩，无法说话。另外，听觉障碍对听力残疾儿童感知觉、思维发展等方面的影响，导致听力残疾人言语发展迟滞。

3. 肢体残疾大学生生理特征

(1) 肢体残疾的定义。

肢体残疾是指人体运动系统的结构、功能损伤造成的四肢残缺或四肢、躯干麻痹（瘫痪）、畸形等导致人体运动功能不同程度丧失以及活动受限或参与的局限。我国的肢体残疾标准见表4－3。

表4－3 我国肢体残疾标准

级别	日常生活活动状况
一级	不能独立实现日常生活活动，并具备下列状况之一：四肢瘫、截瘫、偏瘫、单全上肢和双小腿缺失、单全下肢和双前臂缺失、双上臂和单大腿（或单小腿）缺失、双全上肢或双全下肢缺失、四肢在手指掌指关节（含）和足跗跖关节（含）以上不同部位缺失、双上肢功能极重度障碍或三肢功能重度障碍
二级	基本上不能独立实现日常生活活动，并具备下列状况之一：偏瘫或截瘫，残肢保留少许功能（不能独立行走）、双上臂或双前臂缺失、双大腿缺失、单全上肢和单大腿缺失、单全下肢和单上臂缺失、三肢在手指掌指关节（含）和足跗跖关节（含）以上不同部位缺失（一级中的情况除外）、二肢功能重度障碍或三肢功能中度障碍
三级	能部分独立实现日常生活活动，并具备下列状况之一：双小腿缺失、单前臂及其以上缺失、单大腿及其以上缺失、双手拇指或双手拇指以外其他手指全缺失、二肢在手指掌指关节（含）和足跗跖关节（含）以上不同部位缺失（二级中的情况除外）、一肢功能重度障碍或二肢功能中度障碍
四级	基本上能独立实现日常生活活动，并具备下列状况之一：单小腿缺失、双下肢不等长，差距大于等于50mm、脊柱强（僵）直、脊柱畸形，后凸大于70°或侧凸大于45°、单手拇指以外其他四指全缺失、单手拇指全缺失、单足跗跖关节以上缺失、双足趾完全缺失或失去功能、侏儒症（身高小于等于1300mm的成年人）、一肢功能中度障碍或两肢功能轻度障碍、类似上述的其他肢体功能障碍

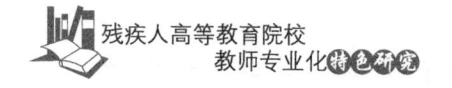

(2) 肢体残疾大学生生理特点。

肢体残疾大学生与普通大学生一样，年龄在 18～23 岁，正处在青春发育的后期，总体上讲生理发育已经成熟并趋于稳定。但是，肢体残疾使肢体残疾大学生还表现出与普通大学生不一样的生理特征。

① 肢体残疾大学生一般有比较明显的外部生理特征。导致肢体残疾的原因主要有家族遗传、发育畸形、妊娠期疾病、交通事故、外伤、小儿麻痹、结核性感染等。从致残原因看，属于先天性原因的发育畸形和属于后天性原因的小儿麻痹以及其他致残的比例相对比较高，其中以小儿麻痹为最多。由于运动系统的结构、功能损伤有可能造成的四肢残缺、畸形，身体动作异常，表现与常人差异较大；或者身体功能丧失，无法正常参与普通学生的活动，需要特别的帮助与支持；或者身高、体重、肩宽、头围等身体形态与普通学生差异较大。

② 身体机能与功能明显地低于普通学生。肢体残疾导致了肢体残疾大学生的运动功能不同程度地丧失，身体活动或参与受到局限，在一定程度上影响了肢体残疾大学生的生理机能和功能的发展。肢体上障碍尤其是环境的限制，导致了肢体残疾大学生较弱的体育意识和动机，较少参加体育锻炼或者根本没有锻炼的习惯，主要表现为身体素质比正常学生要差，身体机能也比正常学生要差，有一些人，如中枢神经损伤的学生可能还伴有听力、视觉、认知、言语等方面的障碍。

(二) 残疾大学生心理特征

1. 视力残疾大学生心理特征

视力残疾大学生的心理发展趋势与普通学生的规律完全相同。和普通学生一样，视力残疾学生的心理发展也遵循着由简单到复杂，由具体到抽象，由量变到质变，由被动到主动，由部分到整个心理面貌发生变化的规律。但由于部分或完全丧失了视觉功能，导致视力残疾儿童无法接受来自客观世界的大量视觉信息，他们丧失了感知客观世界的主要途径，由于接受外界信息途径的不同及环境、教育等因素的影响，视力残疾学生的心理发展有其自身的特殊性。

(1) 感知觉。

由于部分或完全丧失了视觉，视力残疾儿童缺少视觉表象，因此他们必须通过其他感官来建立概念，听觉成为视力残疾学生最重要的感觉，也是他们获取外界信息和学习、交流、活动的主要手段。视力残疾学生对各种声音的分析、辨别能力较强，听觉注意力较集中，听觉记忆更发达。触觉是视力残疾学生除听觉外最主要的感觉，他们通过触觉触摸盲文、模型、标本，通过手的触摸学习和生活，在视觉损伤的情况下，触觉与听觉、动觉、嗅觉、味觉等发挥着重要的视觉缺陷补偿作用。视力残疾人的听觉、触摸觉、嗅觉明显比普通人好。

（2）注意、记忆和思维。

视力残疾人失去了视觉，主要靠听觉来认识世界。由于没有视觉信息的干扰，视力残疾大学生学习的注意力比较集中，形成了爱思考、善思考的习惯，言语听觉能力发达，记忆力比较好，抽象思维和逻辑思维比较发达，语言能力强。探索问题深刻、健谈、说话有条理、词汇丰富、语言生动、说理充分。

（3）存在一定的心理问题。

由于视力残疾的原因，视力残疾大学生与普通大学生相比，普遍存在典型的心理问题，表现为强迫、焦虑、抑郁的心理特性。由于全盲和低视力在视力上的不同，他们的心理问题也存在部分显著差异，全盲学生敏感、敌对、防卫和偏执心理特点更强。低视力的学生心理问题表现为焦虑。他们由于视力缺陷，常常容易烦恼和激动，过于敏感甚至偏激，焦虑和抑郁比较明显。全盲学生因为视力全部丧失，他们的心理问题最为严重，对别人的猜疑和不信任表现相当突出，并且偏执倾向也很严重。相对来说，低视力的学生因为还有一些残余视力，大部分心理问题比较轻微，他们最担心的是视力会不会进一步恶化，所以焦虑因子分反而更高。

先天全盲的学生与后天全盲的学生相比较，前者从没有见过光亮，对物体外形、颜色等视觉上的感受基本是完全丧失；而后天全盲的学生，随着发生全盲时间的长短，多少记忆了未全盲前的视觉感受，对物体的形状、颜色有鲜明的体会。曾经拥有过的感觉现在却消失，他们的心理相对会有一些失落，与从未有过此种感觉的先天全盲的学生相比，他们的心理状态不稳定。

2. 听力残疾大学生心理特征

听力残疾人丧失了听觉功能，他们的感知较普通人少了一条重要的渠道和途径，由此导致他们在感知和心理方面的一系列特殊性。

（1）感知觉。

①感知活动受到局限：听力残疾大学生由于听力受损，语言障碍使他

们的认知活动和思维发展在不同程度上受到局限。一是听觉的缺失，在很大程度上影响了知觉的完整性；二是缩小了感知的范围；三是不能利用声音识别物体的某些特性，无法利用这些信息做出相应的判断，致使知觉信息加工不完整。

② 不能利用声音进行定向。

③ 视觉获得优势地位：由于听觉上的障碍，听力残疾学生的眼睛就成为最主动、最活跃、最重要的感觉器官。研究表明，听觉障碍者观察敏锐，辨别细小物体或远处物体的技能高于听觉健全的同龄者。

④ 触觉、振动觉和言语动觉等部分地代偿听觉功能，同视觉一起发挥着缺陷补偿作用。

（2）注意、记忆和思维。

① 注意力稳定性较差：对听力残疾学生而言，引起注意的刺激源主要来自视觉对象，在课堂上只能借助于教师的手语、表情、口型、动作、教具等直观形象的教学手段来保持注意，但视觉器官很容易疲劳，长时间集中注意力比较困难。

② 记忆：听力残疾学生形象记忆能力较强，视觉记忆占优势，而对语言、语调及文字材料的记忆比较困难和薄弱。

③ 思维：语言是思维的工具。主流社会群体使用汉语言作为其思维的工具。但是听觉损伤使听力残疾儿童不能像正常儿童一样发展汉语言，所以其思维有其独特的一面。听力残疾学生的思维有如下特点：

一是思维以直观形象为主。听力残疾学生的思维主要依赖于事物的具体形象，他们能够掌握具体事物的概念，但不易掌握抽象的概念。这与其视觉的优势地位和手语的沟通形式有很大的关系。例如，听力残疾学生可以理解桌子、书本、花草等概念，但是对于奋斗、巍峨、爱不释手等较抽象概念的掌握存在困难。

二是抽象逻辑思维发展迟缓，思维发展达到的水平局限。由于听力和语言发展的局限性，加之视觉的优势地位和手语的形象性表征，听力残疾学生的逻辑思维水平较低，进展缓慢，难以对现实进行高度概括，对信息处理往往达不到揭示客观事物本质属性的深度和广度。其想象富于形象性和直观性，而逻辑性和概括性相对肤浅，想象的再造性成分较多，创造性成分较少。

（3）存在一定的心理问题。听力残疾大学生由于听力障碍，与外界沟通不畅，不能全面、正确地理解别人用语言表达的思想和要求，也不能用口语表达自己的愿望和想法，希望被人承认和接纳的基本情感需要就得不到满足，容易对别人产生误解和猜疑。加之听力残疾大学生在成长过程中由于家长的过分保护，社会适应能力比较弱，在心理上常常表现为自卑、孤独、猜疑、自我中心、自我封闭、不自信、依赖性强、情绪不稳定、自控性差、偏执、冲动、意志薄弱等。听力残疾大学生倾向于在彼此间交朋友，形成自己的"聋人小天地"。他们的生活圈子比较狭小，信息量不多，也容易产生同周围人的对立情绪。对国内几所残疾人高等院校的听力残疾大学生的调查表明：相对于健全大学生，听力残疾大学生在社会交往过程中较为小心谨慎，容易对事情犹疑不定，思维和想象缺乏独创性；易抵制常规，抵触惯例，心理较为违拗、固执；责任心较差，对自身关注过多而较少关心职责和义务，做事较为马虎；相对敏感，对周围世界保持较为明显的审视和怀疑心态，自信心较低，对他人的不信任感较强，自我怀疑度较高，当事情没有做好时较为容易自责和内疚，个人行为较为被动；较为刻板，进取精神相对较差，兴趣的广泛性和眼界的开阔性方面要低于正常学生；自我控制能力较弱，相比较易冲动，容易被激怒，做事直接，敢于冒险，遇事应变能力相对较差；有说话能力的听力残疾大学生较为活跃，善于表现自己；对自己前途担忧较多，思想和行为易受到影响；常从自己的角度思考问题，因而对于事物的认识往往流于表面，容易出现认知偏差。

3. 肢体残疾大学生心理特征

肢体残疾大学生与普通大学生一样，已从快速发展的青春期走向相对成熟的青年后期，肢体残疾大学生在感知、注意、记忆、思维等方面与普通大学生无明显的区别，只是因为身体的损伤，使肢体残疾大学生存在一些与普通大学生不一样的心理特征。

（1）肢体残疾大学生容易产生消极心理。研究表明，肢体残疾患者普遍具有自卑心理。肢体残疾医科大学生 SCL-90 测评在躯体化、强迫症状、人际关系敏感、抑郁、敌对、偏执等因子得分显著高于对照组，表明肢体残疾医科大学生较肢体健全的大学生存在更多的心理健康问题，出现这一现象的原因可能与肢体残疾带来的生活学习不便而自卑，或环境适应困难，或消极的应对方式有关。

（2）肢体残疾大学生容易产生人际交往困扰。在人际交往方面，与普通大学生相比，肢体残疾大学生普遍存在交往困难，且不同年级有显著差异。这可能是由于其自卑心理和孤独心理造成的。王丽萍等认为，肢体残疾学生因肢体上的缺陷，使得他们在学习、生活和就业方面遇到诸多困难，而较强的自尊心使他们不轻易求助，有时求助可能还得不到足够的支持和帮助，因此产生自卑心理，有的甚至有很深的自卑情结，这样就使得他们对自我的评价普遍偏低，逐渐形成孤独的心理，除了三点一线的生活外，很少走出来，活动范围小，缺少朋友，久而久之，交往方面的困扰就逐渐突显出来了。

（3）肢体残疾大学生肢体残疾等级不同面临的问题不同。有研究显示：一级肢体残疾主要是健康问题，但是在社会支持和个人主观寻求支持上的动力较低；二级肢体残疾主要是心理健康问题，而且比其他级别肢体残疾者更容易产生心理问题；三级和四级肢体残疾者的心理健康相对较轻并优于其他级别。

（三）对教师专业化的需求

1. 视力残疾大学生

和普通大学生一样，视力残疾大学生既有生理上的需要，也有心理上的各种需要。他们需要正常的交往，需要友谊，需要尊重，需要学习，需要自立。作为残疾人高等教育院校从事视力残疾生教育的教师必须创造条件满足视力残疾学生的基本生理心理需要，以调动他们的积极性，顺利地实现预定的教育目标。

由于视力残疾大学生的心理发展趋势与普通大学生的规律完全相同，这就要求视力残疾大学生教师首先是合格的、专业化的高等教育教师，以适合普通大学生心理发展特征的教学方法和手段实施高等教育。在此基础上，视力残疾大学生教师还要理解视力残疾大学生身体、心理发展的特殊性，对其教学方法提出的特殊需求，对自己的教学设计、课堂组织、内容呈现、个别辅导、课外作业等环节做出必要的调适，必要时通过盲文、大字、有声读物等特殊媒介进行有效的教学。视力残疾大学生教师要充分认识视觉受损后，视力残疾大学生认知的优势和劣势，利用他们听觉学习效率高、听觉记忆发达等优势，弥补触觉学习速度慢、材料受限等劣势，调动学生多感官参与，注意发挥专用辅助技术的作用，认真贯彻直观教学的原则，创造性地运用直观教学的方法，提高视力残疾大学生教育综合效果。教师要树立学生本位的思想，主动改变自己和环境，积极适应学生的需求，努力实践"如果学生不能以教师教的方式学，教师就应当用学生能够学的方式教"的教育理念。

2. 听力残疾大学生

听力残疾大学生在生理、心理方面的特征，使得听力残疾大学生在学习方式、方法和模式上与普通健全大学生相比存在着的特殊性，作为从事听力残疾生高等教育的教师必须熟悉和了解高等特殊教育的教育规律和听力残疾大学生身心发展特征，具备有关听力残疾大学生生理、心理、医学、康复、社会等多方面的知识，具有听力残疾大学生认知、学习需要的一般规律与个别差异、听力残疾大学生教育教学法的相关知识，并能根据听力残疾大学生认知特点和学习需要提供适合的教育辅助和信息技术知识支持，在教育教学中积极开发听力残疾大学生的各种潜能，进行缺陷补偿和个别化教育，为每一个听力残疾大学生提供适合的教育。从事听力残疾生高等教育的教师，其知识结构应该具有所从事学科专业－职业教育学－特殊教育学知识的复合知识结构，具备敏锐的观察力和良好的与聋生沟通能力，熟练掌握手语。而这就需要听力残疾大学生教师在整个职业生涯中，通过专门训练和终身学习，逐步习得特殊教育专业的知识与技能并在残疾人高等教育实践中不断提高自身的从教素质，从而成为一名从合格到优秀的高等特殊教育专业教育工作者，而这也是听力残疾大学生教师专业化的过程。

3. 肢体残疾大学生

肢体残疾大学生的生理心理特征要求教师要正确认识和客观评价肢体残疾大学生的身体形态和机能特征，尊重他们的身体差异和独特性，了解和认识他们生命活动和学习生活的困难与局限，并采取支持性措施消除和减少他们学习中的障碍和限制。作为从事肢体残疾大学生教育的教师要了解并积极地倡导和实践无障碍理念，保障肢体残疾大学生能够在学校独立生活和充分参与各种活动。此外，教师自身应具备良好的心理品质，要了解肢体残疾大学生的心理特征，引导和培养其正确认识世界的态度和观念，熟悉或掌握基本的心理干预和心理疏导方法，帮助学生解决心理问题，改善心理状况，顺利完成学业，为他们将来走向社会奠定良好的基础。

二、残疾大学生的培养过程对教师专业化的需求

残疾人作为弱势群体，要消除身体障碍，成长为有用之才，很好地融入社会，实现自强自立，需要接受高等教育。残疾人高等教育不仅可以帮助残疾人实现其社会价值，增强残疾人的自信和服务社会的勇气，也有利于促进全社会对残疾人的理解和尊重，消除社会的各种歧视和偏见，实现残疾人与健全人相互理解、和谐共处。这既是残疾人平等融入社会的迫切愿望，也是促进经济发展，保障社会稳定，构建和谐社会的重要举措。

残疾人高等教育的实质是高等职业教育，职业教育是对受教育者施以从事某种职业所必需的知识、技能的教育。其特征是"以服务为宗旨，以就业为导向，以学习者为中心，强化职业能力培养"。培养目标是培养适应社会主义现代化建设需要的，德、智、体、美全面发展的，掌握现代科学文化知识，拥有现代化生产技术的，具有创新精神和创新能力的应用型技能型人才。残疾人高等教育的目标是培养应用型人才，通过接受高等教育，使残疾人获取职业技能，能够有一技之长并自食其力，促进其就业并融入社会，以实现其社会价值。因此，作为残疾人高等教育院校的教师需要专业化。

（一）残疾人高等教育的专业建设

专业决定所培养的大学生的规格和质量。大学生的培养主要是通过专业来实现，专业建设的水平决定了大学生人才培养的质量，而专业建设的水平主要取决于教师的水平。

1. 视力残疾大学生

从目前我国残疾人高等院校视力残疾大学生培养的专业看，主要集中在针灸推拿学和音乐学两个专业。

（1）针灸推拿学专业（本科）。

本专业根据视力残疾学生的生理特点、学习认知特点，培养术德兼修、知行合一，掌握扎实的针灸推拿学基础知识，实践能力强，能够运用针灸推拿疗法诊疗临床常见病，在医疗卫生领域从事医疗、预防、保健、康复等方面的工作，具有较强的社会责任感、创新创业精神和可持续发展能力的高素质盲人医疗推拿按摩应用型人才。

(2)音乐学专业（本科）。

本专业根据视力残疾学生的生理特点、学习认知特点，面向经济社会发展需要，培养术德兼修、基础知识扎实、实践能力强，掌握系统的音乐理论知识，具备一定的声乐演唱和器乐演奏表演技能；较熟练地掌握钢琴调律与维修的操作技能，具有良好的职业素养、健康的身心素质、较强的社会责任感、创新创业精神和可持续发展能力的"一专多能"的高素质应用型人才。

从以上两个专业的培养目标来看，都是着眼于培养高素质的应用型人才。而应用型人才的培养对教师自身的专业化提出了较高的要求。针灸推拿学专业属医学类中的中医学，其主干学科为中医学、针灸推拿学；专业核心课程为经络腧穴学、推拿手法学、推拿治疗学、中医骨伤科学。专业教师以针灸推拿专业背景为主，同时兼顾中医学、西医学，具有一定的临床工作经验。音乐学专业主干学科为艺术学理论、音乐与舞蹈学；专业核心课程为钢琴、声乐、和声、曲式与作品分析。专业教师以音乐学专业背景为主，同时具有钢琴、声乐、器乐、钢琴调律等演奏技能和职业资格证书。

2. 听力残疾大学生

目前我国有残疾人高等教育院校21所，其中招收听力残疾生的院校有17所，在校听力残疾大学生5000人左右，在残疾人高等教育院校学生中占有绝大多数。为听力残疾大学生专门开设的专业主要有艺术设计、绘画类专业、计算机科学与技术类专业、动漫设计与制作专业、园林技术专业等。

从听力残疾大学生培养的专业建设看，多集中在文学、工学、农学等学科门类专业，也是专业性很强的传统专业。

（1）视觉传达设计专业（本科）。

该专业属于文化创意产业，培养面向社会发展需要，具有较宽厚的基础理论和较扎实的艺术设计、数字媒体设计的专门知识，具有艺术创新、数字媒体制作和良好沟通的能力，能在文化创意设计和数字出版领域从事创意、设计与制作等技术工作的高素质应用型专门人才。

（2）计算机科学与技术专业（本科）。

该专业属于信息技术类专业，培养面向社会发展需要，具有较宽厚的基础理论和较扎实的计算机科学与技术专业知识，具有实践、创新能力，

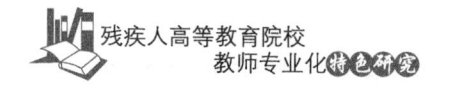

能从事网络管理、网站建设与维护、软件开发等技术工作的高素质应用型专门人才。

（3）服装与服饰设计专业（本科）。

该专业主要培养德、智、体全面发展，具有扎实基础，知识面宽，具有一定动手能力，适应面广，能在服装生产和销售企业、服装研究单位、教育机构等从事服装产品设计开发、生产操控、教学等方面工作的应用型高级专门人才。

（4）产品设计专业（本科）。

该专业主要培养能从事产品造型设计、装饰设计、玩具设计、纺织纤维艺术品设计、视觉传达设计等领域的应用型高级专门人才。

（5）国画和油画专业（本科）。

国画专业坚持立足传统、跟随时代，根据听力残疾大学生的身心特点，办学模式充分体现国画专业基础理论与专业技能知识相结合的特色，并根据社会需求适时开设技能培养专业特色课程。发挥学生特长，以强化学生的实际动手能力和创作能力，为学生未来的就业和职业发展奠定基础。油画专业主要以油画的基础理论和基础实践相结合为特色，根据听力残疾大学生的身心特点，并根据社会发展需求来开设技能培养专业课程。基础课程重在领悟西方造型美学意识，专业课程旨在体验西方艺术的创造精神，同时传达中国当代文化的时代内涵，发挥学生特长，强化学生的实际动手能力和创作能力，培养学生掌握本学科的基础理论和基本技能，具备较高的艺术素养和多元的思维方式。

（6）动漫设计与制作专业（专科）。

该专业主要培养适应生产、建设、管理、服务第一线需要的，德智体美全面发展的高素质高技能专门人才；学生在具有必备的基础理论知识和专门知识的基础上，重点掌握动画设计理念、动画制作技能，有独立承担漫画创作和动画产业制作流程中的前期设计、中期制作等工作能力的高素质应用型专门人才。

（7）摄影摄像技术专业（专科）。

该专业主要培养适应生产、建设、管理、服务第一线需要的，德智体美全面发展的高素质高技能专门人才；学生在具有必备的基础理论知识和专门知识的基础上，重点掌握本专业领域的知识、技术，具备相应实践技能以及较强的实际工作能力，熟练掌握摄影与摄像基本技术，熟练进行图像类产品先期设计与后期制作技术的高素质应用型专门人才。

(8) 园林技术专业（专科）。

该专业主要培养面向地方经济建设和社会发展需要，具备园林技术专业的基础理论知识、园林植物繁育养护等基本能力和技能，了解园林行业技术领域基本规范，能够满足从事园林技术领域生产建设，服务第一线工作需要的高素质技术-技能型高级专门人才。

3. 肢体残疾大学生

目前对肢体残疾大学生开设的专业主要是临床医学专业。

临床医学专业主要是培养德智体全面发展，具有良好职业素质，掌握基础医学和临床医学基础理论、基本知识和基本技能，富有创新精神和实践能力，适应我国经济社会发展特别是医疗卫生事业发展需要，毕业时能够在上级医师指导和监督下开展安全有效的医疗实践，掌握科学方法，具备终身学习和进一步深造的扎实基础和能力的应用型医学人才。

临床医学专业要求学生要具有遵纪守法、人道主义精神、终身学习观念、医疗伦理、尊重患者和同事、实事求是、依法行医、科学态度、创新和分析批判精神等思想道德和职业素质，掌握与医学相关的基础知识、人体的正常结构和功能、各种常见病及多发病、基本的药理知识、产科医学知识、全科医学基本知识、临床流行病学的有关知识与方法，中国中医学（民族医学）的基本特点、常见传染病的防治等专业知识，具备采集病史、体格及精神检查、规范书写病历、临床思维和表达、常见病和多发病的诊断及处理、一般急症的诊断及处理、临床问题的查证及用证、社区卫生服务、与病人及其家属进行有效沟通、与医疗卫生从业人员的沟通、独立利用图书资料和现代信息技术研究医学问题及获取新知识与相关信息、能用一门外语阅读医学文献、进行有关健康生活方式和疾病预防等方面知识的宣传教育、自主学习和终身学习的专业能力和技能。

对肢体残疾大学生在临床医学专业的培养目标的实现、专业知识的掌握及专业技能的获得主要是通过大学教师来完成的，因此对临床医学专业教师具有以下要求。

(1) 具有培养应用型医学人才的理念。

培养应用型医学人才是临床医学专业对所培养专门人才规格和标准的规定，作为本专业的教师应牢牢把握。需要教师在教育教学过程中始终贯彻这个理念，让学生熟练掌握临床医学基础知识和基本技能，把医学专业

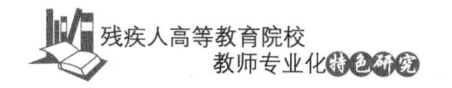

知识和技能与学生将来所从事的医学临床实践紧密结合起来。

（2）具备传授基础医学和临床医学学科专业知识的背景与能力。

临床医学专业依托基础医学和临床医学两个主干学科，需要传授给学生基础医学和临床医学的相关知识，因此需要教师要具备基础医学和临床医学所应要求的相关知识与技能，同时还要具备如何把这些知识教给学生的教育教学能力，既要具备学科专业知识和能力，也要具备教学专业知识和能力，包括发现与创造能力、研究与改革能力、教学与创新能力。

（3）具有给学生进行"示范"的从业资质。

临床医生需要直接面对病人进行诊断与治疗的处理，是一个实践性和操作性极强的专业，需要教师能够进行示范或把临床经验传授给学生，使学生尽快地将基础医学和临床医学理论知识转化为医学实践能力。

（二）残疾人高等教育的的课程体系

根据高等职业教育人才培养目标和应用型能力培养的要求，残疾人高等教育的课程体系设置是从提高残疾人就业的实际出发，将通识教育与专业技术教育相结合，突出应用型专业人才能力要求，基本原则是"注重基础、强调应用"。

1. 视力残疾大学生

视力残疾大学生音乐学专业以市场需求为导向，以复合型知识为基础，以产业、行业需求为本位，契合产业、行业发展需要来设置课程。根据音乐学专业学生的生理、学习认知特点及未来职业发展需求，在专业能力培养方面划分声乐、器乐表演方向和钢琴调律方向。每个学生根据专业能力选择一个方向进行学习，每个方向学习相关专业课程有所不同，按照所学方向分别进行考核。为加强学生的创新能力培养，鼓励学生参与各种专业比赛，鼓励学生在校期间通过培训与考试获取钢琴调律师等级证书、普通话等级证书和教师资格证书，为学生就业创业打下坚实基础。视力残疾音乐学专业教师除应具备音乐学专业教师具备的所有知识和能力外，还需要掌握有关视力残疾学生的特殊教育相关理论知识及音乐方面的特殊教育知识。在教授本课程的过程中，要具备适应职业能力的特点。比如，视唱练耳课程，要侧重于练耳部分的教学，并结合钢琴调律师的听觉要求，不断强化视力残疾学生的音乐听力训练，培养学生具备"音乐"的耳朵。

视力残疾大学生针灸推拿学本科专业是"以市场需求为导向,以行业需求为本位",专业培养目标不仅突出针灸推拿专业特色,也体现出以盲人医疗按摩为特色的行业需求。毕业生要具有中医辨证论治的能力,能够运用针灸推拿疗法进行临床常见病的诊治,面向医疗卫生、保健康复机构,从事推拿按摩临床工作。基于以上培养目标,从事本专业教学的教师需具有医学硕士以上学历背景,同时具有执业医师资格,满足学生在理论和实践两方面的教学需求。教师在从事本专业教学活动过程中,需持续关注并参与盲人医疗按摩行业的活动,掌握行业状态及需求,完成规定的行业实践要求。

2. 听力残疾大学生

听力残疾大学生课程体系紧紧围绕人才培养目标,开设通识教育平台、学科大类教育平台、专业教育平台、实践教学平台、素质拓展平台五大课程类别的平台课程,注重听力残疾大学生专业知识、能力和素质培养。如视觉传达设计类专业根据听力残疾学生的身心特点,注重艺术与科学的结合、形象思维与逻辑思维的融合;不断加强基础设计理论和基础设计技能的训练,注重对学生创造性思维及实践能力的培养;强化学生的实际动手能力和创作能力,培养学生掌握本学科的基础理论和基本技能,为学生未来的就业和职业发展奠定基础。计算机科学与技术专业根据听力残疾学生的实际情况,在普通计算机专业课程体系的基础上,减少理论授课课时,增加了大量实践课时;以科技创新活动培养学生创新能力,优化创新环境,开发和利用各种社会资源对学生进行创新教育;利用教学辅助系统来满足计算机语言学习和计算机实践技能训练的需求,探索建立一种新的教育教学实践环境,完成针对听力残疾大学生的学与教的个性化和技能化教育,实现听力残疾大学生计算机专业化技能人才的培养目标。园林技术专业针对行业工作过程特点,根据听力残疾大学生生理、心理和认知特点,课程体系与结构设计理念是,基础理论铺垫够用为度,以运用生物学知识,特别是生物技术应用提升农林生产科研技术水准,加强专业课程群合理整合,突出专业技能培养。

3. 肢体残疾大学生

临床医学专业的课程体系紧紧围绕人才培养目标,采用"形式构成"的课程体系构建模式,将课程分为必修课程与选修课程,课内课程与课外课程。必修课程分为思想道德修养、自然科学、生物医学、行为科学、人文社会科学、医学伦理学、公共卫生、临床医学课程；选修课程分为通识选修课、限定选修课、任意选修课。专业教育贯彻《本科医学教育标准——临床医学专业（试行）》精神，主动适应医学模式由生物医学模式向生物－心理－社会医学模式的转变，采用学年学分制培养模式，将所有课程按照培养过程分为两个阶段：第一阶段2.5年，为基础学习阶段；第二阶段2.5年，为临床学习阶段。

临床医学专业的课程体系是培养肢体残疾大学生的载体，培养目标虽然规定了所要培养人才的规格和标准，但是能否实现目标还需要依赖课程体系，课程体系的目标能否真正实现还需要教师的学科专业水平与能力，主要包括课程体系目标与肢体残疾大学生发展的结合、课程体系与社会发展的结合、课程体系与学科前沿知识的结合。

（三）残疾人高等教育的教学方法

1. 视力残疾大学生

由于学生的视力残疾，教师在教学方法上要有针对性。教师应根据不同的教学内容，以及所教授班级里全盲生和低视生的不同特点进行备课，针对视力残疾大学生听觉、触觉敏感的优势，设计多元的教学和学习方式。可在开课前由学校的资源中心提供支持性技术，帮助学生制作盲文书籍，或转化制作语音文件，或使用读屏器阅读等多种方式，以适应视力残疾大学生的不同需要，满足学生学习的需求。教师除课堂讲授外，可组织进行课堂讨论等，有效运用并发挥视力残疾大学生语言交流的能力。上课时尽可能地照顾到不同学习能力的学生，并创造条件，给全盲生和低视生提供相互合作和帮助的机会，引导学生建立良好的合作伙伴关系，使全盲生和低视生互相帮助，共同学习和生活。此外，教师要熟练掌握盲文，便于与学生进行文字交流及批改作业和试卷。针灸推拿学专业和音乐学专业都是实践技能很强的专业，普通视觉示范教学只能针对低视力学生，教师应具备针对全盲学生进行个别化实践指导的能力。在推拿按摩课程及钢琴、器乐课程教学中，可让学生通过触摸、模仿的方式进行技能学习和训练。学生可将双手放在教师的双手之上，学生通过触摸教师的指法、体会点穴按摩、聆听乐曲的音高位置，然后在模型或键盘上模仿练习，从而掌握技能。

2. 听力残疾大学生

听力残疾生第二信号系统（语言沟通交流与文字阅读能力）的残缺情况比较严重，这不仅是他们接受高等教育过程中的最大障碍，也是制约他们可持续学习能力与社会适应能力发展的核心限制因素。听力残疾人皮层可塑性研究成果提示，最大限度地发掘听力残疾大学生在其他感知觉方面的所长，以多种直观教学策略补偿缺陷，才能有效提升听力残疾大学生学习质量，促进听力残疾大学生可持续学习能力的发展和社会适应能力的提高。

（1）直观教学法（视觉补偿教学法）。

教学的直观性就是要求教学过程尽量直观、明了，将深奥的理论与复杂的内容借助于一些工具或手段以浅显的形式表现出来，以便于学生理解与接受。听力残疾大学生由于获取信息的听觉渠道存在缺陷，主要通过视觉获取信息，其认知加工方式必然会受到巨大影响，直观教学可帮助听力残疾大学生进行形象思维，弥补言语编码上的缺陷，最大限度地促进缺陷补偿，因此他们更适合进行直观教学。教学中应尽可能直观，最大限度地调动听力残疾大学生的视觉补偿。可使用大量视频或图片、录像，实际操作演示等方法有效提高课堂知识容量，解决师生交流沟通上的障碍。教学课件可将教学录像（实验演示等）、照片与教师手语连接起来并配上字幕，可提升沟通效率。

（2）情境教学法。

实地授课、在科研项目和生产实践中学习，能够最大限度地进行视觉和操作性补偿，完成技能培养。在科研、生产现场的学习，是最为直观的学习。这种情境教育特别符合听力残疾大学生的生理特点。实地授课为学生创造了情景教学环境，便于学生理解和记忆，提高了学习效率。

（3）师生互动教学法。

在教与学的过程，教师与学生是互为主体与客体的关系。只有做到充分的师生互动、生生互动、自我互动，才能改变学生的"等（教师讲）、靠（教师灌）、要（教师给）"的被动状态，变"要我学"为"我要学"。在教学中教师通过提问、案例分析等适当的互动环节的设计，可使学生在精神上处于紧张而兴奋的状态，增强学习的内趋力，真正参与到课堂中的教与学过程中来，自主的学习是获取知识的最有效的途径。

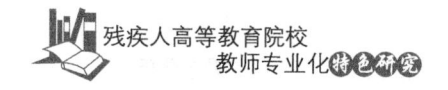

（4）课外活动激励法。

听力残疾大学生的生理缺陷也导致了心理发展的不均衡。他们自卑而敏感，特别渴望强势群体的关注，需要激发自身潜能和提高学习兴趣。活泼多样的课外活动可有效调动学生的学习热情，取得较好的效果。

3. 肢体残疾大学生

临床医学专业注重学科间的交叉融合，教师在教学中应整合、优化教学内容，更新知识，避免重复；采用启发式、研究式、讨论式、案例式及PBL等先进的教学方法，培养学生的思维能力与探究精神；充分运用现代教育技术手段，提高教学效果，建设优质的网络教学资源，为学生自主学习提供广阔的空间，促进学生自主学习与个性发展，逐步具备终身学习和继续深造的能力。

临床医学专业所采取的教学方法是与临床医学专业的学习规律相一致的，为了能够有效地进行教学，需要教师能够正确认识教师的角色，能够熟练运用学科专业知识，具有较高的组织与管理能力，熟悉肢体残疾大学生的学习特点，能够掌握和运用教学论的理论与实践知识。

（四）对教师专业化的需求

从上述残疾人高等教育的专业建设、课程体系及教学方法来看，都是根据残疾大学生的身心特点，并依据社会发展需求来设置的培养具有较宽厚的基础理论、较扎实的相关专业专门知识，技术性较强的高素质应用型专门人才，通过培养促进残疾人更好地就业，进入并融入社会，发扬自尊、自信、自强、自立精神，在社会实践中创造、发展自己，实现人生价值。

由于残疾人高等教育的专业设置均为专业性、实践性都很强的专业，所以，残疾大学生教师必须从自身做起，实现专业化。作为残疾大学生教师自身，除具备丰富的理论知识和学科知识外，更要具备扎实的专业实践知识和技能，熟悉并了解本专业所服务的行业特点和发展趋势情况、专业相关工作岗位的职业技能要求和人员需求情况，具有参与所学专业相关设计项目的实践经历，并有在行业、企业2年以上的实际工作或兼职经历，获取行业、企业的专业知识和实践技能，这样才能教学相长，教给学生一线专业知识，使学生掌握专业技能，促进学生更好地就业。

三、残疾大学生的就业状况对教师专业化的需求

（一）残疾大学生就业现状

随着我国残疾人高等教育规模的日益扩大，越来越多的残疾人接受高等教育，但与不断攀升的升学率相对应的却是残疾大学生较低的就业率。虽然国家为了促进残疾人就业制定了一系列的法规和政策，残疾大学生就业较以前有了很大的改善，但是整体情况仍然不容乐观。残疾大学生就业具有双面性：一方面他们受过高等教育，从掌握知识和技能的层面来说他们是残疾人中的优势群体，比一般残疾人具有较强的就业竞争力；另一方面与健全的大学毕业生相比，他们因为生理上的残疾面临的就业压力更大，尤其是在当前整体就业环境不佳的情况下，庞大的高校毕业生群体带来的是整个社会就业压力的急剧增加，高校残疾人毕业生就业问题更加突出。作为社会弱势群体的残疾大学生，因为生理、心理以及社会等影响，就业困难重重，就业率远远低于健全大学生，就业的专业对口率很低。在就业竞争激烈的环境下，残疾大学生无法享有与自身所拥有的知识和技能相匹配的就业机会。残疾大学生面临就业难主要有五个方面的原因：第一，虽然我国相继颁布了《中华人民共和国残疾人保障法》《残疾人就业条例》《中华人民共和国就业促进法》，财政部《关于促进残疾人就业税收优惠政策的通知》，人力资源和社会保障部、教育部、财政部、中国残疾人联合会四部门《关于进一步做好高等学校残疾人毕业生就业工作的通知》，国务院残工委办公室《关于开展用人单位按比例安排残疾人就业公示试点的通知》，人力资源和社会保障部、中国残疾人联合会《关于做好技师学院、特殊教育院校部分毕业生同等享受高校毕业生就业政策工作的通知》等相关的维护残疾人就业权益的法规政策，从法律上保障残疾人平等就业的权利，给他们就业优惠政策，但因为没有完善的政策措施加以保障，没有监督的部门，致使残疾人的权利只表现在法律条文上，只是形式上的平等，因而在现实中并不能真正享有权利。如用人单位拒绝录用残疾人而不用承担法律责任；有些没有安排残疾人就业的企业按规定缴纳了残疾人就业保障金，残疾人还是没有工作。第二，社会能够提供的工作岗位总量不多，而目前就业压力巨大，一些名牌高校的普通本科生也难找到工

作，残疾大学生在就业竞争中就更处于劣势。第三，残疾人高等院校面向残疾人的专业仍偏重于学科型教育模式，高等职业教育核心职业能力和实践技能的培养在人才培养计划中并没有完全凸显出来。教师的教学策略和教学方法不能从根本上适应残疾人的需要，没有在教学中根据残疾学生生理、心理和学习特点增加以提高残疾学生的职业技术应用能力为主的教学内容，造成残疾大学生在社会就业岗位中职业技术应用能力以及分析判断问题的能力较低。第四，用人单位不愿接收残疾人，他们认为残疾人在掌握职业知识和技能方面与普通大学生相比还有很大差距，不能适应本单位的工作，会影响单位的形象和市场竞争力，有些单位宁愿缴纳就业保障金，也不愿安排残疾人就业。第五，一些残疾大学生在就业问题上存在着某些不正确的认识和心理障碍。他们由于受过高等教育掌握了更多的知识和技能，视野更宽，平等意识更强，有了更高的就业期望，因此对社会和企业提供的工作机会挑三拣四，以致丢失工作机会。有的残疾人家长害怕孩子走向社会后面临歧视或工作太辛苦，宁愿把残疾孩子养在家中，不去就业。以上原因造成残疾大学生就业难问题更加突出。基于以上原因，对残疾人高等教育院校教师的专业化提出了更高的要求。

（二）对教师专业化的需求

目前，大学生就业竞争日益激烈，形势日趋严峻，残疾大学生作为就业大军中的一个特殊群体，他们的就业问题更是日渐突出。存在着签约率低、就业稳定性低、对口率低、就业面窄、薪酬待遇低、就业岗位层次低等问题。鉴于此，残疾人高等特殊教育院校应改革残疾人高等教育的专业设置，积极探索应用型人才培养模式，根据残疾人的生理特点和社会行业、企业需求设置专业和课程，增设就业、创业等相关课程，让残疾大学生学习了解就业的相关知识，培养职业生涯规划意识和自主创业精神。作为教师，要着力培养残疾大学生的学习能力，提高他们的职业技术应用能力、实践能力和创业能力，使残疾大学生具备从事某种专业工作所需要专业素质和能力，夯实专业基础知识，具备宽广的知识面。学校要加强与校外单位的合作，建立残疾大学生就业基地，鼓励残疾大学生到用人单位进行实践锻炼，把所学知识用到实践中，提高实际操作能力和社会交往能力。而要实现上述要求，教师自身要提高专业化水平。

1. 视力残疾大学生

针灸推拿学专业毕业生就业主要面向医疗卫生、保健康复机构，从事推拿按摩临床工作。教师需要了解盲人推拿按摩行业的需求，并通过参与行业内的活动，增加在行业内的影响力，对学生的就业提供推荐的机会，并提出切合实际的建议。音乐学专业大部分学生毕业后从事音乐表演和钢琴调律个体工作，要求教师既要具备音乐学基本理论知识，还要了解钢琴调律、维修的基本方法，以便随时辅导及指导毕业实习等工作。

2. 听力残疾大学生

听力残疾毕业生的就业去向一般是私营企业或福利性企业，国企和三资企业比例较少，还有部分为自主创业。作为听力残疾大学生教师要具备扎实的专业实践知识和技能，具有参与所学专业相关设计项目的实践经历，获取行业、企业的专业知识和实践技能，这样才能教学相长，教给学生一线专业知识。教师要注重学生知识、能力、素质的协调发展和职业技术能力的培养；减少验证性的实验教学，一些实践教学课程中的实际训练可以与岗位的技能训练结合；注重向生产实际延伸，采用"仿真"实训，既可以让残疾学生体验工作岗位的实际环境，又可以培养岗位技能。采取产学合作的方式，把专业的课程实习、实验、实训和毕业实习基地放到企业，完成实践教学，使学生掌握专业技能，促进学生更好地就业。

3. 肢体残疾大学生

肢体残疾大学生的专业为临床医学，就业去向一般是医疗机构。教师要能够形成适合肢体残疾大学生进行专业学习的教育思想、教育理论和教育观念，充分理解临床医学专业的培养模式，最好能够既有教师资质又有临床医生资质，尽可能地进行产、学、研相结合，以增强专业教学与学习的针对性。教师还要掌握一些基本的就业指导理论与方法，可结合专业学习进行就业指导，以利于肢体残疾大学生建立正确的就业观，提高就业竞争力。

四、我国残疾人高等教育的法律法规对教师专业化的要求

特殊教育教师的素质是影响特殊教育质量的关键因素之一。1994年8月国务院发布的《残疾人教育条例》就明确指出，"国家实行残疾人教育教师资格证书制度"。但是，这项工作由于各种原因，多年来并未在我国顺利地开展起来。2001年11月国务院办公厅转发的教育部、人事部等九

个部门《关于"十五"期间进一步推进特殊教育改革和发展的意见》中再次提出"制定特殊教育教师资格条件有关规定",但此后几年国家一直没有出台配套的法律法规。2008年4月,国家颁布了《中华人民共和国残疾人保障法》,规定残疾人包括视力残疾、听力残疾、言语残疾、肢体残疾、智力残疾、精神残疾、多重残疾和其他残疾的人。凡是从事这些种类残疾人教育工作的专业人员就是特殊教育教师,并且需要具有从事特殊教育教师的资格。2012年9月,教育部、中央编办、国家发改委、财政部、人力资源和社会保障部联合下发了《关于加强特殊教育教师队伍建设的意见》(教师〔2012〕12号),明确提出"要健全特殊教育教师管理制度"。从国家层面再次强调"要完善特殊教育教师准入制度,从事特殊教育应取得相应层次教师资格,非特殊教育专业毕业的还应参加教育行政部门组织的专业培训。将特殊教育相关内容纳入教师资格考试。探索建立特殊教育教师专业证书制度。研究设定随班就读教师、康复类专业人员的岗位条件。制订符合特殊教育教师工作特点的考核评价标准和办法"。2014年1月8日国务院办公厅转发了由教育部、国家发改委、民政部、财政部、人力资源和社会保障部、卫生计生委、中国残联七部门制定下发的《特殊教育提升计划(2014—2016年)》(国办发〔2014〕1号),在文件的重点任务中明确提出"要加大特殊教育教师培训力度,提高特殊教育教师的专业化水平。逐步建立特殊教育质量监测评价体系"。在主要措施"加强特殊教育教师队伍建设"中则具体规定今后三年要"完善教师管理制度,提高教师专业水平。研究建立特殊教育教师专业证书制度,逐步实行特殊教育教师持证上岗。制订特殊教育学校教师专业标准。推动地方确定随班就读教师、送教上门指导教师和康复训练人员等的岗位条件。将特殊教育相关内容纳入教师资格考试"。2015年8月21日教育部下发了《特殊教育教师专业标准(试行)》,该标准是国家对在特殊教育学校、普通中小学幼儿园及其他机构中专门对残疾学生履行教育教学职责的专业人员提出的合格特殊教育教师的基本专业要求,是特殊教育教师实施教育教学行为的基本规范,是引领特殊教育教师专业发展的基本准则,也是特殊教育教师培养、准入、培训、考核等工作的重要依据。但国家对高等特殊教育院校教师的教师培养、准入、培训、考核等工作的专业标准尚未做出相关规定,各残疾人高等教育院校教师的准入及教师资格取得仍执行各省市自治区的普通高校教师资格标准,残疾人高等教育院校教师培养、准入、培训、考核等专业标准的制定亟待解决，以规范和引领我国高等特殊教育院校教师队伍的建设和发展，提升残疾人高等特殊教育的质量。

五、残疾人高等教育院校教师专业化的特殊需求

从残疾大学生的身心特征、培养过程、就业状况及我国残疾人高等教育的法律法规对教师专业化的需求分析可以归纳得出：残疾人高等教育院校教师的专业化要求除了应具备普通高等教育院校教师具有的共性要求之外，还应具备高等特殊教育职业所特别需要的专业理念与师德、专业知识和专业能力。

（一）专业理念与师德

残疾大学生是最弱势、最困难的学习群体。面对这样一个特殊群体开展教育，特殊教育教师的职业劳动更艰巨、更复杂和更困难，需要教师热爱残疾人高等教育事业，正确理解残疾人高等教育工作的意义，具有职业理想和敬业精神。认同高等特殊教育教师职业的专业性、独特性和复杂性，注重自身专业发展。要树立现代残疾人观，把每一个残疾学生看作一个独特的生命个体，理解残疾是人类多样性的一种表现，尊重和保障残疾学生权利，平等公正地对待每一位残疾学生。要具有满足残疾大学生特殊需要的教育理念，"尊重个体、尊重差异"，平等对待所有残疾学生，在教学中要排除教育中的一切不平等因素，主动了解和满足残疾生的特殊需要，尊重教育规律和残疾学生身心发展规律，为每一个残疾学生提供适合的教育，开发学生潜能。引导残疾大学生自尊自信、自强自立，培养学生良好的思维习惯和适应社会的能力。此外，与普通教育相比，残疾人高等教育由于其对象的特殊性，需要教师给予残疾学生更多的爱心、耐心、责任心。这是从事特殊教育最基本的道德前提。教师要认识到造成残疾人问题的主要原因不是残疾本身，而是外界障碍，残疾人高等教育院校要为残疾大学生提供各种支持性技术，使残疾人无障碍地接受教育。

（二）专业知识

高校教师专业知识是指教师从事高等教育教学、科研等活动所必须具备的有关教育对象身心发展、所教学科领域、教育科学研究方法等知识。

残疾人高等院校教师除了要像普通高校教师一样，具有比较广博的科学和人文知识、比较系统的学科专业知识和高等教育教学知识，还必须掌握高等特殊教育知识，如特殊教育学、特殊教育心理学的基本知识、特殊教育教学法的基本知识、残疾大学生病理及诊断相关知识、残疾大学生认知、学习需要的一般规律与个别差异的相关知识、特殊教育课程资源开发等知识，并能综合运用，以满足残疾人高等教育的教学需要。

（三）专业能力

残疾人高等院校教师除应具备普通高校教师通常的教育教学能力、专业实践能力、研究能力、创新能力、自我发展能力、社会服务能力外，还应具备特殊教育教学能力，如通过形象、直观的教学方式，有效实施教学；根据残疾大学生的身心特点开展个别化教学；根据残疾大学生的特点，探索和研究适合残疾生的教学方法和手段；能够熟练使用盲文、手语；具有残疾大学生的教育诊断技能；能设计并使用特殊教具；将现代化辅助技术有效地运用在残疾大学生的教学中等。

第五章　残疾人高等教育院校教师专业化标准的调查与分析

本章内容是残疾人高等教育院校教师专业化标准的实践研究部分，共分为三个部分，第一部分调查的设计主要介绍了本研究调查的范围、调查采取的方法及调查的内容；第二部分分别用图、表详细直观地呈现了本次调查结果及分析；第三部分主要介绍了对国内特殊教育专家访谈的结果分析。本章内容将为残疾人高等教育院校教师专业化标准框架的构建提供依据和参考。

一、调查的设计

（一）调查的范围

1. 调查院校的范围

本次调查覆盖了我国开办残疾人高等教育的13所院校。其中招收听力残疾人的院校12所，招收视力残疾人的院校2所，招收肢体残疾人的院校1所（见表5-1）。

表 5-1　调查院校的范围

序号	院　校	学生类型
1	北京联合大学特殊教育学院	视力残疾、听力残疾
2	长春大学特殊教育学院	视力残疾、听力残疾
3	长沙职业技术学院	听力残疾
4	广州大学市政技术学院	听力残疾
5	南京金陵科技学院信息技术学院	听力残疾
6	南京特殊教育师范学院阳光学院	听力残疾
7	上海应用技术学院艺术与设计学院	听力残疾
8	天津理工大学聋人工学院	听力残疾

续表

序号	院　校	学生类型
9	西安美术学院特殊教育艺术学院	听力残疾
10	郑州师范学院特殊教育学院	听力残疾
11	中州大学特殊教育学院	听力残疾
12	重庆师范大学特殊教育系	听力残疾
13	滨州医学院特殊教育学院	肢体残疾

2. 调查教师的范围

调查对象为13所残疾人高等院校从事残疾人高等教育教学的教师与教学管理人员共269人，其中聋教育教师与管理人员人数204人，盲教育教师与管理人员人数25人，肢体残疾教育教师与管理人员人数40人（见表5-2）。

表5-2 调查教师的范围

序号	学　校	聋教育教师与管理人员人数/人	盲教育教师与管理人员人数/人	肢体残疾教育教师与管理人员人数/人
1	北京联合大学特殊教育学院	23	12	
2	长春大学特殊教育学院	10	13	
3	长沙职业技术学院	26		
4	广州大学市政技术学院	15		
5	南京金陵科技学院信息技术学院	15		
6	南京特殊教育师范学院阳光学院	10		
7	上海应用技术学院艺术与设计学院	13		
8	天津理工大学聋人工学院	25		
9	西安美术学院特殊教育艺术学院	4		
10	郑州师范学院特殊教育学院	7		
11	中州大学特殊教育学院	49		
12	重庆师范大学特殊教育系	7		
13	滨州医学院特殊教育学院			40
	合计	204	25	40

3. 调查学生的范围

调查对象为13所残疾人高等院校的残疾学生共1661人，其中听力残

第五章 残疾人高等教育院校教师专业化标准的调查与分析 ◆

疾大学生 1474 人，视力残疾大学生 138 人，肢体残疾大学生 49 人，学生年龄在 18~26 岁（见表 5-3）。残疾大学生专业情况如表 5-4、表 5-5、表 5-6 所示。

表 5-3 调查学生的范围

序号	学 校	听力残疾大学生人数/人	视力残疾大学生人数/人	肢体残疾大学生人数/人
1	北京联合大学特殊教育学院	175	72	
2	长春大学特殊教育学院	264	66	
3	长沙职业技术学院	94		
4	广州大学市政技术学院	90		
5	南京金陵科技学院信息技术学院	60		
6	南京特殊教育师范学院阳光学院	197		
7	上海应用技术学院艺术与设计学院	80		
8	天津理工大学聋人工学院	176		
9	西安美术学院特殊教育艺术学院	49		
10	郑州师范学院特殊教育学院	85		
11	中州大学特殊教育学院	159		
12	重庆师范大学特殊教育系	45		
13	滨州医学院特殊教育学院			49
	合计	1474	138	49

表 5-4 听力残疾大学生专业情况

序号	专业	人数/人	百分比/%
1	计算机	380	25.8
2	园林技术	13	0.9
3	动漫设计	105	7.1
4	艺术设计	554	37.6
5	油画国画	59	4.0
6	装潢设计	91	6.2
7	广告设计与制作	27	1.8
8	服装设计	71	4.8
9	青少年工作与管理	76	5.2
10	舞蹈表演	9	0.5
11	古建筑绘画	45	3.1
12	特殊教育信息与资源	44	3.0
	合计	1474	100

表5-5 视力残疾大学生专业情况

序号	专业	人数/人	百分比/%
1	针灸推拿学	114	82.6
2	音乐学	24	17.4
	合计	138	100

表5-6 肢体残疾大学生专业情况

序号	专业	人数/人	百分比/%
1	口腔医学	1	2.0
2	临床医学	30	62.0
3	麻醉学	1	2.0
4	生物制药	3	6.0
5	统计	2	4.0
6	药学	6	12.0
7	医学检验技术	2	4.0
8	中医学	4	8.0
	合计	49	100

(二) 调查的方法与内容

1. 问卷调查

课题组研究分析了国内外关于残疾人高等教育院校教师专业化的理论研究文献，针对听力残疾生、视力残疾生、肢体残疾生三种残疾类型开展研究。通过对残疾人高等教育教师专业化的各要素进行分析和研究，构建了残疾人高等教育教师专业化标准的基本框架初步模型。在此基础上，经过研究分析，从残疾人高等教育教师专业化标准的35个构成要素中选出最能反映和体现听力残疾、视力残疾、肢体残疾大学生教师专业化特征的15个要素编制了《视力残疾大学生教师专业化标准调查问卷（教师及管理人员）》和《视力残疾大学生教师专业化标准调查问卷》（学生）、《听力残疾大学生教师专业化标准调查问卷（教师及管理人员）》和《听力残疾大学生教师专业化标准调查问卷》（学生）、《肢体残疾大学生教师专业化标准调查问卷（教师及管理人员）》和《肢体残疾大学生教师专业化标准调查问卷》（学生）6套问卷。教师及管理人员问卷包含了教师个人基本情况15题及正文部分15个李克特五级等距单项选择题和1个开放题。学生问卷包含了学生个人基本情况4题及正文部分15个李克特五级等距单项选择题和1个开放题，除个人基本情况外，教师及管理人员问卷与学生问卷的内容均相同。三类问卷（教师及管理人员）其内部一致性系数为0.9006；三类问卷（学生）其内部一致性系数为0.9387。在全国12所招收听力残疾大学生、2所招收视力残疾大学生、1所招收肢体残疾大学生的残疾人高等教育院校师生中开展了针对6套问卷的问卷调查，回收问卷后进行了数据分析。

2. 专家访谈

课题组根据残疾人高等教育教师专业化标准的15个核心要素编制了专家访谈提纲，对全国从事特殊教育研究的9名知名专家采用面对面的形式进行了访谈。其中聋教育专家4名、盲教育专家1名、肢体残疾教育专家4名。访谈主要采用结构访谈的方式、用开放式的问题对9位专家进行分类集体访谈，每个专家根据访谈提纲回答，访谈者进行访谈记录，最后根据访谈记录进行整理，形成专家访谈结果。

二、调查问卷的结果分析

（一）视力残疾大学生教师专业化标准的调查结果

1. 教师与管理人员问卷调查结果

调查结果如表5-7所示，招收视力残疾大学生的2所残疾人高等教育院校的教师与管理人员对于视力残疾大学生教师专业化标准的基本框架中教师应该具备的专业理念与师德、专业知识、专业能力方面的绝大部分要素有比较一致的认知，赞成的比例达到80%以上。其中教师应"树立现代残疾人观""具有满足视力残疾大学生特殊需要的教育理念""具有残疾人高等职业教育的理念""根据视力残疾大学生的个体差异，开发潜能，补偿缺陷""对待残疾学生应该更具有爱心、耐心、责任心""具备特殊教育学、特殊教育心理学的基本知识""根据视力残疾大学生的特点，探索和研究适合视力残疾大学生的教学方法和手段"7个项目的赞成比例在90%以上；"具备特殊教育教学法的基本知识""根据视力残疾大学生的身心特点开展个别化教学""了解视力残疾大学生病理及诊断相关知识""通过形象、直观的教学方式,有效实施教学""能设计并使用特殊教具""教师应该将现代化辅助技术有效地运用在视力残疾大学生的教学中"6个项目的赞成比例在80%以上;但对于教师应该"能够熟练使用盲文""具有视力残疾大学生的教育诊断技能"的赞成情况与其他要素相比比例偏低,分别为52%、56%,说明教师对这两个要素的重视程度还有待提高。

表5-7 视力残疾大学生教师与管理人员问卷调查结果

要 素	赞成程度/%				
	很赞成	比较赞成	一般	比较不赞成	很不赞成
树立现代残疾人观	92	8	0	0	0
具有满足视力残疾大学生特殊需要的教育理念	76	24	0	0	0
具有残疾人高等职业教育的理念	88	12	0	0	0
根据视力残疾大学生的个体差异,开发潜能,补偿缺陷	88	8	4	0	0
对待残疾学生应该更具有爱心、耐心、责任心	88	8	4	0	0
具备特殊教育学、特殊教育心理学的基本知识	68	28	4	0	0
具备特殊教育教学法的基本知识	60	24	12	4	0
根据视力残疾大学生的身心特点开展个别化教学	60	20	12	8	0
了解视力残疾大学生病理及诊断相关知识	56	28	8	8	0
通过形象、直观的教学方式,有效实施教学	80	8	8	4	0
根据视力残疾大学生的特点,探索和研究适合视力残疾大学生的教学方法和手段	72	24	4	0	0
能够熟练使用盲文	32	20	28	12	8
具有视力残疾大学生的教育诊断技能	44	12	40	4	0
能设计并使用特殊教具	40	44	8	8	0
教师应该将现代化辅助技术有效地运用在视力残疾大学生的教学中	60	28	8	4	0

2. 学生问卷调查结果

调查结果如表5-8所示,招收视力残疾大学生的2所残疾人高等教育院校的学生对于视力残疾大学生教师专业化标准的基本框架中教师应该具备的专业理念与师德、专业知识、专业能力方面的绝大部分要素有比较一致的认知,赞成的比例达到80%以上。其中教师应"树立现代残疾人观""根据视力残疾大学生的个体差异,开发潜能,补偿缺陷""通过形象、直观的教学方式,有效实施教学""根据视力残疾大学生的特点,探索和研究适合视力残疾大学生的教学方法和手段""教师应该将现代化辅助技术有效地运用在视力残疾大学生的教学中"5个项目的赞成比例在90%以上;"具有满足视力残疾大学生特殊需要的教育理念""具有残疾人高等职业教育的理念""对待残疾学生应该更具有爱心、耐心、责任心""具备特殊教育学、特殊教育心理学的基本知识""具备特殊教育教学法的基本知识""根据视力残疾大学生的身心特点开展个别化教学""能够设计并使用特殊教具"7个项目的赞成比例在80%以上;"了解视力残疾大学生病理及诊断相关知识""具有视力残疾大学生的教育诊断技能"2个项目的赞成比例为70%以上;教师应该"能够熟练使用盲文"的赞成比例为68.1%。

表5-8 视力残疾大学生问卷调查结果

要 素	很赞成	比较赞成	一般	比较不赞成	很不赞成
树立现代残疾人观	81.9	15.2	1.4	1.4	0.0
具有满足视力残疾大学生特殊需要的教育理念	65.2	18.8	15.2	0.7	0.0
具有残疾人高等职业教育的理念	66.2	20.6	13.2	0.0	0.0
根据视力残疾大学生的个体差异,开发潜能,补偿缺陷	69.1	27.2	2.2	1.5	0.0
对待残疾学生应该更具有爱心、耐心、责任心	59.4	27.5	10.1	2.2	0.7
具备特殊教育学、特殊教育心理学的基本知识	53.6	32.6	10.9	2.9	0.0
具备特殊教育教学法的基本知识	54.7	25.5	14.6	5.1	0.0
根据视力残疾大学生的身心特点开展个别化教学	56.5	25.4	13.0	4.3	0.7

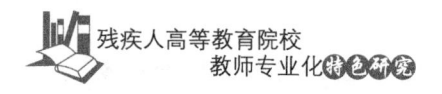

续表

要　素	很赞成	比较赞成	一般	比较不赞成	很不赞成
了解视力残疾大学生病理及诊断相关知识	43.8	24.1	21.2	8.0	2.9
通过形象、直观的教学方式,有效实施教学	62.3	29.0	8.0	0.7	0.0
根据视力残疾大学生的特点,探索和研究适合视力残疾大学生的教学方法和手段	66.7	29.0	3.6	0.7	0.0
能够熟练使用盲文	38.4	29.7	15.2	12.3	4.3
具有视力残疾大学生的教育诊断技能	47.4	25.5	24.1	2.9	0.0
能设计并使用特殊教具	53.6	31.2	9.4	5.8	0.0
教师应该将现代化辅助技术有效地运用在视力残疾大学生的教学中	73.1	24.6	1.5	0.8	0.0

表头说明：赞成程度/%

3. 师生调查结果的比较分析

（1）教师应该树立现代残疾人观（见表5-9、图5-1）。

表5-9　教师应该树立现代残疾人观

调查对象类型	要　素	很赞成	比较赞成	一般	比较不赞成	很不赞成
视力残疾大学生教师与管理人员	树立现代残疾人观	92.0	8.0	0.0	0.0	0.0
视力残疾大学生		81.9	15.2	1.4	1.4	0.0

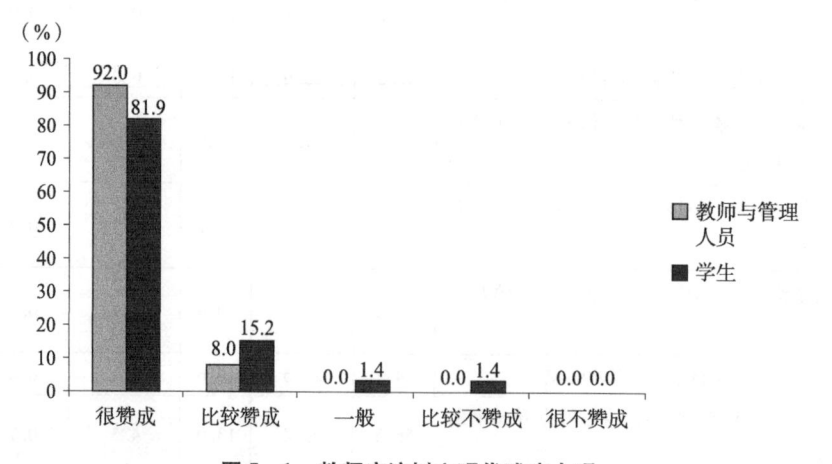

图5-1　教师应该树立现代残疾人观

调查结果显示：教师和学生赞成的比例分别为 100.0% 和 97.1%。经检验，教师和学生对这一要素的认知比较一致（$x^2=4.7, p=0.195$），无显著性差异。

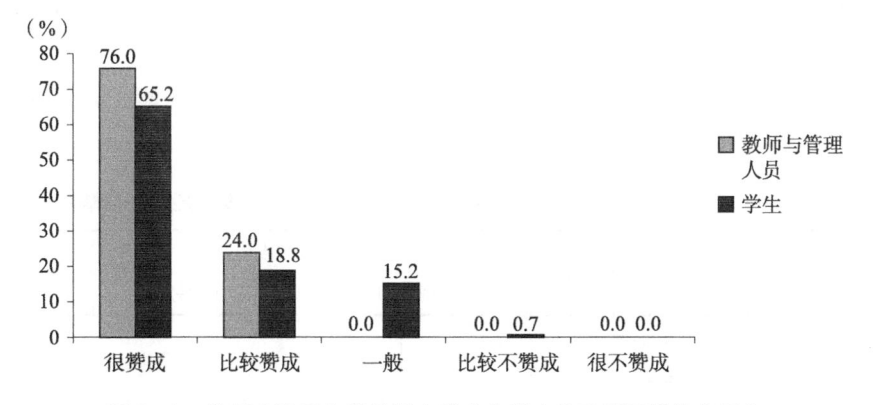

（2）教师应该具有满足视力残疾大学生特殊需要的教育理念（见表 5-10、图 5-2）。

表 5-10　教师应该具有满足视力残疾大学生特殊需要的教育理念

调查对象类型	要素	赞成程度/%				
		很赞成	比较赞成	一般	比较不赞成	很不赞成
视力残疾大学生教师与管理人员	具有满足视力残疾大学生特殊需要的教育理念	76.0	24.0	0.0	0.0	0.0
视力残疾大学生		65.2	18.8	15.2	0.7	0.0

图 5-2　教师应该具有满足视力残疾大学生特殊需要的教育理念

调查结果显示：教师和学生赞成的比例分别为 100.0% 和 84%，经检验，教师和学生对这一要素的认知比较一致（$x^2=0.084, p=0.772$），无显著性差异。

（3）教师应该具有残疾人高等职业教育的理念（见表 5-11、图 5-3）。

表 5-11　教师应该具有残疾人高等职业教育的理念

调查对象类型	要素	赞成程度/%				
		很赞成	比较赞成	一般	比较不赞成	很不赞成
视力残疾大学生教师与管理人员	具有残疾人高等职业教育的理念	88.0	12.0	0.0	0.0	0.0
视力残疾大学生		66.2	20.6	13.2	0.0	0.0

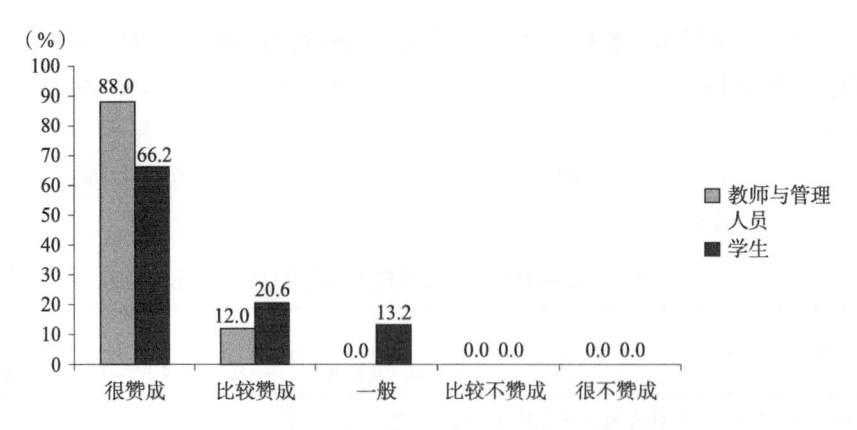

图 5-3　教师应该具有残疾人高等职业教育的理念

调查结果显示：教师和学生赞成的比例分别为 100.0% 和 86.8%。经检验，教师和学生对这一要素的认知比较一致（$x^2 = 3.405$，$p = 0.065$），无显著性差异。

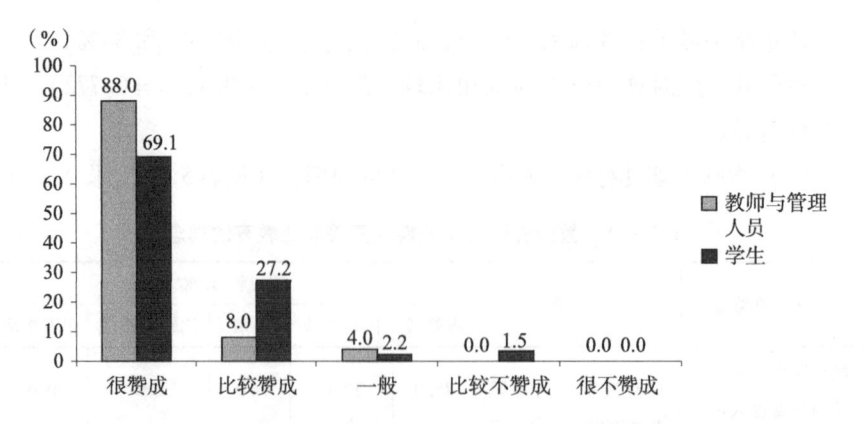

（4）教师应该根据视力残疾大学生的个体差异，开发潜能，补偿缺陷（见表 5-12、图 5-4）。

表 5-12　教师应该根据视力残疾大学生的个体差异，开发潜能，补偿缺陷

调查对象类型	要　素	赞成程度/%				
^	^	很赞成	比较赞成	一般	比较不赞成	很不赞成
视力残疾大学生教师与管理人员	根据视力残疾大学生的个体差异，开发潜能，补偿缺陷	88.0	8.0	4.0	0.0	0.0
视力残疾大学生	^	69.1	27.2	2.2	1.5	0.0

图 5-4　教师应该根据视力残疾大学生的个体差异，开发潜能，补偿缺陷

调查结果显示：教师和学生赞成的比例分别为96.0%和96.3%，经检验，二者对这一要素的认知不一致，存在显著性差异（$x^2 = 23.91$，$p = 0.048$）。教师中很赞成的比例为88%，学生很赞成的比例为69.1%，说明作为教师对这一要素的理解和认识更加明确，也更加重视。

（5）教师对待残疾学生应该更具有爱心、耐心、责任心（见表5-13、图5-5）。

表5-13 教师对待残疾学生应该更具有爱心、耐心、责任心

调查对象类型	要素	赞成程度/%				
		很赞成	比较赞成	一般	比较不赞成	很不赞成
视力残疾大学生教师与管理人员	对待残疾学生应该更具有爱心、耐心、责任心	88.0	8.0	4.0	0.0	0.0
视力残疾大学生		59.4	27.5	10.1	2.2	0.7

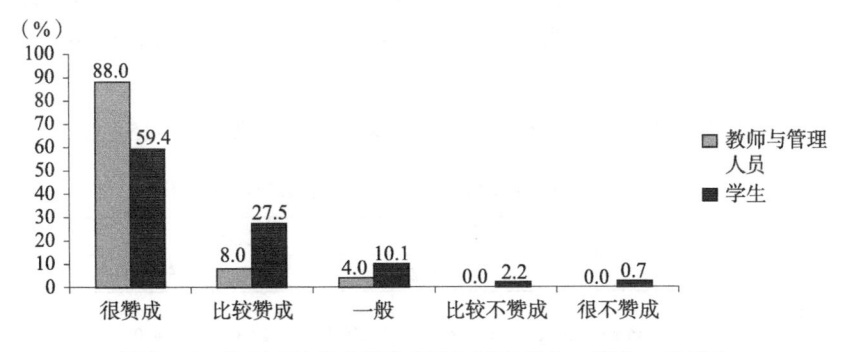

图5-5 教师对待残疾学生应该更具有爱心、耐心、责任心

调查结果显示：教师和学生赞成的比例分别为96.0%和86.9%，经检验，二者对这一要素的认知不一致，存在极其显著性差异（$x^2 = 22.40$，$p = 0.00$）。教师中很赞成的比例为88%，学生很赞成的比例为59.4%，说明作为教师对这一要素的理解和认识更加明确，也更加重视。

（6）教师应该具备特殊教育学、特殊教育心理学的基本知识（见表5-14、图5-6）。

表5-14 教师应该具备特殊教育学、特殊教育心理学的基本知识

调查对象类型	要素	赞成程度/%				
		很赞成	比较赞成	一般	比较不赞成	很不赞成
视力残疾大学生教师与管理人员	具备特殊教育学、特殊教育心理学的基本知识	68.0	28.0	4.0	0.0	0.0
视力残疾大学生		53.6	32.6	10.9	2.9	0.0

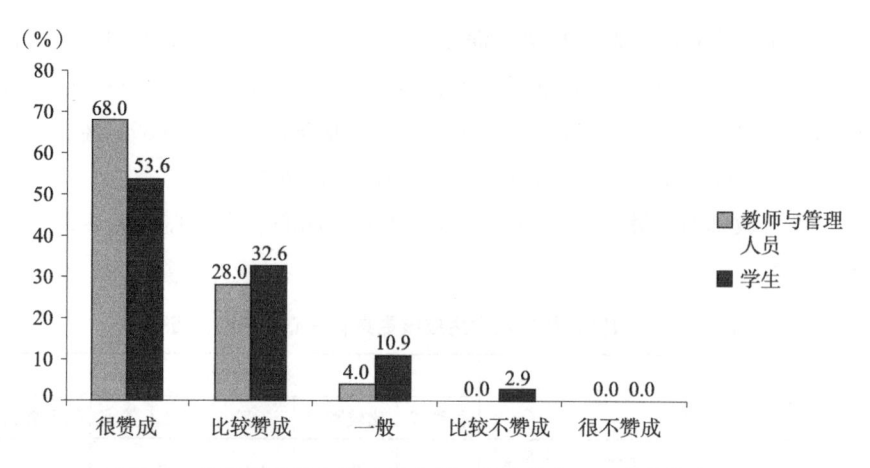

图 5-6 教师应该具备特殊教育学、特殊教育心理学的基本知识

调查结果显示：教师和学生赞成的比例分别为 96.0% 和 86.2%，经检验，教师和学生对这一要素的认知比较一致（$x^2 = 1.463$，$p = 0.226$），无显著性差异。

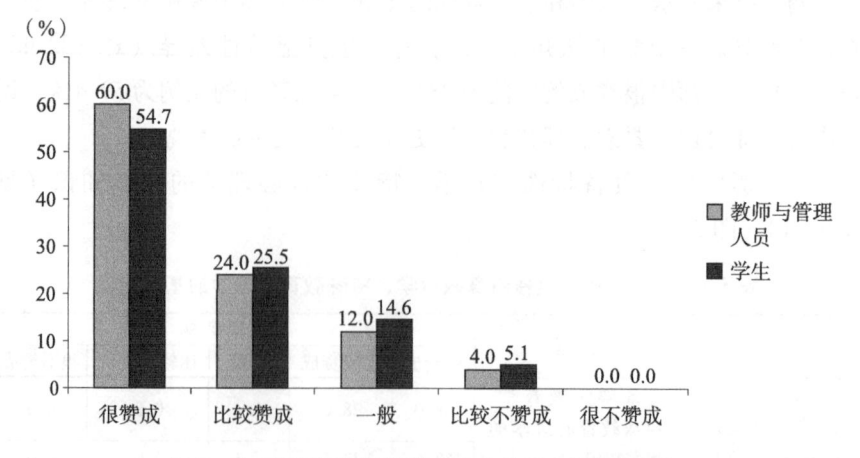

（7）教师应该具备特殊教育教学法的基本知识（见表 5-15、图 5-7）。

表 5-15 教师应该具备特殊教育教学法的基本知识

调查对象类型	要素	赞成程度/%				
		很赞成	比较赞成	一般	比较不赞成	很不赞成
视力残疾大学生教师与管理人员	具备特殊教育教学法的基本知识	60.0	24.0	12.0	4.0	0.0
视力残疾大学生		54.7	25.5	14.6	5.1	0.0

图 5-7 教师应该具备特殊教育教学法的基本知识

调查结果显示:教师和学生赞成的比例分别为84.0%和80.2%,经检验,教师和学生对这一要素的认知比较一致($x^2=0.243$,$p=0.622$),无显著性差异。

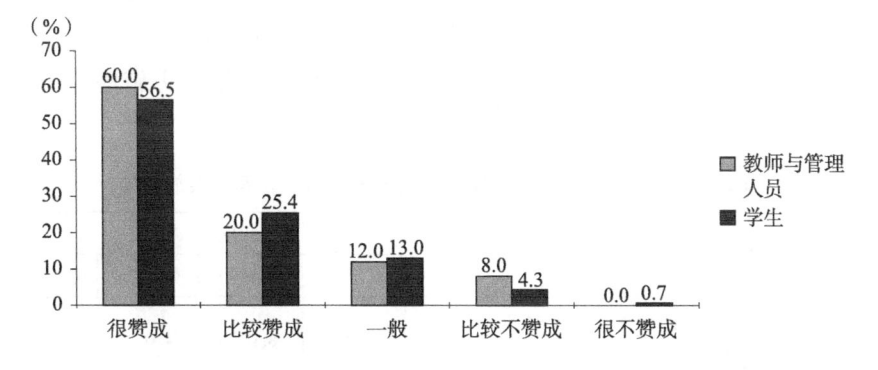

(8)教师应该根据视力残疾大学生的身心特点开展个别化教学(见表5-16、图5-8)。

表5-16 教师应该根据视力残疾大学生的身心特点开展个别化教学

调查对象类型	要 素	赞成程度/%				
		很赞成	比较赞成	一般	比较不赞成	很不赞成
视力残疾大学生教师与管理人员	根据视力残疾大学生的身心特点开展个别化教学	60.0	20.0	12.0	8.0	0.0
视力残疾大学生		56.5	25.4	13.0	4.3	0.7

图5-8 教师应该根据视力残疾大学生的身心特点开展个别化教学

调查结果显示:教师和学生赞成的比例分别为80.0%和81.9%。经检验,教师和学生对这一要素的认知比较一致($x^2=3.006$,$p=0.552$),无显著性差异。

(9)教师应该了解视力残疾大学生病理及诊断相关知识(见表5-17、图5-9)。

表5-17 教师应该了解视力残疾大学生病理及诊断相关知识

调查对象类型	要 素	赞成程度/%				
		很赞成	比较赞成	一般	比较不赞成	很不赞成
视力残疾大学生教师与管理人员	了解视力残疾大学生病理及诊断相关知识	56.0	28.0	8.0	8.0	0.0
视力残疾大学生		43.8	24.1	21.2	8.0	2.9

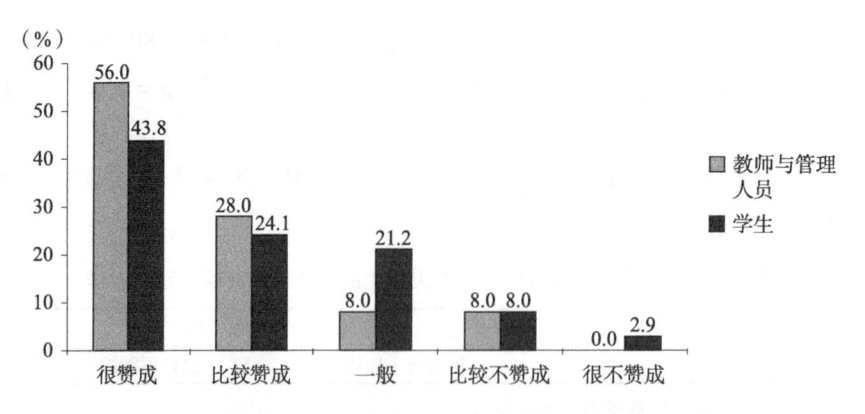

图 5-9 教师应该了解视力残疾大学生病理及诊断相关知识

调查结果显示：教师和学生赞成的比例分别为 84.0% 和 67.9%。经检验，二者对这一要素的认知不一致，存在显著性差异（$x^2 = 10.57$，$p = 0.032$）。说明作为教师对这一要素的理解和认识更加明确，也更加重视。

（10）教师应该通过形象、直观的教学方式，有效实施教学（见表 5-18、图 5-10）。

表 5-18 教师应该通过形象、直观的教学方式，有效实施教学

调查对象类型	要素	赞成程度/%				
		很赞成	比较赞成	一般	比较不赞成	很不赞成
视力残疾大学生教师与管理人员	通过形象、直观的教学方式，有效实施教学	80.0	8.0	8.0	4.0	0.0
视力残疾大学生		62.3	29.0	8.0	0.7	0.0

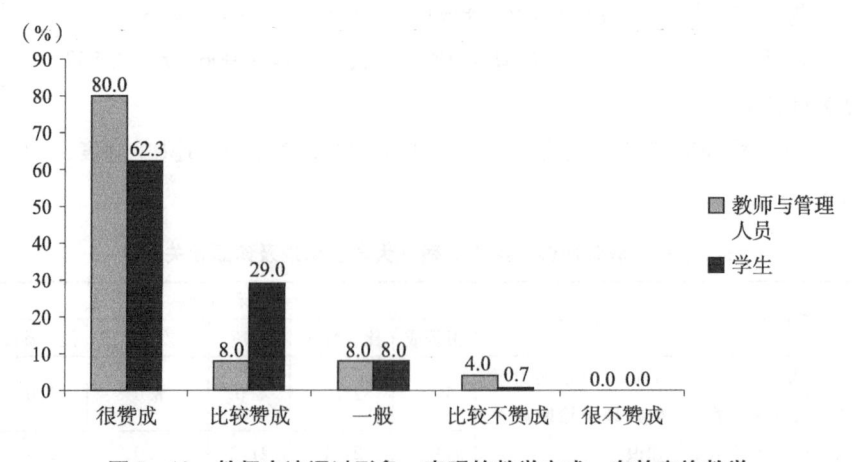

图 5-10 教师应该通过形象、直观的教学方式，有效实施教学

调查结果显示：教师和学生赞成的比例分别为88.0%和91.3%，经检验，教师和学生对这一要素的认知比较一致（$x^2=3.613$，$p=0.057$），无显著性差异。

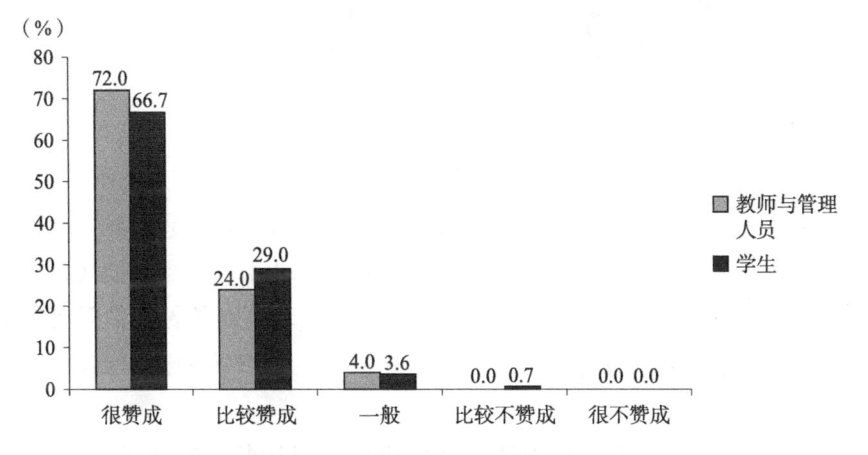

（11）教师应该根据视力残疾大学生的特点，探索和研究适合视力残疾大学生的教学方法和手段（见表5-19、图5-11）。

表5-19 教师应该根据视力残疾大学生的特点，探索和研究适合视力残疾大学生的教学方法和手段

调查对象类型	要素	赞成程度/%				
		很赞成	比较赞成	一般	比较不赞成	很不赞成
视力残疾大学生教师与管理人员	根据视力残疾大学生的特点，探索和研究适合视力残疾大学生的教学方法和手段	72.0	24.0	4.0	0.0	0.0
视力残疾大学生		66.7	29.0	3.6	0.7	0.0

图5-11 教师应该根据视力残疾大学生的特点，探索和研究适合视力残疾大学生的教学方法和手段

调查结果显示：教师和学生赞成的比例分别为96.0%和95.7%，经检验，教师和学生对这一要素的认知比较一致（$x^2=0.652$，$p=0.42$），无显著性差异。

(12) 教师应该能够熟练使用盲文（见表 5-20、图 5-12）。

表 5-20 教师应该能够熟练使用盲文

调查对象类型	要 素	赞成程度/%					
		很赞成	比较赞成	一般	比较不赞成	很不赞成
视力残疾大学生教师与管理人员	能够熟练使用盲文	32.0	20.0	28.0	12.0	8.0
视力残疾大学生		38.4	29.7	15.2	12.3	4.3

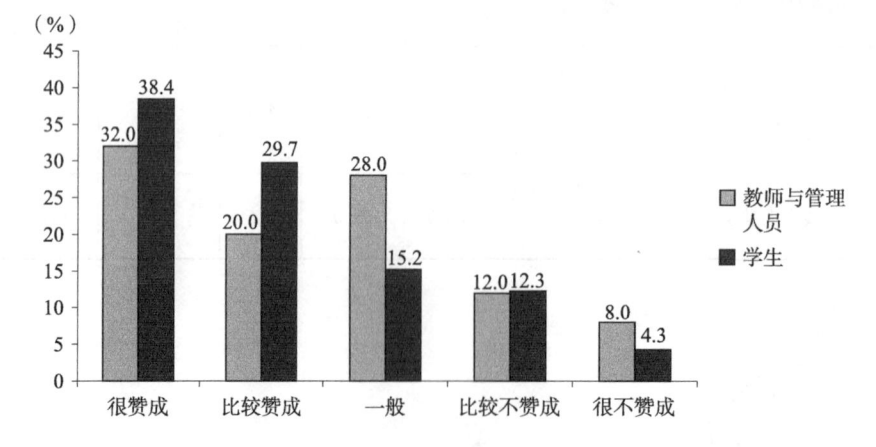

图 5-12 教师应该能够熟练使用盲文

调查结果显示：教师和学生对这一要素的认知较其他要素低，赞成的比例分别为 52.0% 和 68.1%。经检验，教师和学生对这一要素的认知不一致，存在显著性差异（$x^2=6.391$，$p=0.041$），学生高于教师，说明学生对教师应该能够熟练使用盲文的需求比较强烈，而教师的认知存在不足，应该加强。

(13) 教师应该具有视力残疾大学生的教育诊断技能（见表 5-21、图 5-13）。

表 5-21 教师应该具有视力残疾大学生的教育诊断技能

调查对象类型	要 素	赞成程度/%					
		很赞成	比较赞成	一般	比较不赞成	很不赞成
视力残疾大学生教师与管理人员	具有视力残疾大学生的教育诊断技能	44.0	12.0	40.0	4.0	0.0
视力残疾大学生		47.4	25.5	24.1	2.9	0.0

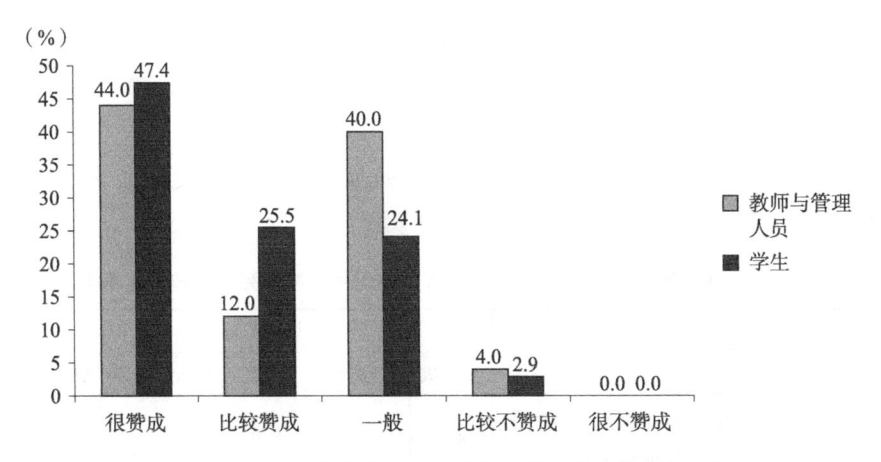

图 5-13　教师应该具有视力残疾大学生的教育诊断技能

调查结果显示：教师和学生赞成的比例分别为 56.0% 和 72.9%，经检验，教师和学生对这一要素的认知不一致，存在极其显著的差异（x^2 = 42.92，p = 0.00），学生高于教师，说明学生对教师应该具有视力残疾大学生的教育诊断技能有需求，而教师的认知偏低，应该加强。

（14）教师应该能设计并使用特殊教具（见表 5-22、图 5-14）。

表 5-22　教师应该能设计并使用特殊教具

调查对象类型	要素	赞成程度/%				
		很赞成	比较赞成	一般	比较不赞成	很不赞成
视力残疾大学生教师与管理人员	能设计并使用特殊教具	40.0	44.0	8.0	8.0	0.0
视力残疾大学生		53.6	31.2	9.4	5.8	0.0

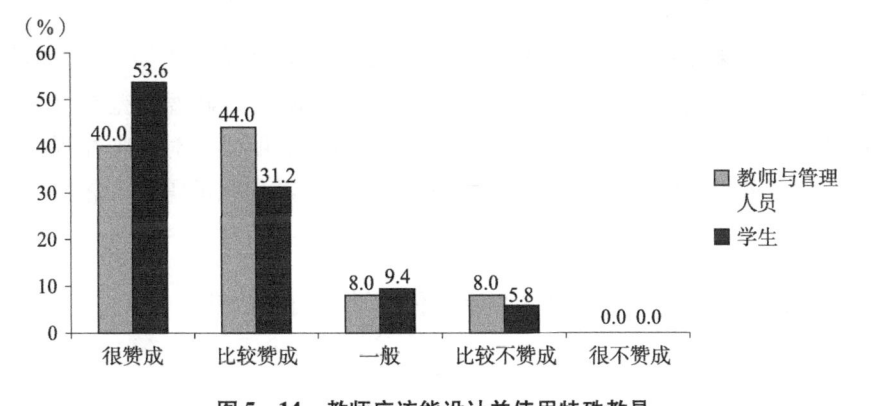

图 5-14　教师应该能设计并使用特殊教具

调查结果显示：教师和学生赞成的比例分别为84.0%和84.8%，经检验，教师和学生对这一要素的认知比较一致（$x^2 = 4.683$，$p = 0.197$），无显著性差异。

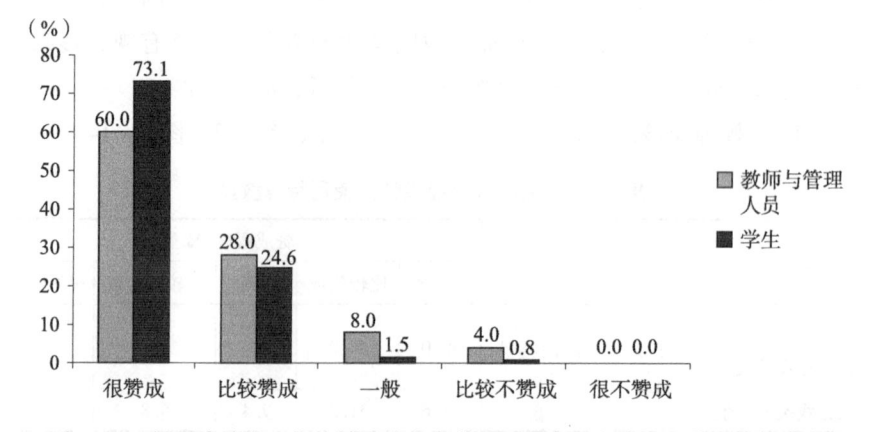

（15）教师应该将现代化辅助技术有效地运用在视力残疾大学生的教学中（见表5-23、图5-15）。

表5-23　教师应该将现代化辅助技术有效地运用在视力残疾大学生的教学中

调查对象类型	要　素	赞成程度/%				
		很赞成	比较赞成	一般	比较不赞成	很不赞成
视力残疾大学生教师与管理人员	教师应该将现代化辅助技术有效地运用在视力残疾大学生的教学中	60.0	28.0	8.0	4.0	0.0
视力残疾大学生		73.1	24.6	1.5	0.8	0.0

图5-15　教师应该将现代化辅助技术有效地运用在视力残疾大学生的教学中

调查结果显示：教师和学生的赞成比例分别为88.0%和97.7%。经检验，教师和学生对这一要素的认知不一致，存在极其显著的差异（$x^2 = 61.98$，$p = 0.000$）。学生赞成的比例高于教师，说明学生对教师在视力残疾大学生的教学中有效地运用现代化辅助技术具有较强的需求，教师应予以重视。

（二）听力残疾大学生教师专业化标准的调查结果

1. 教师与管理人员问卷调查结果

调查结果如表5-24所示，招收听力残疾大学生的12所残疾人高等教育院校的教师与管理人员对于听力残疾大学生教师专业化标准的基本框架中教师应该具备的专业理念与师德、专业知识、专业能力方面的绝大多数要素均有比较一致的认知,其中教师应"树立现代残疾人观""具有满足听力残疾大学生特殊需要的教育理念""具有残疾人高等职业教育的理念""根据听力残疾大学生的个体差异,开发潜能,补偿缺陷""对待残疾学生应该更具有爱心、耐心、责任心""具备特殊教育学、特殊教育心理学的基本知识""具备特殊教育教学法的基本知识""根据听力残疾大学生的身心特点开展个别化教学""通过形象、直观的教学方式,有效实施教学""根据听力残疾大学生的特点,探索和研究适合听力残疾大学生的教学方法和手段""教师应该将现代化辅助技术有效地运用在听力残疾大学生的教学中"11个项目的赞成比例均在90%以上;"能够熟练使用手语""能设计并使用特殊教具"2个项目的赞成比例在80%以上;"了解听力残疾大学生病理及诊断相关知识""具有听力残疾大学生的教育诊断技能"2个项目的赞成比例在75%以上。

表5-24 听力残疾大学生教师与管理人员问卷调查结果

要 素	赞成程度/%					
	很赞成	比较赞成	一般	比较不赞成	很不赞成
树立现代残疾人观	87.5	7.5	3.0	1.5	0.5
具有满足听力残疾大学生特殊需要教育的理念	84.5	10.5	3.5	1.0	0.5
具有残疾人高等职业教育的理念	79.5	16.5	3.0	0.5	0.5
根据听力残疾大学生的个体差异,开发潜能,补偿缺陷	83.5	14.5	1.5	0.0	0.5
对待残疾学生应该更具有爱心、耐心、责任心	92	5.5	2.0	0.0	0.5
具备特殊教育学、特殊教育心理学的基本知识	78.5	16.5	3.5	0.5	1.0
具备特殊教育教学法的基本知识	76.5	19.0	3.5	0.5	0.5
根据听力残疾大学生的身心特点开展个别化教学	75.5	14.5	9.0	0.5	0.5
了解听力残疾大学生病理及诊断相关知识	50.5	24.5	21.0	2.0	2.0

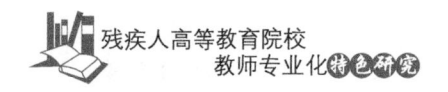

续表

要　素	赞成程度/%				
	很赞成	比较赞成	一般	比较不赞成	很不赞成
通过形象、直观的教学方式，有效实施教学	81.0	17.0	1.5	0.0	0.5
根据听力残疾大学生的特点，探索和研究适合听力残疾大学生的教学方法和手段	82.5	15.0	1.5	0.0	1.0
能够熟练使用手语	75.0	14.0	8.0	1.5	1.5
具有听力残疾大学生的教育诊断技能	50.0	28.5	18.0	3.0	0.5
能设计并使用特殊教具	52.5	29.0	15.5	2.5	0.5
教师应该将现代化辅助技术有效地运用在听力残疾大学生的教学中	75.4	20.1	3.0	1.0	0.5

2. 学生问卷调查结果

调查结果如表 5-25 所示，招收听力残疾大学生的 12 所残疾人高等教育院校的学生对于听力残疾大学生教师专业化标准的基本框架中教师应该具备的专业理念与师德、专业知识、专业能力方面的绝大部分要素赞成的总体比例在 50% 以上，但与教师相比赞成比例偏低，其中教师应"树立现代残疾人观""具有满足听力残疾大学生特殊需要的教育理念""具有残疾人高等职业教育的理念""根据听力残疾大学生的个体差异，开发潜能，补偿缺陷""对待残疾学生应该更具有爱心、耐心、责任心""具备特殊教育学、特殊教育心理学的基本知识""通过形象、直观的教学方式，有效实施教学""根据听力残疾大学生的特点，探索和研究适合听力残疾大学生的教学方法和手段""能够熟练使用手语""教师应该将现代化辅助技术有效地运用在听力残疾大学生的教学中" 10 个项目的赞成比例在 60% 以上；"具备特殊教育教学法的基本知识""根据听力残疾大学生的身心特点开展个别化教学""能设计并使用特殊教具" 3 个项目的赞成比例在 55% 以上；"了解听力残疾大学生病理及诊断相关知识""具有听力残疾大学生的教育诊断技能" 2 个项目的赞成比例分别为 47.3、52.1%。

表 5-25 听力残疾大学生问卷调查结果

要素	赞成程度/%				
	很赞成	比较赞成	一般	比较不赞成	很不赞成
树立现代残疾人观	30.6	35.0	30.2	2.6	1.5
具有满足听力残疾大学生特殊需要教育的理念	29.1	32.2	32.3	5.4	1.0
具有残疾人高等职业教育的理念	29.6	35.0	28.9	5.2	1.3
根据听力残疾大学生的个体差异，开发潜能，补偿缺陷	29.1	32.7	29.3	7.2	1.6
对待残疾学生应该更具有爱心、耐心、责任心	37.8	31.9	23.0	5.8	1.5
具备特殊教育学、特殊教育心理学的基本知识	33.5	35.4	25.5	4.3	1.4
具备特殊教育教学法的基本知识	26.6	33.1	32.2	6.0	2.0
根据听力残疾大学生的身心特点开展个别化教学	23.3	34.1	33.1	8.3	1.2
了解听力残疾大学生病理及诊断相关知识	19.4	27.9	38.0	12.1	2.5
通过形象、直观的教学方式，有效实施教学	26.1	37.4	30.5	4.7	1.3
根据听力残疾大学生的特点，探索和研究适合听力残疾大学生的教学方法和手段	24.4	36.6	31.1	6.4	1.5
能够熟练使用手语	33.3	29.0	27.8	7.2	2.6
具有听力残疾大学生的教育诊断技能	19.1	33.0	37.1	8.8	2.0
能设计并使用特殊教具	22.0	34.0	35.6	6.7	1.7
教师应该将现代化辅助技术有效地运用在听力残疾大学生的教学中	25.4	36.5	30.7	5.3	2.1

3. 师生调查结果的比较分析

（1）教师应该树立现代残疾人观（见表 5-26、图 5-16）。

表 5-26 教师应该树立现代残疾人观

调查对象类型	要素	赞成程度/%				
		很赞成	比较赞成	一般	比较不赞成	很不赞成
听力残疾大学生教师与管理人员	树立现代残疾人观	87.5	7.5	3.0	1.5	0.5
听力残疾大学生		30.6	35.0	30.2	2.6	1.5

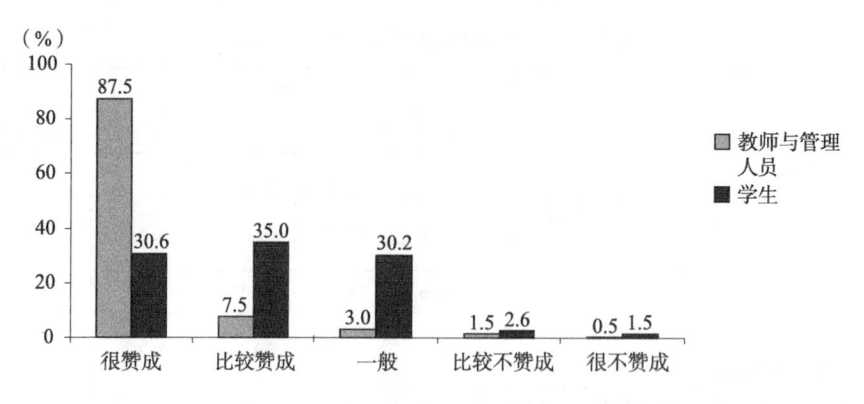

图 5-16　教师应该树立现代残疾人观

调查结果显示：教师和学生的赞成比例分别为 95.0% 和 65.6%。经检验，教师和学生对这一要素的认知不一致，存在极其显著的差异（$x^2 = 66.877, p = 0.000$），说明作为教师对这一要素的理解和认识更加明确，也更加重视。

（2）教师应该具有满足听力残疾大学生特殊需要的教育理念（见表 5-27、图 5-17）。

表 5-27　教师应该具有满足听力残疾大学生特殊需要的教育理念

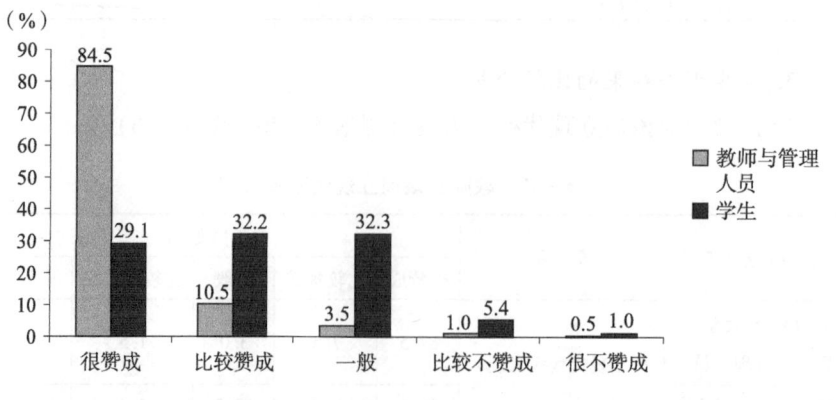

调查对象类型	要　素	赞成程度/%				
		很赞成	比较赞成	一般	比较不赞成	很不赞成
听力残疾大学生教师与管理人员	具有满足听力残疾大学生特殊需要的教育理念	84.5	10.5	3.5	1.0	0.5
听力残疾大学生		29.1	32.2	32.3	5.4	1.0

图 5-17　教师应该具有满足听力残疾大学生特殊需要的教育理念

调查结果显示：教师和学生的赞成比例分别为 95.0% 和 61.3%。经检验，教师和学生对这一要素的认知不一致，存在极其显著的差异（$x^2 = 62.178$，$p = 0.000$），说明作为教师对这一要素的理解和认识更加明确，也更加重视。

（3）教师应该具有残疾人高等职业教育的理念（见表 5-28、图 5-18）。

表 5-28 教师应该具有残疾人高等职业教育的理念

调查对象类型	要 素	赞成程度/%				
		很赞成	比较赞成	一般	比较不赞成	很不赞成
听力残疾大学生教师与管理人员	具有残疾人高等职业教育的理念	79.5	16.5	3.0	0.5	0.5
听力残疾大学生		29.6	35.0	28.9	5.2	1.3

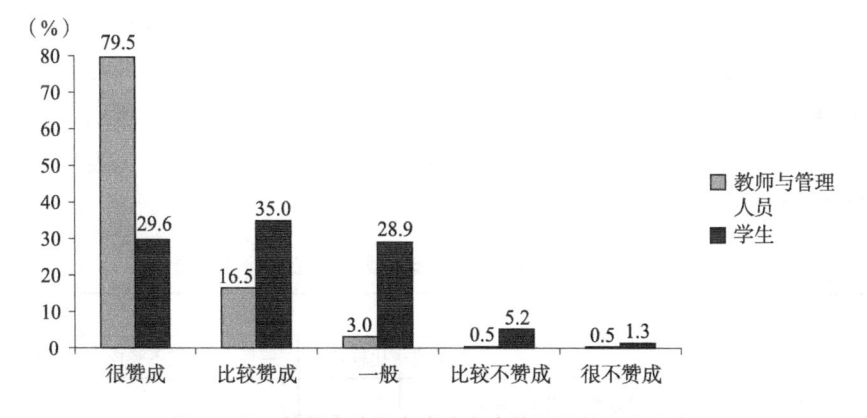

图 5-18 教师应该具有残疾人高等职业教育的理念

调查结果显示：教师和学生的赞成比例分别为 96.0% 和 64.6%。经检验，教师和学生对这一要素的认知不一致，存在极其显著的差异（$x^2 = 27.315$，$p = 0.000$），说明作为教师对这一要素的理解和认识更加明确，也更加重视。

（4）教师应该根据听力残疾大学生的个体差异，开发潜能，补偿缺陷（见表 5-29、图 5-19）。

表 5-29 教师应该根据听力残疾大学生的个体差异，开发潜能，补偿缺陷

调查对象类型	要 素	赞成程度/%				
		很赞成	比较赞成	一般	比较不赞成	很不赞成
听力残疾大学生教师与管理人员	根据听力残疾大学生的个体差异，开发潜能，补偿缺陷	83.5	14.5	1.5	0.0	0.5
听力残疾大学生		29.1	32.7	29.3	7.2	1.6

(%)

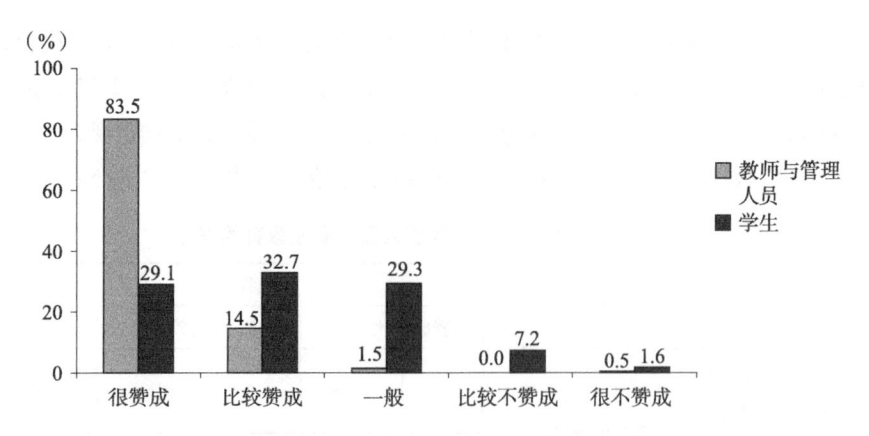

图 5-19 教师应该根据听力残疾大学生的个体差异,开发潜能,补偿缺陷

调查结果显示:教师和学生的赞成比例分别为 98.0% 和 61.8%。经检验,教师和学生对这一要素的认知不一致,存在极其显著的差异($x^2 = 64.356$,$p = 0.000$),说明作为教师对这一要素的理解和认识更加明确,也更加重视。

(5)教师对待残疾学生应该更具有爱心、耐心、责任心(见表 5-30、图 5-20)

表 5-30 教师对待残疾学生应该更具有爱心、耐心、责任心

调查对象类型	要素	赞成程度/%				
		很赞成	比较赞成	一般	比较不赞成	很不赞成
听力残疾大学生教师与管理人员	对待残疾学生应该更具有爱心、耐心、责任心	92.0	5.5	2.0	0.0	0.5
听力残疾大学生		37.8	31.9	23.0	5.8	1.5

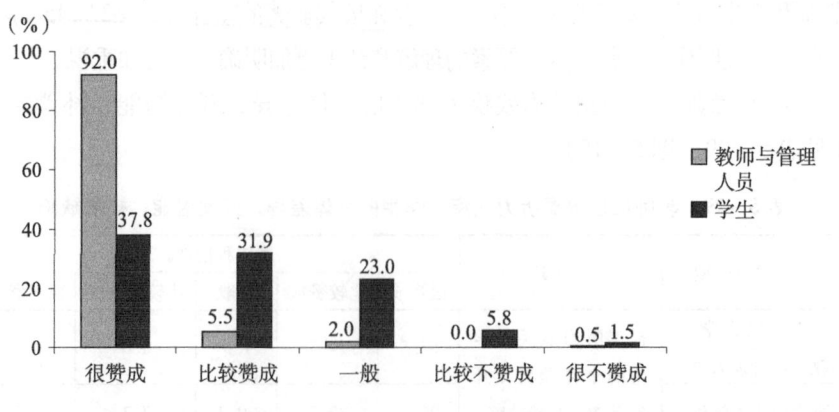

图 5-20 教师对待残疾学生应该更具有爱心、耐心、责任心

调查结果显示：教师和学生的赞成比例分别为97.5%和69.7%。经检验，教师和学生对这一要素的认知不一致，存在极其显著的差异（$x^2=64.194$，$p=0.000$），说明作为教师对这一要素的理解和认识更加明确，也更加重视。

（6）教师应该具备特殊教育学、特殊教育心理学的基本知识（见表5-31、图5-21）。

表5-31 教师应该具备特殊教育学、特殊教育心理学的基本知识

调查对象类型	要素	赞成程度/%				
		很赞成	比较赞成	一般	比较不赞成	很不赞成
听力残疾大学生教师与管理人员	具备特殊教育学、特殊教育心理学的基本知识	78.5	16.5	3.5	0.5	1.0
听力残疾大学生		33.5	35.4	25.5	4.3	1.4

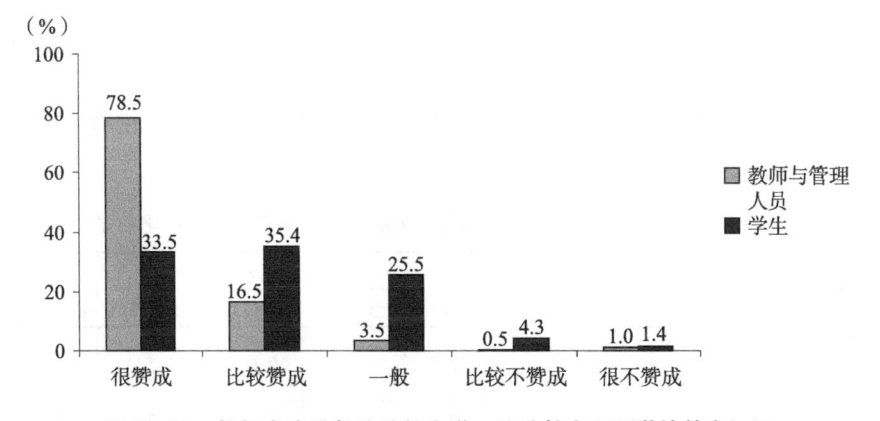

图5-21 教师应该具备特殊教育学、特殊教育心理学的基本知识

调查结果显示：教师和学生的赞成比例分别为95.0%和68.9%。经检验，教师和学生对这一要素的认知不一致，存在极其显著的差异（$x^2=42.059$，$p=0.000$），说明作为教师对这一要素的理解和认识更加明确，也更加重视。

（7）教师应该具备特殊教育教学法的基本知识（见表5-32、图5-22）。

表5-32 教师应该具备特殊教育教学法的基本知识

调查对象类型	要素	赞成程度/%				
		很赞成	比较赞成	一般	比较不赞成	很不赞成
听力残疾大学生教师与管理人员	具备特殊教育教学法的基本知识	76.5	19.0	3.5	0.5	0.5
听力残疾大学生		26.6	33.1	32.2	6.0	2.0

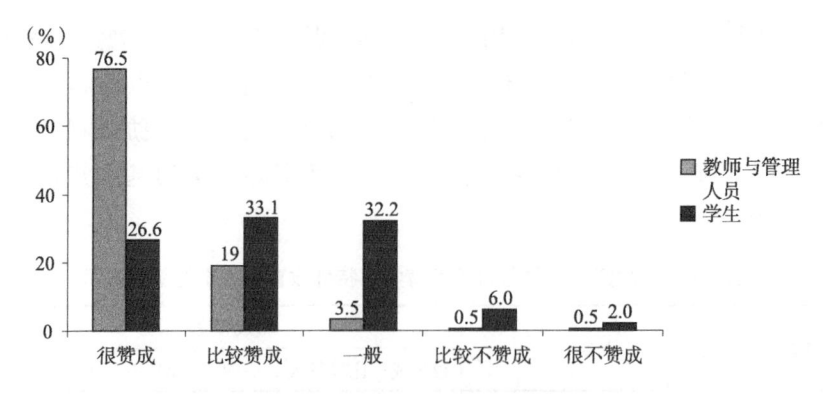

图 5-22　教师应该具备特殊教育教学法的基本知识

调查结果显示：教师和学生的赞成比例分别为 95.5% 和 59.7%。经检验，教师和学生对这一要素的认知不一致，存在极其显著的差异（$x^2 = 53.476, p = 0.000$），说明作为教师对这一要素的理解和认识更加明确，也更加重视。

（8）教师应该根据听力残疾大学生的身心特点开展个别化教学（见表 5-33、图 5-23）。

表 5-33　教师应该根据听力残疾大学生的身心特点开展个别化教学

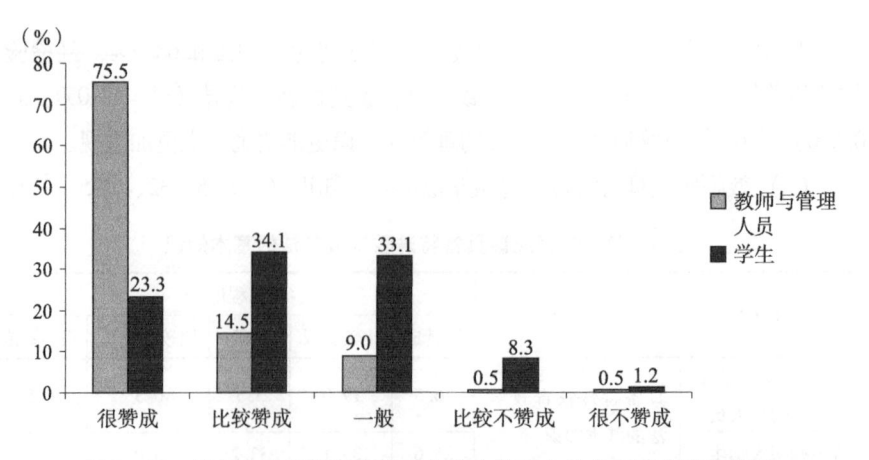

调查对象类型	要素	赞成程度/%				
			很赞成	比较赞成	一般	比较不赞成	很不赞成
听力残疾大学生教师与管理人员	根据听力残疾大学生的身心特点开展个别化教学	75.5	14.5	9.0	0.5	0.5
听力残疾大学生		23.3	34.1	33.1	8.3	1.2

图 5-23　教师应该根据听力残疾大学生的身心特点开展个别化教学

第五章 残疾人高等教育院校教师专业化标准的调查与分析 ◆

调查结果显示：教师和学生的赞成比例分别为 90.0% 和 57.4%。经检验，教师和学生对这一要素的认知不一致，存在极其显著的差异（$x^2 = 54.867$，$p = 0.000$），说明作为教师对这一要素的理解和认识更加明确，也更加重视。

（9）教师应该了解听力残疾大学生病理及诊断相关知识（见表5-34、图5-24）。

表5-34 教师应该了解听力残疾大学生病理及诊断相关知识

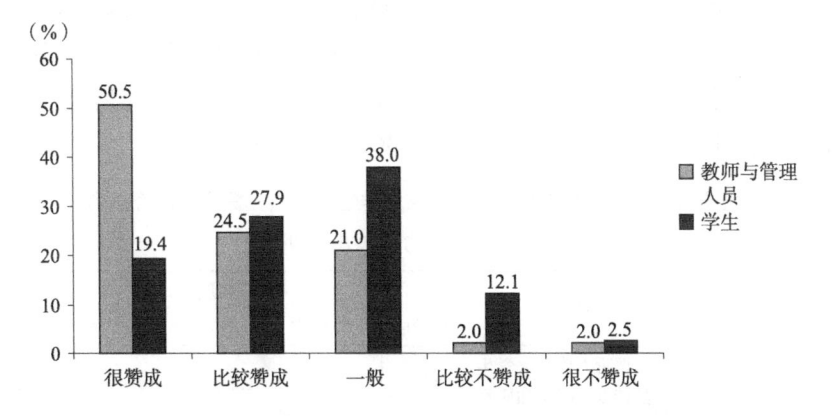

调查对象类型	要 素	赞成程度/%				
		很赞成	比较赞成	一般	比较不赞成	很不赞成
听力残疾大学生教师与管理人员	了解听力残疾大学生病理及诊断相关知识	50.5	24.5	21.0	2.0	2.0
听力残疾大学生		19.4	27.9	38.0	12.1	2.5

图5-24 教师应该了解听力残疾大学生病理及诊断相关知识

调查结果显示：教师和学生的赞成比例分别为 75.0% 和 47.3%。经检验，教师和学生对这一要素的认知不一致，存在极其显著的差异（$x^2 = 27.035$，$p = 0.000$），说明作为教师对这一要素的理解和认识更加明确，也更加重视。

（10）教师应该通过形象、直观的教学方式，有效实施教学（见表5-35、图5-25）。

表5-35 教师应该通过形象、直观的教学方式，有效实施教学

调查对象类型	要 素	赞成程度/%				
		很赞成	比较赞成	一般	比较不赞成	很不赞成
听力残疾大学生教师与管理人员	通过形象、直观的教学方式，有效实施教学	81.0	17.0	1.5	0.0	0.5
听力残疾大学生		26.1	37.4	30.5	4.7	1.3

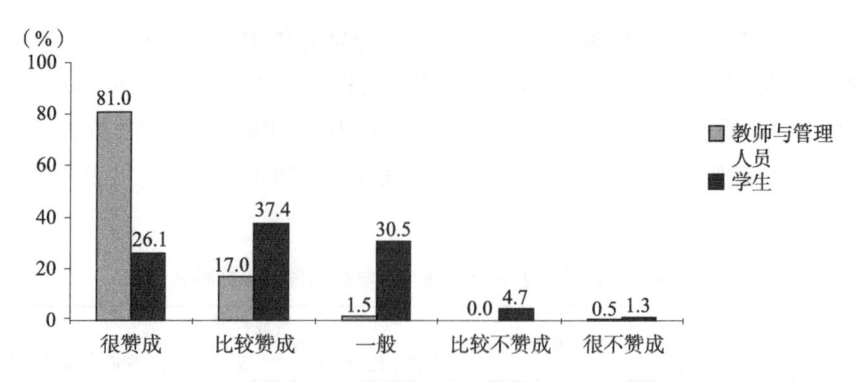

图 5-25 教师应该通过形象、直观的教学方式，有效实施教学

调查结果显示：教师和学生的赞成比例分别为 98.0% 和 63.5%。经检验，教师和学生对这一要素的认知不一致，存在显著的差异（$x^2 = 10.125$，$p = 0.038$），说明作为教师对这一要素的理解和认识更加明确，也更加重视。

（11）教师应该根据听力残疾大学生的特点，探索和研究适合听力残疾大学生的教学方法和手段（见表 5-36、图 5-26）。

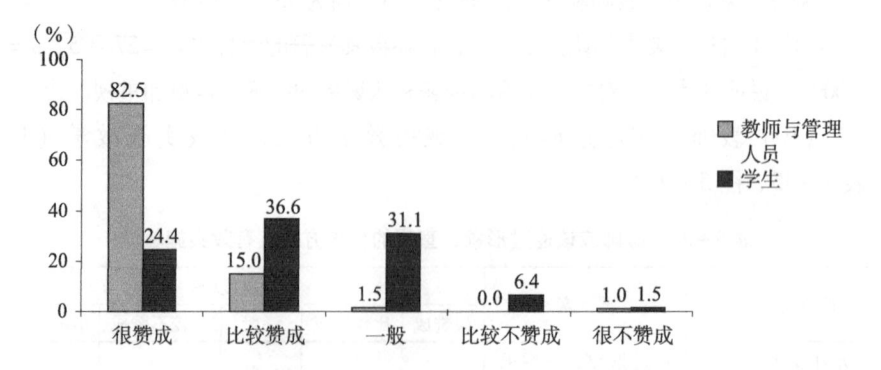

表 5-36　教师应该根据听力残疾大学生的特点，探索和研究适合听力残疾大学生的教学方法和手段

调查对象类型	要　素	赞成程度/%				
^	^	很赞成	比较赞成	一般	比较不赞成	很不赞成
听力残疾大学生教师与管理人员	根据听力残疾大学生的特点，探索和研究适合听力残疾大学生的教学方法和手段	82.5	15.0	1.5	0.0	1.0
听力残疾大学生	^	24.4	36.6	31.1	6.4	1.5

图 5-26　教师应该根据听力残疾大学生的特点，探索和研究适合听力残疾大学生的教学方法和手段

176

调查结果显示:教师和学生的赞成比例分别为97.5%和61.0%。经检验,教师和学生对这一要素的认知不一致,存在极其显著的差异($x^2 = 73.665, p = 0.000$),说明作为教师对这一要素的理解和认识更加明确,也更加重视。

(12)教师应该能够熟练使用手语(见表5-37、图5-27)。

表5-37 教师应该能够熟练使用手语

调查对象类型	要素	很赞成	比较赞成	一般	比较不赞成	很不赞成
听力残疾大学生教师与管理人员	能够熟练使用手语	75.0	14.0	8.0	1.5	1.5
听力残疾大学生		33.3	29.0	27.8	7.2	2.6

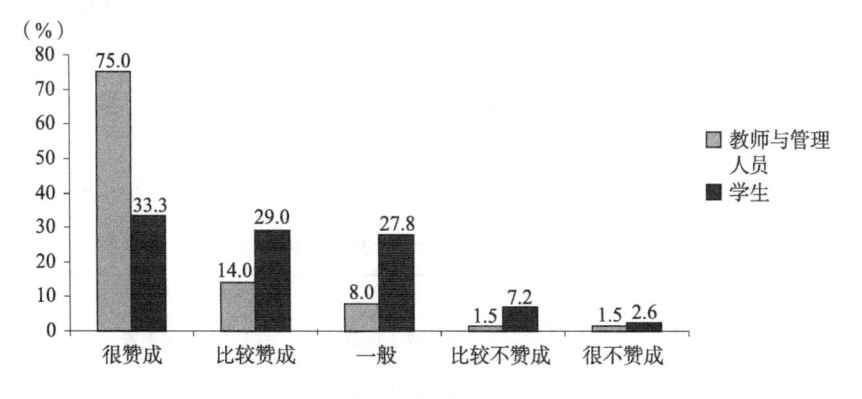

图5-27 教师应该能够熟练使用手语

调查结果显示:教师和学生的赞成比例分别为89.0%和62.3%。经检验,教师和学生对这一要素的认知不一致,存在极其显著的差异($x^2 = 35.651, p = 0.000$),说明作为教师对这一要素的理解和认识更加明确,也更加重视。

(13)教师应该具有听力残疾大学生的教育诊断技能(见表5-38、图5-28)。

表5-38 教师应该具有听力残疾大学生的教育诊断技能

调查对象类型	要素	很赞成	比较赞成	一般	比较不赞成	很不赞成
听力残疾大学生教师与管理人员	具有听力残疾大学生的教育诊断技能	50.0	28.5	18.0	3.0	0.5
听力残疾大学生		19.1	33.0	37.1	8.8	2.0

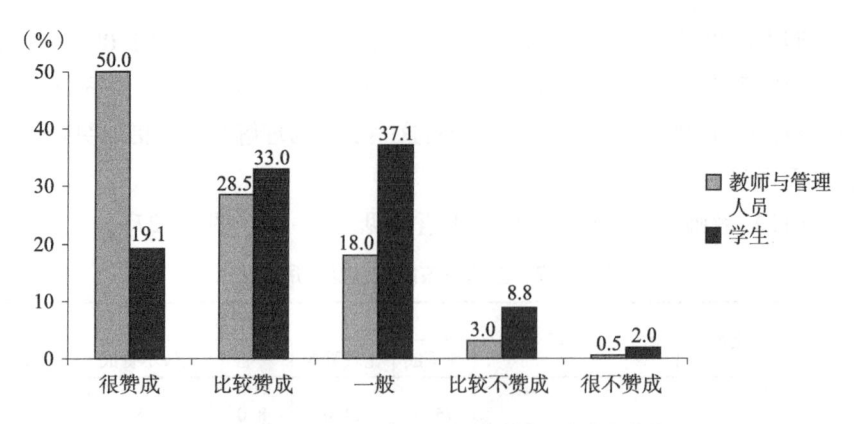

图 5-28　教师应该具有听力残疾大学生的教育诊断技能

调查结果显示：教师和学生的赞成比例分别为 78.5% 和 52.1%。经检验，教师和学生对这一要素的认知不一致，存在极其显著的差异（$x^2 = 22.831$，$p = 0.000$），说明作为教师对这一要素的理解和认识更加明确，也更加重视。

（14）教师应该能设计并使用特殊教具（见表 5-39、图 5-29）。

表 5-39　教师应该能设计并使用特殊教具

调查对象类型	要素	赞成程度/%				
		很赞成	比较赞成	一般	比较不赞成	很不赞成
听力残疾大学生教师与管理人员	能设计并使用特殊教具	52.5	29.0	15.5	2.5	0.5
听力残疾大学生		22.0	34.0	35.6	6.7	1.7

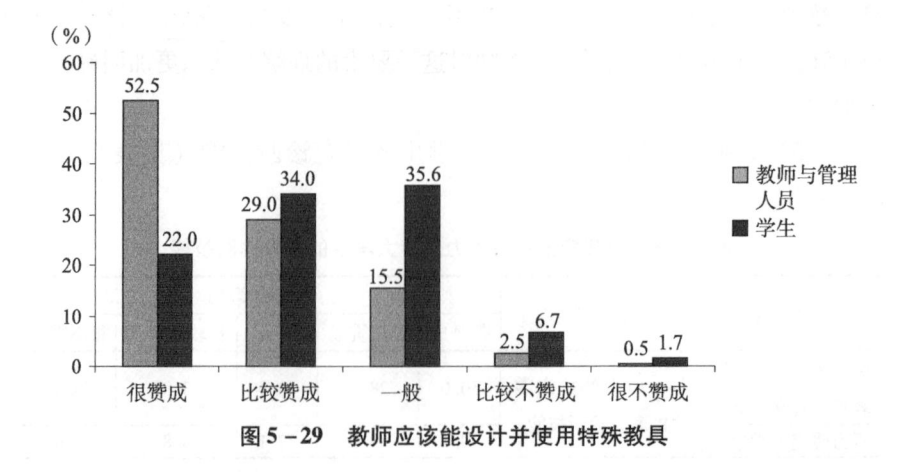

图 5-29　教师应该能设计并使用特殊教具

第五章 残疾人高等教育院校教师专业化标准的调查与分析 ◆

调查结果显示：教师和学生的赞成比例分别为 81.5% 和 56.0%。经检验，教师和学生对这一要素的认知不一致，存在极其显著的差异（$x^2 = 56.129$，$p = 0.000$），说明作为教师对这一要素的理解和认识更加明确，也更加重视。

（15）教师应该将现代化辅助技术有效地运用在听力残疾大学生的教学中（见表 5-40、图 5-30）。

表 5-40 教师应该将现代化辅助技术有效地运用在听力残疾大学生的教学中

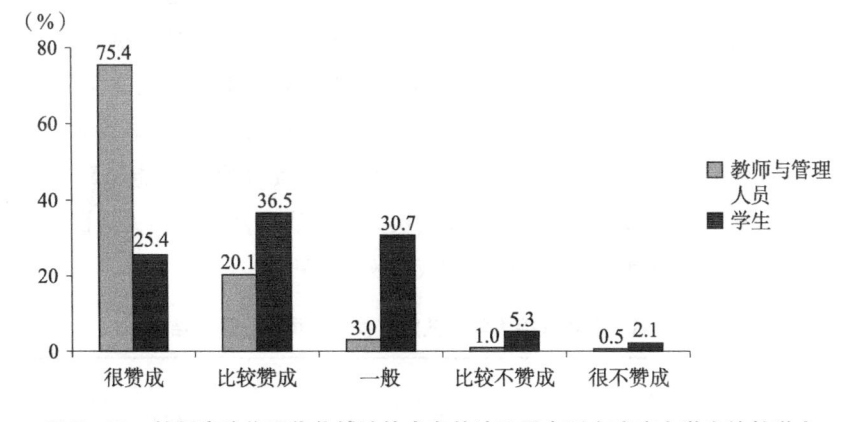

调查对象类型	要 素	赞成程度/%				
		很赞成	比较赞成	一般	比较不赞成	很不赞成
听力残疾大学生教师与管理人员	教师应该将现代化辅助技术有效地运用在听力残疾大学生的教学中	75.4	20.1	3.0	1.0	0.5
听力残疾大学生		25.4	36.5	30.7	5.3	2.1

图 5-30 教师应该将现代化辅助技术有效地运用在听力残疾大学生的教学中

调查结果显示：教师和学生的赞成比例分别为 95.5% 和 61.9%。经检验，教师和学生对这一要素的认知不一致，存在极其显著的差异（$x^2 = 66.877$，$p = 0.000$），说明作为教师对这一要素的理解和认识更加明确，也更加重视。

从以上对听力残疾大学生教师和听力残疾大学生调查结果的比较分析可以看出，从事聋教育的教师对听力残疾大学生教师专业化标准中各要素的认识和理解都比较明确，也非常重视。但听力残疾大学生对听力残疾大学生教师专业化标准中各要素的认识和理解存在一定的不足，究其原因，作为学生对从事听力残疾大学生教师专业化标准各要素的重要性认识不如教师明确，导致师生认识存在显著的差异。

(三) 肢体残疾大学生教师专业化标准的调查结果

1. 肢体残疾大学生教师与管理人员问卷调查结果

调查结果如表 5-41 所示,招收肢体残疾大学生的残疾人高等教育院校的教师与管理人员对于肢体残疾大学生教师专业化标准的基本框架中教师应该具备的专业理念与师德、专业知识、专业能力方面的绝大多数要素均有比较一致的认知,赞成的比例达到 80% 以上。其中教师应"树立现代残疾人观""具有满足肢体残疾大学生特殊需要的教育理念""具有残疾人高等职业教育的理念""对待残疾学生应该更具有爱心、耐心、责任心""具备特殊教育学、特殊教育心理学的基本知识""具备特殊教育教学法的基本知识""根据肢体残疾大学生的特点,探索和研究适合肢体残疾大学生的教学方法和手段""教师应该将现代化辅助技术有效地运用在肢体残疾大学生的教学中"8 个项目的赞成比例均在 90% 以上;"根据肢体残疾大学生的个体差异,开发潜能,补偿缺陷""根据肢体残疾大学生的身心特点开展个别化教学""通过形象、直观的教学方式,有效实施教学""熟悉无障碍理论与知识""具有肢体残疾大学生的教育诊断技能"5 个项目的赞成比例在 80% 以上;"了解肢体残疾大学生病理及诊断相关知识""能设计并使用特殊教具"2 个项目的赞成比例为 75%。

表 5-41 肢体残疾大学生教师与管理人员问卷调查结果

要 素	很赞成	比较赞成	一般	比较不赞成	很不赞成
树立现代残疾人观	85.00	12.50	2.50	0.00	0.00
具有满足肢体残疾大学生特殊需要的教育理念	65.00	27.50	7.50	0.00	0.00
具有高等职业教育的理念	60.00	32.50	7.50	0.00	0.00
根据肢体残疾大学生的个体差异,开发潜能,补偿缺陷	67.50	12.50	20.00	0.00	0.00
对待残疾学生应该更具有爱心、耐心、责任心	70.00	20.00	10.00	0.00	0.00
具备特殊教育学、特殊教育心理学的基本知识	60.00	35.00	2.50	2.50	0.00
具备特殊教育教学法的基本知识	70.00	20.00	10.00	0.00	0.00

续表

要　素	赞成程度/%				
	很赞成	比较赞成	一般	比较不赞成	很不赞成
根据肢体残疾大学生的身心特点开展个别化教学	60.00	25.00	12.50	2.50	0.00
了解肢体残疾大学生病理及诊断相关知识	50.00	25.00	22.50	2.50	0.00
通过形象、直观的教学方式，有效实施教学	70.00	15.00	10.00	5.00	0.00
根据肢体残疾大学生的特点，探索和研究适合肢体残疾大学生的教学方法和手段	62.50	27.50	10.00	0.00	0.00
能熟悉无障碍理论与知识	42.50	45.00	12.50	0.00	0.00
具有肢体残疾大学生的教育诊断技能	50.00	32.50	10.00	7.50	0.00
能设计并使用特殊教具	60.00	15.00	20.00	5.00	0.00
教师应该将现代化辅助技术有效地运用在肢体残疾大学生的教学中	70.00	22.50	7.50	0.00	0.00

2. 肢体残疾大学生问卷调查结果

调查结果如表 5-42 所示，招收肢体残疾大学生的残疾人高等教育院校的学生对于肢体残疾大学生教师专业化标准的基本框架中教师应该具备的专业理念与师德、专业知识、专业能力方面的绝大部分要素有比较一致的认知，赞成的比例达到 80% 以上。其中"具有满足肢体残疾大学生特殊需要的教育理念""具有高等职业教育的理念""根据肢体残疾大学生的个体差异，开发潜能，补偿缺陷" 3 个项目的赞成比例在 90% 以上；教师"应树立现代残疾人观""对待残疾学生应该更具有爱心、耐心、责任心""具备特殊教育学、特殊教育心理学的基本知识""具备特殊教育教学法的基本知识""了解肢体残疾大学生病理及诊断相关知识""通过形象、直观的教学方式，有效实施教学""根据肢体残疾大学生的特点，探索和研究适合肢体残疾大学生的教学方法和手段""熟悉无障碍理论与知识""教师应该将现代化辅助技术有效地运用在肢体残疾大学生的教学中" 9 个项目的赞成比例在 80% 以上；"根据肢体残疾大学生的身心特点开展个别化教学""具有肢体残疾大学生的教育诊断技能" 2 个项目的赞成比例为 75% 以上;"能设计并使用特殊教具"的赞成比例为 67.35%。

表 5-42 肢体残疾大学生问卷调查结果

要 素	赞成程度/%				
	很赞成	比较赞成	一般	比较不赞成	很不赞成
树立现代残疾人观	79.59	8.16	10.20	0.00	2.04
具有满足肢体残疾大学生特殊需要的教育理念	73.47	18.37	4.08	2.04	2.04
具有高等职业教育的理念	69.39	24.49	4.08	0.00	2.04
根据肢体残疾大学生的个体差异,开发潜能,补偿缺陷	61.22	28.57	8.16	0.00	2.04
对待残疾学生应该更具有爱心、耐心、责任心	61.22	24.49	12.24	0.00	2.04
具备特殊教育学、特殊教育心理学的基本知识	53.06	34.69	10.20	0.00	2.04
具备特殊教育教学法的基本知识	55.10	28.57	14.29	0.00	2.04
根据肢体残疾大学生的身心特点开展个别化教学	53.06	22.45	16.33	6.12	2.04
了解肢体残疾大学生病理及诊断相关知识	53.06	26.53	12.24	6.12	2.04
通过形象、直观的教学方式,有效实施教学	65.31	20.41	12.24	0.00	2.04
根据肢体残疾大学生的特点,探索和研究适合肢体残疾大学生的教学方法和手段	61.22	24.49	10.20	2.04	2.04
能熟悉无障碍理论与知识	53.06	26.53	16.33	2.04	2.04
具有肢体残疾大学生的教育诊断技能	51.02	24.49	16.33	6.12	2.04
能设计并使用特殊教具	38.78	28.57	26.53	4.08	2.04
教师应该将现代化辅助技术有效地运用在肢体残疾大学生的教学中	51.02	34.69	8.16	4.08	2.04

3. 师生调查结果的比较分析

(1) 教师应该树立现代残疾人观(见表 5-43、图 5-31)。

第五章 残疾人高等教育院校教师专业化标准的调查与分析 ◆

表 5–43 教师应该树立现代残疾人观

调查对象类型	要 素	赞成程度/%				
		很赞成	比较赞成	一般	比较不赞成	很不赞成
肢体残疾大学生教师与管理人员	树立现代残疾人观	85.00	12.50	2.50	0.00	0.00
肢体残疾大学生		79.59	8.16	10.20	0.00	2.04

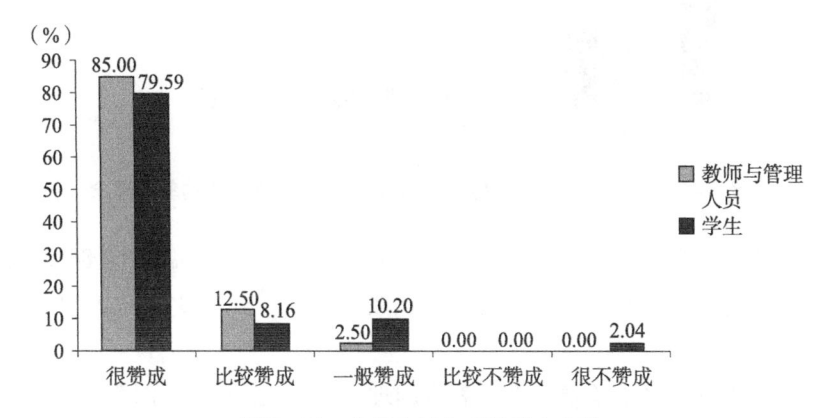

图 5–31 教师应树立现代残疾人观

调查结果显示：教师和学生赞成的比例分别为 97.50% 和 87.75%。经检验，教师和学生对这一要素的认知比较一致（$x^2 = 3.243$，$p = 0.35$），无显著性差异。

（2）教师应该具有满足肢体残疾大学生特殊需要的教育理念（见表 5–44、图 5–32）。

表 5–44 教师应该具有满足肢体残疾大学生特殊需要的教育理念

调查对象类型	要 素	赞成程度/%				
		很赞成	比较赞成	一般	比较不赞成	很不赞成
肢体残疾大学生教师与管理人员	具有满足肢体残疾大学生需要的教育理念	65.00	27.50	7.50	0.00	0.00
肢体残疾大学生		73.47	18.37	4.08	2.04	2.04

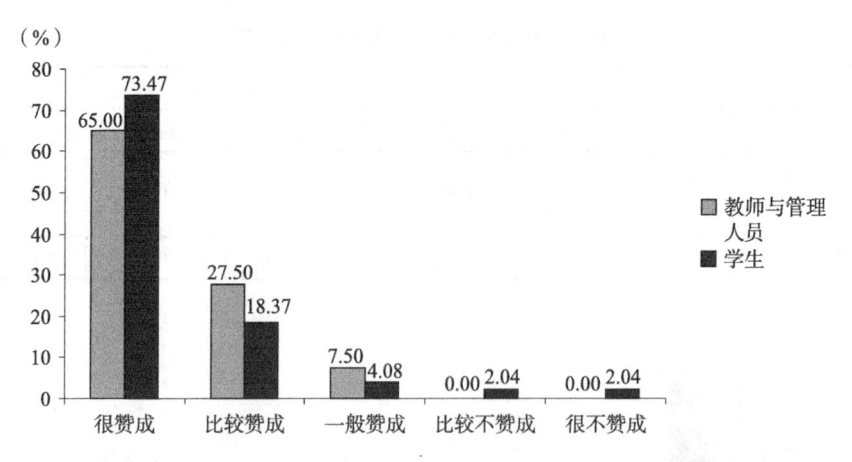

图 5-32 教师应该具有满足肢体残疾大学生特殊需要的教育理念

调查结果显示：教师和学生赞成的比例分别为 92.50% 和 91.84%。经检验，教师和学生对这一要素的认知比较一致（$x^2=3.13$，$p=0.53$），无显著性差异。

（3）教师应该具有高等职业教育的理念（见表 5-45、图 5-33）。

表 5-45 教师应该具有高等职业教育的理念

调查对象类型	要 素	赞成程度/%				
		很赞成	比较赞成	一般	比较不赞成	很不赞成
肢体残疾大学生教师与管理人员	具有高等职业教育的理念	60.00	32.50	7.50	0.00	0.00
肢体残疾大学生		69.39	24.49	4.08	0.00	2.04

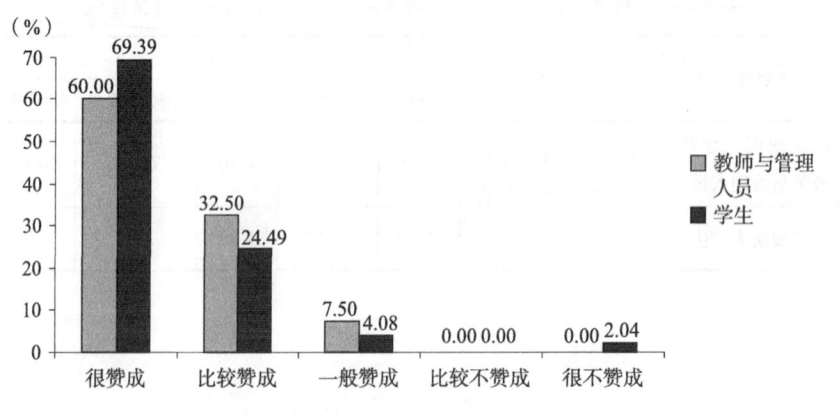

图 5-33 教师应该具有高等职业教育的理念

调查结果显示：教师和学生赞成的比例分别为92.50%和93.88%。经检验，教师和学生对这一要素的认知比较一致（$x^2=2.07$，$p=0.55$），无显著性差异。

（4）教师应该根据肢体残疾大学生的个体差异，开发潜能，补偿缺陷（见表5-46、图5-34）。

表5-46 教师应该根据肢体残疾大学生的个体差异，开发潜能，补偿缺陷

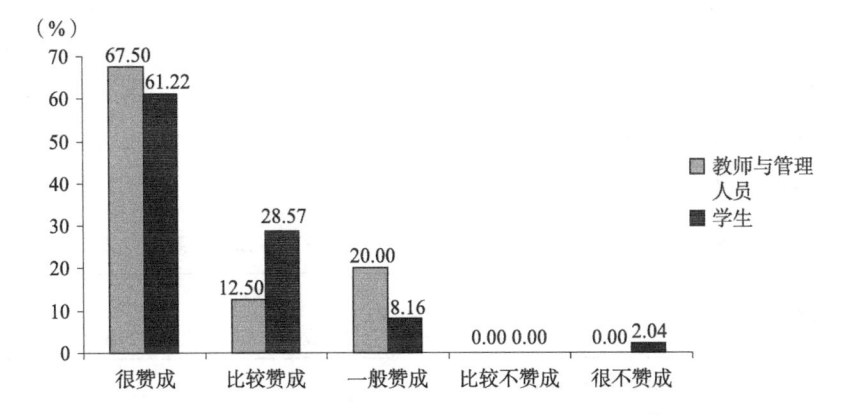

调查对象类型	要素	赞成程度/%				
		很赞成	比较赞成	一般	比较不赞成	很不赞成
肢体残疾大学生教师与管理人员	根据肢体残疾大学生的个体差异，开发潜能，补偿缺陷	67.50	12.50	20.00	0.00	0.00
肢体残疾大学生		61.22	28.57	8.16	0.00	2.04

图5-34 教师应该根据肢体残疾大学生的个体差异开发潜能补偿缺陷

调查结果显示：教师和学生赞成的比例分别为80.00%和89.79%。经检验，教师和学生对这一要素的认知比较一致（$x^2=5.90$，$p=0.55$），无显著性差异。

（5）教师对待残疾学生应该更具有爱心、耐心、责任心（见表5-47、图5-35）。

表5-47 教师对待残疾学生应该更具有爱心、耐心、责任心

调查对象类型	要素	赞成程度/%				
		很赞成	比较赞成	一般	比较不赞成	很不赞成
肢体残疾大学生教师与管理人员	对待残疾学生应该更具有爱心、耐心、责任心	70.00	20.00	10.00	0.00	0.00
肢体残疾大学生		61.22	24.49	12.24	0.00	2.04

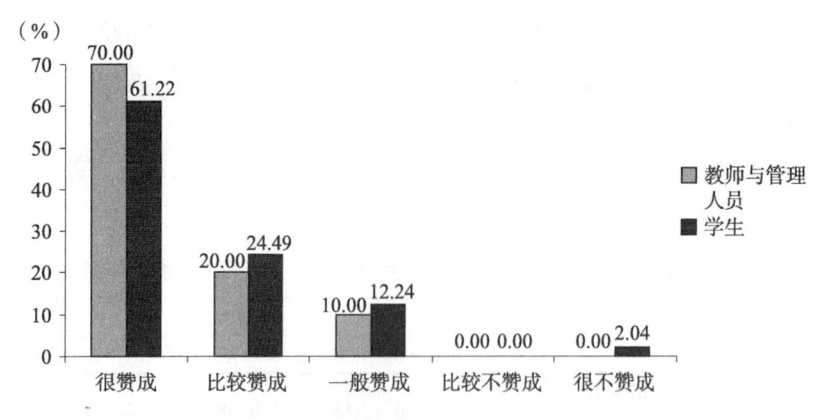

图 5-35 教师对待残疾学生应该更具有爱心、耐心、责任心

调查结果显示：教师和学生赞成的比例分别为 90.00% 和 85.71%。经检验，教师和学生对这一要素的认知比较一致（$x^2=1.37$，$p=0.71$），无显著性差异。

（6）教师应该具备特殊教育学、特殊教育心理学的基本知识（见表 5-48、图 5-36）。

表 5-48 教师应该具备特殊教育学、特殊教育心理学的基本知识

调查对象类型	要 素	赞成程度/%				
		很赞成	比较赞成	一般	比较不赞成	很不赞成
肢体残疾大学生教师与管理人员	具备特殊教育学、特殊教育心理学的基本知识	60.00	35.00	2.50	2.50	0.00
肢体残疾大学生		55.10	28.57	14.29	0.00	2.04

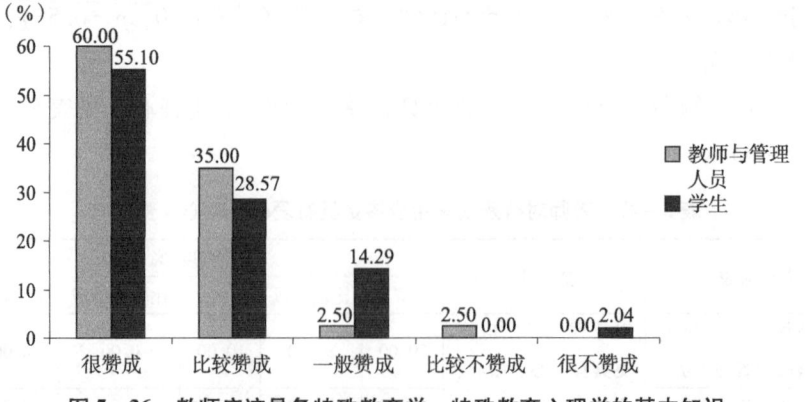

图 5-36 教师应该具备特殊教育学、特殊教育心理学的基本知识

调查结果显示:教师和学生赞成的比例分别为95.00%和83.67%。经检验,教师和学生对这一要素的认知比较一致($x^2=4.17$,$p=0.38$),无显著性差异。

(7)教师应该具备特殊教育教学法的基本知识(见表5-49、图5-37)。

表5-49 教师应该具备特殊教育教学法的基本知识

调查对象类型	要 素	赞成程度/%				
		很赞成	比较赞成	一般	比较不赞成	很不赞成
肢体残疾大学生教师与管理人员	具备特殊教育教学法的基本知识	70.00	20.00	10.00	0.00	0.00
肢体残疾大学生		55.10	28.57	14.29	0.00	2.04

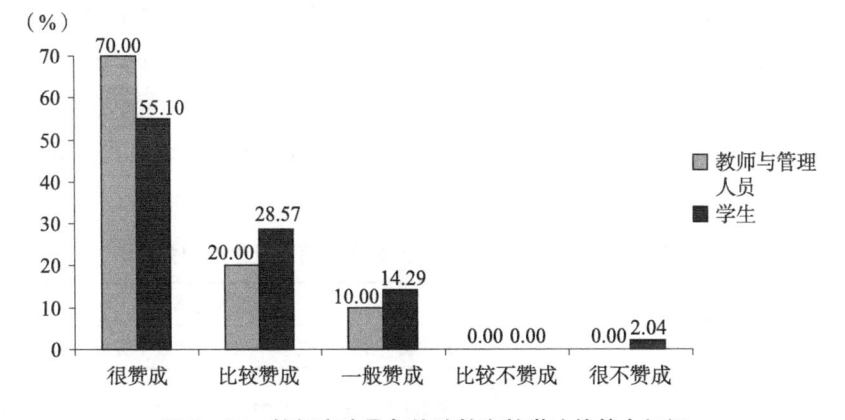

图5-37 教师应该具备特殊教育教学法的基本知识

调查结果显示:教师和学生赞成的比例分别为90.00%和83.67%。经检验,教师和学生对这一要素的认知比较一致($x^2=2.58$,$p=0.45$),无显著性差异。

(8)教师应该根据肢体残疾大学生的身心特点开展个别化教学(见表5-50、图5-38)。

表5-50 教师应该根据肢体残疾大学生的身心特点开展个别化教学

调查对象类型	要 素	赞成程度/%				
		很赞成	比较赞成	一般	比较不赞成	很不赞成
肢体残疾大学生教师与管理人员	根据肢体残疾大学生的身心特点开展个别化教学	60.00	25.00	12.50	2.50	0.00
肢体残疾大学生		53.06	22.45	16.33	6.12	2.04

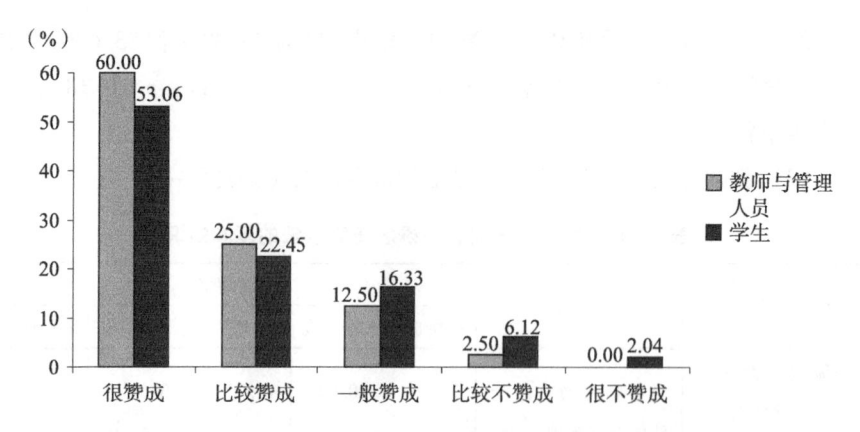

图 5-38　教师应该根据肢体残疾大学生的身心特点开展个别化教学

调查结果显示：教师和学生赞成的比例分别为 85.00% 和 75.51%。经检验，教师和学生对这一要素的认知比较一致（$x^2=1.93$, $p=0.74$），无显著性差异。

（9）教师应该了解肢体残疾大学生病理及诊断相关知识（见表 5-51、图 5-39）。

表 5-51　教师应该了解肢体残疾大学生病理及诊断相关知识

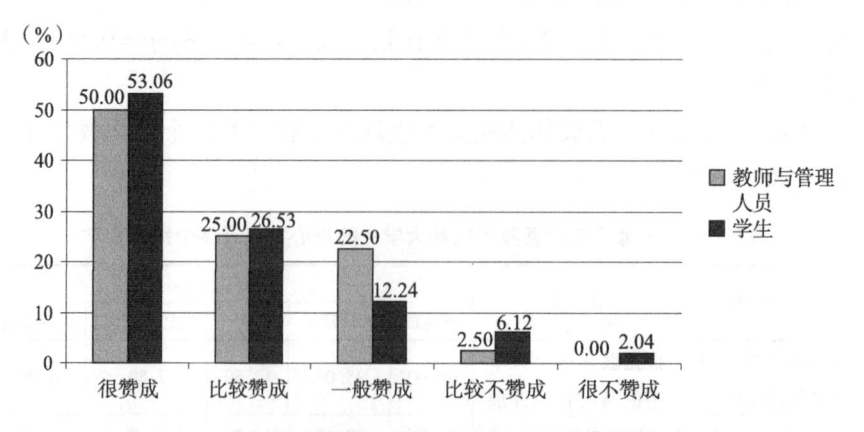

调查对象类型	要素	赞成程度（%）				
		很赞成	比较赞成	一般	比较不赞成	很不赞成
肢体残疾大学生教师与管理人员	了解肢体残疾大学生病理及诊断相关知识	50.00	25.00	22.50	2.50	0.00
肢体残疾大学生		53.06	26.53	12.24	6.12	2.04

图 5-39　教师应该了解肢体残疾大学生病理及诊断相关知识

第五章　残疾人高等教育院校教师专业化标准的调查与分析

调查结果显示：教师和学生赞成的比例分别为75.00%和79.59%。经检验，教师和学生对这一要素的认知比较一致（$x^2=2.89$，$p=0.57$），无显著性差异。

（10）教师应该通过形象、直观的教学方式，有效实施教学（见表5-52、图5-40）。

表5-52　教师应该通过形象、直观的教学方式，有效实施教学

调查对象类型	要　素	赞成程度/%				
		很赞成	比较赞成	一般	比较不赞成	很不赞成
肢体残疾大学生教师与管理人员	通过形象、直观的教学方式，有效实施教学	70.00	15.00	10.00	5.00	0.00
肢体残疾大学生		65.31	20.41	12.24	0.00	2.04

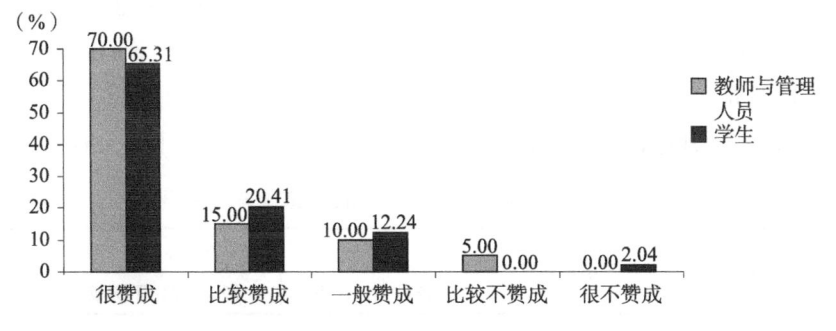

图5-40　教师应该通过形象、直观的教学方式，有效实施教学

调查结果显示：教师和学生赞成的比例分别为85.00%和85.72%。经检验，教师和学生对这一要素的认知比较一致（$x^2=3.79$，$p=0.43$），无显著性差异。

（11）教师应该根据肢体残疾大学生的特点，探索和研究适合肢体残疾大学生的教学方法和手段（见表5-53、图5-41）。

表5-53　教师应根据肢体残疾大学生的特点，探索和研究适合肢体残疾大学生的教学方法和手段

调查对象类型	要　素	赞成程度/%				
		很赞成	比较赞成	一般	比较不赞成	很不赞成
肢体残疾大学生教师与管理人员	根据肢体残疾大学生的特点，探索和研究适合肢体残疾大学生的教学方法和手段	62.50	27.50	10.00	0.00	0.00
肢体残疾大学生		61.22	24.49	10.20	2.04	2.04

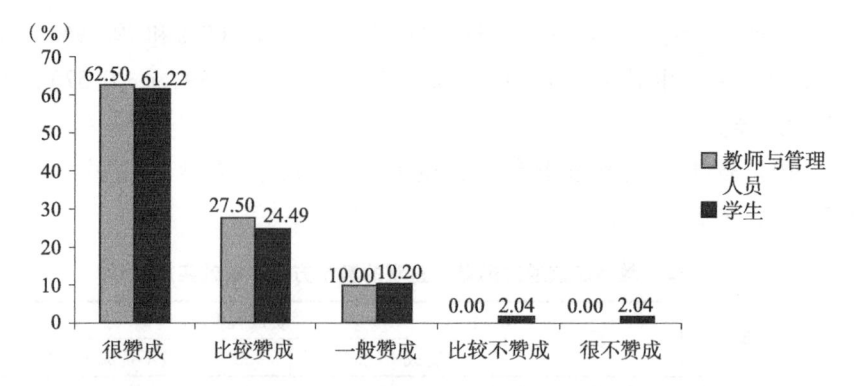

图 5-41 教师应该根据肢体残疾大学生的特点，探索和研究适合肢体残疾大学生的教学方法和手段

调查结果显示：教师和学生赞成的比例分别为 90.00% 和 85.71%。经检验，教师和学生对这一要素的认知比较一致（$x^2=1.71$，$p=0.78$），无显著性差异。

（12）教师应该熟悉无障碍理论与知识（见表 5-54、图 5-42）。

表 5-54 教师应该能熟悉无障碍理论与知识

调查对象类型	要素	赞成程度/%				
		很赞成	比较赞成	一般	比较不赞成	很不赞成
肢体残疾大学生教师与管理人员	熟悉无障碍理论与知识	42.50	45.00	12.50	0.00	0.00
肢体残疾大学生		53.06	26.53	16.33	2.04	2.04

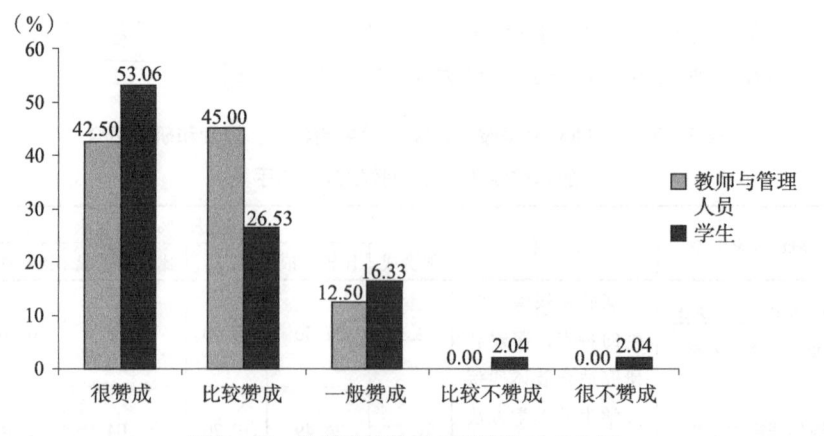

图 5-42 教师应该熟悉无障碍理论与知识

调查结果显示：教师和学生赞成的比例分别为 87.50% 和 79.59%。经检验，教师和学生对这一要素的认知比较一致（$x^2 = 4.51$，$p = 0.34$），无显著性差异。

（13）教师应该具有肢体残疾大学生的教育诊断技能（见表 5-55、图 5-43）。

表 5-55 教师应该具有肢体残疾大学生的教育诊断技能

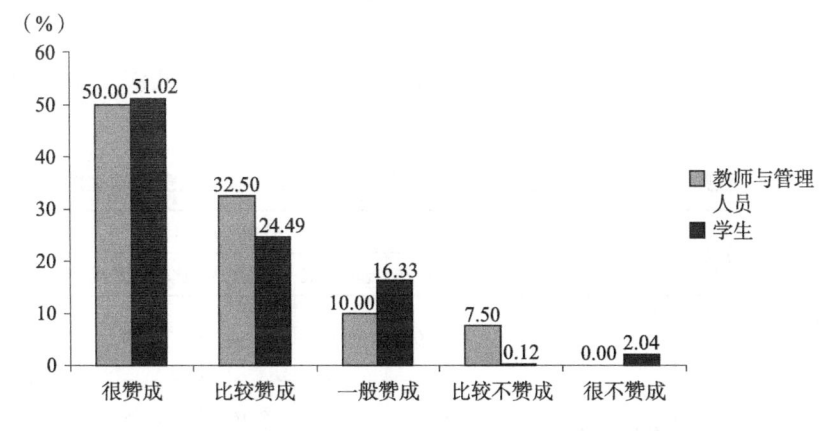

调查对象类型	要 素	赞成程度/%				
		很赞成	比较赞成	一般	比较不赞成	很不赞成
肢体残疾大学生教师与管理人员	具有肢体残疾大学生的教育诊断技能	50.00	32.50	10.00	7.50	0.00
肢体残疾大学生		51.02	24.49	16.33	6.12	2.04

图 5-43 教师应该具有肢体残疾大学生的教育诊断技能

调查结果显示：教师和学生赞成的比例分别为 82.50% 和 75.51%。经检验，教师和学生对这一要素的认知比较一致（$x^2 = 2.04$，$p = 0.72$），无显著性差异。

（14）教师应该能设计并使用特殊教具（见表 5-56、图 5-44）。

表 5-56 教师应该能设计并使用特殊教具

调查对象类型	要 素	赞成程度/%				
		很赞成	比较赞成	一般	比较不赞成	很不赞成
肢体残疾大学生教师与管理人员	能设计并使用特殊教具	60.00	15.00	20.00	5.00	0.00
肢体残疾大学生		38.78	28.57	26.53	4.08	2.04

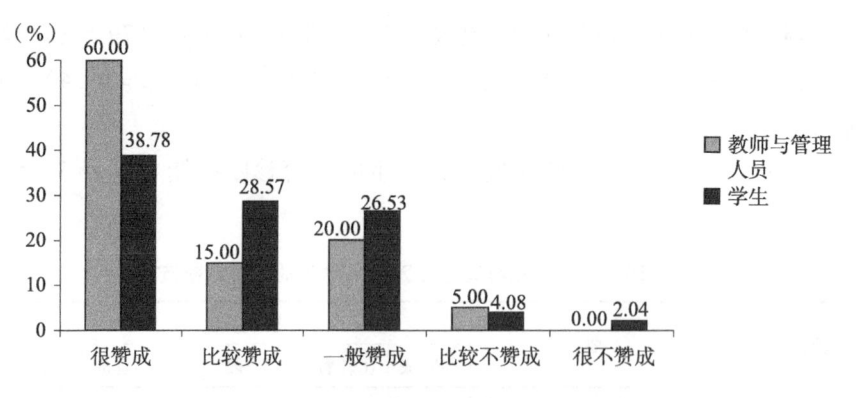

图 5-44　教师应该能设计并使用特殊教具

调查结果显示：教师和学生赞成的比例分别为 75.00% 和 67.35%。经检验，教师和学生对这一要素的认知比较一致（$x^2=5.11$，$p=0.27$），无显著性差异。

（15）教师应该将现代化辅助技术有效地运用在肢体残疾大学生的教学中（见表 5-57、图 5-45）。

表 5-57　教师应教师应该将现代化辅助技术有效地运用在肢体残疾大学生的教学中

调查对象类型	要　素	赞成程度/%				
		很赞成	比较赞成	一般赞成	比较不赞成	很不赞成
肢体残疾大学生教师与管理人员	教师应该将现代化辅助技术有效地运用在肢体残疾大学生的教学中	70.00	22.50	7.50	0.00	0.00
肢体残疾大学生		51.02	34.69	8.16	4.08	2.04

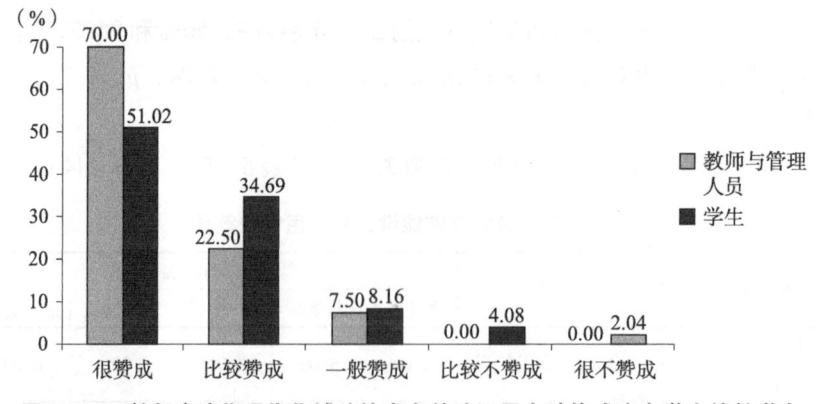

图 5-45　教师应该将现代化辅助技术有效地运用在肢体残疾大学生的教学中

调查结果显示：教师和学生赞成的比例分别为 92.50% 和 85.71%。经检验，教师和学生对这一要素的认知比较一致（$x^2=4.91$，$p=0.29$），无显著性差异。

三、专家访谈的结果分析（对如何确定理论框架中构建要素的访谈）

（一）针对从事视力残疾大学生教育的教师的访谈

课题组主要成员对中央教育科学院专门研究视力残疾教育的资深研究员进行了访谈，结果如下。

（1）你认为我国残疾人高等教育院校教师在其职业理解与认识方面有什么特殊性？

我国残疾人高等教育院校教师基本是在特殊教育学院中从事残疾人高等教育的教师，第一，社会职业认同不高，有些教师都不愿承认自己从事残疾人高等教育，因此需要政府给予关注。第二，由于社会对残疾人高等教育关注不高，愿意从事残疾人高等教育的教师人数有限，因此会出现很难吸引高质素人才从事残疾人高等教育事业的现象。此外，由于竞争和监督力度不够，容易出现懈怠。第三，由于我国高等特殊教育教师培养方面的限制，从事残疾人高等教育的教师素质可能达不到要求，存在专业素质有待提高的现象。

（2）你认为对我国残疾人高等教育院校教师的职业道德、态度与行为应有什么特殊要求？

首先，应该对残疾人和残疾人教育有正确的认识。教师应该热爱特殊教育事业，理解、尊重、关心、帮助残疾学生，维护他们的合法权益。

其次，特殊教育教师要有奉献精神。努力钻研业务，不断提高教育教学和康复训练的质量，使残疾学生发挥潜能、克服障碍、享受生命、全面发展。特殊教育教师的心理要健康，要有帮助和激励学生形成积极、乐观、百折不挠的心理品质。

（3）你认为我国残疾人高等教育院校教师应具备哪些高等特殊教育及相关知识？

特殊教育教师不仅要具有普通教师的基本素质，学习一般教师需要学习的相关专业和内容，还应具备特殊教育理论专业知识。中国应该学习美国、澳大利亚等培养特殊教育教师的方法，即在普通教育师资培养的基础上，补充特殊教育的知识、技能和分门别类的特殊教育能力。如澳大利亚要求从事各种特殊教育的教师都须接受高等教育和师范教育，在已经具有教师资格的基础上接受特殊教育的专业培训，且更注重实践培训和实践锻炼。在美国要成为特殊教育教师，必须是大学毕业后，经特殊教育课程培训，获得特殊教育专业资格的人士才能担任特教教师。俄罗斯也用这种模式培养盲、聋、智力落后教育、言语矫正四个专业特教师资。这种模式适用于特教教师的职前培养，教师需要对特殊教育对象的生理和心理特点有充分了解，也要学习特殊教育概论。学习特殊教育专业知识的同时，也需要将教育教学基本理论知识放在同等重要的位置。

此外，残疾人高等教育院校教师也需要了解中国关于残疾人教育的法律法规和特殊教育政策。

（4）你认为我国残疾人高等教育院校教师应具备哪些特殊教育教学技能？

盲文是盲人学习文化知识，进行阅读的重要工具。熟练使用盲文，是盲人必备的学习技能，也是视力残疾大学生教师必须掌握的专业技能。教育部印发的《特殊教育教师专业标准（试行）》中明确指出特教教师应能"正确使用普通话和国家推行的盲文、手语进行教学"。此外，残疾人高等教育院校视力残疾大学生教师应根据残疾大学生的特点，探索和研究适合残疾生的教学方法和手段、能设计并使用特殊教具，充分发挥学生的触摸功能进行学习，将现代化辅助技术有效地运用在残疾大学生的教学中。

（5）你认为我国残疾人高等教育院校教师应具备哪些特殊的学科教学知识？

需要具备教育学、心理学知识和扎实的教育教学实践经验。而现实生活中，高等特殊教育师范院校教育专业课程任课教师素质不高，尤其缺乏特殊学校教育实践及指导师范生技能训练的能力，与其要求不相符。高校教师存在着重理论讲解、轻实际技能训练，重教育基本原理研究、轻教学实际经验总结及课堂教学技巧、方法研究的现象，相当一部分教师把主要精力放在写文章、评职称上，忽视教学工作。因此，应该加强对高等教育院校教师教学实践经验的培养。

（6）你认为我国残疾人高等教育院校教师的科学研究能力有什么特殊要求？

残疾人高等教育院校教师的科学研究能力方面，除了在专业探索和教学工作上，不断有所发现、有所创造，推动高等特殊教育事业的发展外，还要在坚持以教学为中心、以提高教学质量为主题的前提下，研究和探索适合视力残疾学生教学特殊需要的教学方法，解决针对视力残疾大学生教学过程中遇到的特殊问题，从教育学、心理学、医学及一些技术科学中吸收研究成果，加强与这些交叉学科的横向联系，实现各相关学科的共同参与。还可以加强对一些发达国家特殊教育发展对策的研究，吸收能够体现特殊教育共性的成果，在我们的实践中运用、发展、创造。毕竟我们的特殊教育起步比较晚，发展也相对落后。

（7）你对我国残疾人高等教育院校教师在专业发展方面有什么建议？

应该增加康复专业的教师比例。从目前需求来看，儿童康复专业师资非常缺乏。即使大学有相关康复教师，其专业背景有医学的、教育学的、心理学的等，但缺乏综合性人才，而且他们大多是从学校到学校，缺少社会实践的能力和康复技能的经验，部分专业教师在高等教育理念、教学方法和教学管理、康复技能方面存在着欠缺，给实际工作带来一些困难。

（8）与基础特殊教育教师相比，我国残疾人高等教育院校教师在能力素质方面有什么特殊性？

残疾人高等教育院校教师的素质应该更高。不仅应具备特殊学校教师教授残疾人的教学能力，还应该具备更高的特殊教育理论基础知识、专业学科能力、科学研究能力，也还应该具备一些职业技能。

此外，中国特殊教育的发展非常需要大学教师在政策、理念等方面的介入和引领。因此，大学应该有意识要求高等教育院校教师把学来的知识应用于实践，不仅是教学实验，还应该为中国特殊教育发展做出贡献。应该了解中国立法过程和特殊教育政策制定过程，增长社会经验，锻炼工作能力。

（9）与国外高等特殊教育教师相比，我国残疾人高等教育院校教师在能力素质方面有什么特殊性？

目前，我国高等特殊教育在办学中主要是设置专门的学院、系（或专业），采取单考单招的方式招收残疾人，这种培养方式专业设置还比较传统、单一，尤其是面向盲人的专业更为明显，目前招生人数较多的仅限于针灸推拿（专科是中医按摩）、音乐学和钢琴调律专业；面向聋人设置的专业数量虽比盲人多，但是对占残疾人数量比例较大的听力残疾人来说，现有专业的选择范围仍然很窄；同时，不管残疾人个性的差别，只能学习仅有的几个专业，造成教育质量下降、学生毕业后就业困难等后果，有可能降低残疾人接受高等教育带来的积极的社会效益。此外，特殊教育专业生源短缺造成了专业学科发展资源短缺，影响和限制了高等特殊教育发展。应该积极发展普通学校接收残疾人大学生的融合高等教育。高等特殊教育院校只设立普通大学不能开设的适合残疾人需求的特殊职业，因此残疾人高等教育院校教师大多都是具备某种特殊职业技能的教师，其他公共课程的内容可以外聘普通大学的教师授课。

我国残疾人高等教育院校教师在能力素质方面应该大多是具备特殊职业技能的高级职业人才。

（10）你对我国残疾人高等教育院校教师在专业化发展方面还有哪些建议？

① 加大对高等教育院校教师社会学等内容的传授或引进相应人才，以便培养社会需要的残疾人社区工作和社会福利工作所需要的管理型人才。

② 完善与残疾人事业有关的心理学、康复医学、艺术学、管理学、社会学等其他学科的建设，提升学科的发展水平。

③ 根据不同类型残疾大学生的身心特点和特殊教育需要，以创新、创业能力培养为主线，以实践教学、产学研就（业）一体化为基础，以课程、教学改革为重点，实施教育康复与潜能开发并举的综改方略，逐步建立起适合残疾大学生特点、独具特色的新型人才培养体系。

④ 加强手语、盲文的研究、残疾人康复辅具的研究和科研成果的应用及转化，建立一批残疾儿童早期干预和教育研究中心，实行产学研一体化，促进科研成果转化为现实生产力。

（二）针对从事听力残疾大学生教育的教师的访谈

课题组将残疾人高等教育教师专业化标准的基本框架进行了分析，并从中选择10个核心要素编制了专家访谈提纲，邀请北京师范大学特殊教育系、国家语言文字工作委员会、北京联合大学特殊教育学院从事特殊教育研究的知名专家进行了访谈，专家们围绕着提纲的内容进行了论述。

（1）您认为我国残疾人高等教育院校教师在其职业理解与认识方面有什么特殊性？

一是教师要准确把握残疾人高等教育的职业教育性质和学生未来的就业取向，依此实施教育；二是教师要有包容心、责任心，要有很强的沟通能力、钻研能力；三是教师要研究残疾学生的特殊管理方法；四是聋生教师要了解和掌握不同地区的手语表达，与学生加强沟通；五是聋生教师要向聋生学习手语，再使用他们懂得的语言教会他们。

（2）您认为对我国残疾人高等教育院校教师的职业道德、态度与行为应有什么特殊要求？

高校教师的职业道德、态度与行为共性多一点，除了一般教师的，还需要有特殊要求如耐心、爱心、恒心。另外最主要的是尊重，对待残疾人要看到他们的长处，强调尊重。在中学和大学都应该专门开展尊重教育。

（3）您认为我国残疾人高等教育院校教师应具备哪些高等特殊教育及相关知识？

高校教师首先是一个学科教师，所以第一要有学科知识，第二要有关于特殊教育方面的知识，即要有面对残疾人群体的教育学、心理学，残疾人生理心理等特殊教育知识和技能。特殊教育教师知识结构应该是复合型知识结构，学科知识加特殊教育知识。特殊教育教师无论是义务教育还是高等教育的，共同点是如何关注残疾学生的个体差异问题。义务教育强调个别化教育、IEP，在高等教育阶段，由于单考单招，学生知识水平差异较大，因此班级教学的主要方式是集体授课，但也需要对学习困难学生进行个别帮助和个别支持，相应的方法要跟进，比如采取小组教学、分层教学、个别化教学等。高校学科专业教师在以往接受的高等教育中没有学过特殊教育相关知识，高校应为教师补上这方面的相关知识。

（4）您认为我国残疾人高等教育院校教师应具备哪些特殊教育教学技能？

残疾人高等教育院校听力残疾大学生教师应具备使用手语教学与沟通的技能。

残疾人高等教育院校教师应具备手语教学的相关能力，聋校的手语教学，是采用文法手语教学或者自然手语教学还是兼而有之，这是高等特殊教育院校需要研究的课题。聋人手语是母语，汉语是第二语言，教师教学用自然手语还是文法手语，值得研究。特殊教育的师范班特别重要，今后应扩大聋人上特教师范班，扩大聋人当教师。特殊教育的师范教育在手语方面，要研究语言教学和教育方法，教师还要对聋人自然手语有所了解。在特教学院教师中开展手语等级培训非常必要。特教学院应有部分教师的手语水平达到能进行大会翻译水平。大学不同的学科，教学语言有共性，但是不同专业的专业术语有所不同，学校应该逐步推进手语分级，加强对教师手语技能的培训，并提出要求。最好能做到把手语与工资挂钩，与特教津贴挂钩。

（5）您认为我国残疾人高等教育院校教师的科学研究能力有什么特殊要求？

从研究范式来讲，文科主要是采用质性研究和量化研究，残疾人高等教育院校教师与普通高校教师的研究方法是相同的，只是研究问题不同、研究对象不同。教师在科研能力上，在运用研究方法上要接受专门的训练，如科学研究从题目确定、文献研究方法、数据采集、数据处理、数据整理、报告撰写，完成一个完整的过程才能形成科学研究能力。从选题来看分为基础研究能力和实践（教学）研究能力。有思辨型的属于基础理论研究能力。

（6）您对我国残疾人高等教育院校教师在专业发展方面有什么建议？

残疾人高等教育院校教师在专业发展方面应该是专业加特教，专业教师需要特教知识，学特教的需要专业知识。所以教师要有复合型知识结构，当然在研究能力、教学能力上也需要进修、提升。

（7）您认为我国残疾人高等教育院校教师在职业技能方面有什么特殊性？

加强手语培训，特别重要。手语盲文使用调查结果显示，很多特殊教育学校教师不是毕业于特殊教育师范学校而是普通师范学校，目前手语培训都是到聋校后跟老师、学生学和自学的。特教专业的教学可以让健听生和聋生住在一起，创造融合环境。学校对教师要有要求，有考核，对特殊教育专业的学生也要有要求和考核，不仅要有教师资格证，也需要有手语翻译证，学校要创设环境，要增加课时，创造条件，跟聋生多接触。

（8）与基础特殊教育教师相比，我国残疾人高等教育院校教师在能力素质方面有什么特殊性？

从教学内容来讲，高校教师的能力素质主要是把复杂、高深的知识传递出去，高等教育跟义务教育阶段难度、广度完全不一样。通过他把这种复杂知识传递给别人，这方面的能力是沟通能力、表达能力。高校教师在学科方面是有底蕴的，但要通过教学把知识转化为学生能理解的知识，这就是沟通能力的问题。另外，无论是基础教育还是高等教育，都需要教师的表现力，通过教学能够吸引和抓住学生的注意力。这需要体态、手势和肢体的配合，教师光滔滔不绝地讲是远远不够的，还需要表现力。

（9）与国外高等特殊教育教师相比，我国残疾人高等教育院校教师在能力素质方面有什么特殊性？

要让教师走出国门，开拓视野，了解国外特殊教育。

（10）您对我国残疾人高等教育院校教师在专业化发展方面还有哪些建议？

从不同层面来看，首先国家层面要重视，管理部门要把高等教育教师专业化作为很重要的一项工作去抓，只靠民间行为是不行的。其次从院校层面，要把教师专业化发展作为学校的重要支撑。没有教师专业化的发展就没有学校的发展。教师专业化发展有一些共性内容，如教师需要进修，有的需要学历提升，有的需要专题提升，有的需要科研支持，这都是共性的东西。对于教师而言，年轻、中年、老年教师专业化发展的诉求不同，专业化发展是终身的，尤其是中青年教师的诉求直接关系到学校的发展。教学督导和专家组听课也可对高校教师专业化起到很大推动作用。

（三）针对从事肢体残疾大学生教育的教师的访谈

（1）您认为我国残疾人高等教育院校教师在其职业理解与认识方面有什么特殊性？

在访谈中，多数专家谈到的最多的词语是：爱心、特殊性、创新、信心、针对性、共性和特性。残疾人高等教育院校教师在其职业理解与认识方面的特殊性主要体现在以下方面：爱心，主要是对残疾学生的"大爱"；特殊性，指面对这些残疾的学生需要教师掌握特殊教育理念、特殊教育方法、特殊的交流方式、特殊教育的规律；创新，指教师在教育教学活动中不断地去发现特殊教育规律；信心，指残疾人事业是一条艰难而又漫长的路，需要教师坚韧的、锲而不舍的、持之以恒的、永不言败的信心和勇气，需要在润物细无声的滋润中修复受伤的天使；针对性，指教学过程中需要根据授课对象的身体情况有针对性制定相应的教材、教学手段、教学方法，切实做到因材施教；共性和特性，指在队伍整体结构方面要遵循普通高等教育对教师队伍的共性要求，在教师个体素质方面又要符合残疾人高等教育对教师队伍的特殊性要求。

（2）您认为对我国残疾人高等教育院校教师的职业道德、态度与行为应有什么特殊要求？

在访谈中，多数专家谈到的最多的词语是：尊重、公平、合作、尊重隐私、不断学习、高尚、关心、爱、奉献。认为残疾人高等教育教师在职业道德、态度与行为方面的特殊要求，首先要尊重学生，言谈举止应当考虑残疾学生的感受，保护学生的隐私；其次对待残疾学生和普通学生要客观、公平、公正，有爱心、耐心的同时，更重要的是一视同仁的民主之心；再次要具备普通教师的职业道德，教育残疾学生是一个更为长期和坚守的过程，需要教师任劳任怨和奉献精神。

（3）您认为我国残疾人高等教育院校教师应具备哪些高等特殊教育及相关知识？

在访谈中，多数专家谈到的最多的词语是：哲学、法律、心理学、教育学、文学、因材施教、手语和盲文、医学、康复、社会、诊断与评估学、特殊教育学、临床医学、康复医学、人际交往、艺术。认为残疾人高等教育院校教师应具备的高等特殊教育及相关知识除了基本的教育学、心理学、医学及相关专业知识、特殊教育学的相关知识外，残疾人高等教育教师还应当具备哲学、法律、文学、艺术、康复等方面的相关知识。

（4）您认为我国残疾人高等教育院校教师应具备哪些特殊教育教学技能？

在访谈中，多数专家谈到的最多的词语是：组织教学，选择教学方法与手段，交流沟通能力，处理应急事件的能力，指挥组织学生各种活动的能力，专业实践能力，教学研究能力（包括教学设计、运用教学媒体和信息化技术、教学评估），特殊能力（包括评估特殊需要、辅助技术、盲文、手语、个别化教学）。认为残疾人高等教育院校教师除了应具备基本的教学设计、教学组织、运用教学媒体和信息化技术、教学评估以及常规的教学研究能力，较强的本行业的实践应用能力外，还应具备特殊教育教学技能：

① 与残疾学生的沟通交流能力、处理应急事件的能力、指挥组织学生各种活动的能力。

② 满足学生特殊需要的教学和研究能力，包括认识和了解残疾学生身

心特点的方法；在评估了解学生的基础上运用手语、盲文技能、计算机以及生动的语言表达等手段设计、创建教学环境，善于灵活依据实际、变通的利用环境及辅助技术对残疾学生进行教育教学的能力，以及关于特殊教育理念、特殊语言等教学研究能力。

（5）您认为我国残疾人高等教育院校教师应具备哪些特殊的学科教学知识？

在访谈中，多数专家谈到的最多的词语是：盲文、手语、计算机辅助教学软件的使用。认为残疾人高等教育院校教师特殊的学科教学知识应包括盲文、手语、辅助技术等相关学科知识。

（6）您认为我国残疾人高等教育院校教师的科学研究能力有什么特殊要求？

在访谈中，多数专家谈到的最多的词语是：科研型和创新型、本学科与残疾人教育结合、支持、个案研究。认为残疾人高等教育院校教师科学研究能力的特殊要求应体现在以下方面：能根据教育对象的特殊性开展个案研究、能够将本学科与残疾人教育相结合。

（7）您对我国残疾人高等教育院校教师在专业发展方面有什么建议？

在访谈中，多数专家谈到的最多的词语是：学历层次高、专业性强、综合素质高、培训、学习、认证制度、实践、挂职。对残疾人高等教育院校教师专业发展提出以下建议：

① 建立长期培训机制，如分批次组织残疾人教育任课教师外出培训、学习盲文、手语等知识，使其熟悉残疾人交流方法。

② 由于我国残疾人高等教育院校教师中大多数没有受过正规特殊教育专业培训与考核，应出台残疾人高等教育师资培养相关政策，建立残疾人高等教育师资培训机制，在全国范围内形成培训平台及网络，健全残疾人高等教育教师认证制度，保证高等特殊教育的健康发展和培养质量。

（8）您认为我国残疾人高等教育院校教师在职业技能方面有什么特殊性？

在访谈中，多数专家谈到的最多的词语是：校企联合、特教知识、了解残疾人、评估、盲文和手语、辅助技术、康复。认为残疾人高等教育院校教师在职业技能方面的特殊性体现在：残疾人高等教育院校教师在职业技能方面应该是双师型教师，既具有一般高校教师的职业素养，还要有教育康复类的知识背景与专业技能。

（9）与基础特殊教育教师相比，我国残疾人高等教育院校教师在能力素质方面有什么特殊性？

在访谈中，多数专家谈到的最多的词语是：综合能力、创新能力、信息技术、科研能力、与残疾人交流、行业实践能力、实践能力。认为残疾人高等教育院校教师能力素质的特殊性主要表现在具备与残疾人交流的能力、具有较强的本行业的实践应用能力。

（10）与国外高等特殊教育教师相比，我国残疾人高等教育院校教师在能力素质方面有什么特殊性？

在访谈中，多数专家谈到的最多的词语是：科研能力、沟通能力、敬业精神、制定特殊教学方案、特教专业培训他们认为与国外高等特殊教育教师相比，我国残疾人高等教育院校教师在能力素质方面不应该有特殊性，因为从学生的角度来讲，他们的需要是相似的，教师具备何种能力素质是根据学生的需要而定的，所以，不管国内国外，高等特教教师应当具备的能力素质应该不具备特殊性。

（11）您对我国残疾人高等教育院校教师在专业化发展方面还有哪些建议？

在访谈中，多数专家谈到的最多的词语是：拓宽残疾人专业、特教培训、加强教育教学研究。对残疾人高等教育院校教师专业化发展的建议是对教师要加强特殊教育相关知识的培训，加强特殊教育教学的研究平台的支持。

第六章 残疾人高等教育院校教师专业标准的建构

一、教师专业标准建构的思路

(一) 建立教师专业标准的总框架

残疾人高等教育院校教师专业标准的建构是在对国内外高校教师专业标准和基础教育教师专业标准的比较分析以及关于残疾人高等教育需求分析的基础上提出的。本研究提出的残疾人高等教育院校教师专业标准是合格标准。要达到此标准，需分两步实施，一是教师要先达到入职标准（该标准中的部分要求）进入高等学校，二是教师入职后经过相应的培训和岗位实践达到专业标准（该标准中的全部要求）。

1. 教师专业标准的总体构成

残疾人高等教育院校教师专业标准由基本理念、基本内容、实施建议三大部分构成。

基本理念是建构教师专业标准的前提。教师作为学生健康成长的指导者和引路人，必须履行教师职业道德规范，为人师表；教师要树立以学生为主体的现代教学观，尊重学生，重视学生的能力培养，学生是否在走出校园后立足于社会，完全依赖于学生自身良好的素质和知识、能力，这就对教师相应的素质和知识、能力提出了更高的要求。同时，时代的发展也要求教师要树立变终结性教育为终身教育的观念，并具有终身学习与持续发展的意识和能力，才有可能在教学活动中注重培养学生的可持续学习能力和可持续发展能力。

基本内容是基本理念的具体体现。残疾人高等教育是高等教育的重要组成部分。大学是实施高等教育的机构，主要有三大基本功能，即人才培养、科学研究、服务社会。人才培养是大学的核心工作；科学研究是大学的重要职能，也是人才培养的重要载体；服务社会是人才培养和科学研究功能的延伸。大学的这三大功能相互联系、不可分割，残疾人高等院校也不例外。作为残疾人高等教育院校的教师是实现三大功能的重要人力资源，自身既要具备高校教师基本的专业理念和师德，还要具备实现三大基本功能的知识和能力。因此，基本内容至少应包括：对自身素质的要求，如对从事的职业认识的要求、对学生态度的要求、对师德的要求等；对知识的要求，如高等教育特别是残疾人高等教育的知识的要求、学科知识等；对能力的要求，如教学能力、研究能力、自我发展能力、服务社会的能力、专业实践能力和创新能力等。同时，这里要特别强调具有残疾人高等教育的教学技能和残疾人高等教育研究的能力。

实施建议是落实基本内容的保障。实施建议中应提出从国家层面、省市层面、院校层面制定相应的政策保障，在教师层面提出对教师个人的要求。例如：建议国家出台《残疾人高等教育教师专业标准》以及对残疾人高等教育院校教师入职标准要求等，本研究成果可为国家制定《残疾人高等教育教师专业标准》以及对残疾人高等教育院校教师入职标准提供参考。建议各级教育行政部门以国家制定的教师专业标准为依据，在教师队伍建设的政策保障、经费投入等方面提供保障；建议开展残疾人高等教育的院校以此为依据制定教师培训方案、提供经费开展分层（定期）的培训与考核，促进教师专业发展。建议教师个人按照专业标准的要求，主动适应经济社会和残疾人高等教育发展的要求，主动参加相关的专业发展活动，提升自身专业发展水平，在入职后逐步达到教师专业标准。

本章重点对残疾人高等教育院校教师专业标准中基本理念与基本内容进行论述与建构。具体实施建议见第七章。

2. 教师专业标准的动态体系

（1）理想的教师专业标准应是一个动态体系。要使教师专业标准成为引领教师在整个职业生涯中不断专业发展的指南，就必须形成一个具有动态发展要求的专业标准体系，针对教师职业生涯的不同阶段划分制定相应的教师专业标准。

对于基础教育教师，目前美国、英国和澳大利亚拥有比较完善的专业标准体系，该体系针对基础教育教师职业生涯的不同阶段制定了相应的教师专业标准，体现了发展性评价的理念。以英国为例，英国学校培训与发展司（Training & Developing for School Agency，TDA）于 2007 年颁布了《教师专业标准框架》❶，该框架制定的教师专业标准包括五级：合格教师标准、核心教师标准、骨干教师标准、优秀教师标准和高级教师（或称卓越教师）标准，后一级标准在前一级标准基础上进一步提出递进要求。其中合格教师标准的各项要求是对中小学教师的基本要求；核心教师标准是对从事中小学工作的教师提出的核心胜任特征，也是所有教师必须达到的标准。骨干教师标准对教师在各个方面的工作提出了比前两级标准更高要求，如责任心强度、经验丰富程度、教学灵活程度、组织管理能力等方面，骨干教师标准是部分教师可以达到的标准。优秀教师标准更强调团队组织及领导方面的才能，是少数教师可以达到的标准。高级教师标准强调战略性领导和团队组织领导方面的才能，是只有个别教师可以达到的标准。再以澳大利亚为例，在《国家教师专业标准》中包含对四类教师的要求，即新手教师（Graduate）、熟手教师（Proficient）、高成就教师（Highly Accomplished）和主导教师（Lead）。新手教师指完成教师培训，获得教师资格的职业状态；熟手教师指熟悉教师工作，能够熟练完成各项工作任务的职业状态；高成就教师是在熟练完成教学任务的前提下，追求在教学上取得更多更高成就的职业状态。而主导教师是教师职业的最高境界，其受到同事、家长和社区的尊重和承认，创造包容的学习环境以满足各类学生的多样化需要，不断改进自己的实践并与同事分享经验，总能进行创新性思考。

　　对于特殊教育中小学教师，一些国家也形成了体现发展性理念的专业标准。以美国为例，它的特殊教育教师资格认证制度在世界上属于比较完善的，它要求特殊教育教师除了应遵守美国全国性教师认证机构和各州教师认证机构的标准外，还要符合美国特殊儿童委员会（CEC）制定的特殊教育教师任职资格标准《每个特殊教师必须知道什么——有关特殊教育教师培养和资格证书的国际标准》（*What Every Special Educator Must Know: The International Standards for the Preparation and certification of Special Education Teachers*）。而且，在美国的大部分州内，特殊教育教师

---

❶ 王颖华．卓越教师专业标准的国际比较及其启示［J］．西北师大学报（社会科学版），2014（4）：92-99．

资格证书都不是终身的，一般有效期为5年，在达到了规定的年限后，持证者需符合一定的条件（如修满规定学分的课程等）才能换领新证书。

对于高等学校教师（包括残疾人高等教育院校教师），虽然多数国家并没有全国统一的明确的高校教师专业标准体系，但隐性的专业标准体系是存在的，它在促进教师的专业发展上起到了主导作用。如前所述，考虑到高校办学的自主性，高校教师的教师资格制度在世界各国并不都有国家层面制定的统一标准，但在大多数国家中，高校教师也必须经过一定的认证（由各高校按照高校以外的高等教育资格评审认证机构的认证标准并结合学校办学特点自行制定教师资格认定标准），才能从事高校教师职业，各高校为了保证学校的声誉和教学质量，制定的教师入职标准是非常严格的。由于高校教师的专业发展与教师所处的职业生涯发展阶段有关，高校教师入职之后的专业发展标准则体现在各高校的教师职务聘任与晋升标准、教师绩效评价标准上，这些要求与教师的入职标准共同构成了一个动态的教师专业标准体系。在发达国家，高校已形成了学校内部教师专业发展的组织氛围和制度环境，制定有较为完善的教师聘任与管理制度、教师专业发展的培养与激励保障机制，在社会层面也建立了对各高校教师专业发展活动的评估机制。

综上所述，无论对于中小学教师还是高校教师，教师的专业标准应该是一个具有动态发展要求的专业标准体系，这也是各国顺应社会对教育质量提升要求促进教师专业发展的一个整体趋势。

（2）教师专业标准的设计要体现动态发展理念。残疾人高等教育院校教师的专业标准体系中应包含有入职标准、合格标准和其后各个阶段的教师专业发展要求，不同阶段的要求究竟是由国家组织统一制定还是放权到学校层面制定，这取决于不同的国情和实施环境。高校办学的自主性、地域性和教师专业发展的多学科性，使得高校教师的专业标准体系很难做到全国统一。鉴于我国高校办学的评估机制尚不健全和我国残疾人高等教育院校的发展不平衡的实际情况，实行全国统一的教师入职标准和合格标准是必要的和可行的。本研究制定的残疾人高等教育院校教师专业标准既包含了入职标准，也涉及教师入职之后引导其不断发展应达到的合格标准，从而体现了对教师专业发展的动态要求。教师达到合格标准后进一步的专业要求可由教师所在学校通过制定教师职务聘任与晋升标准、教师绩效评价标准、优秀教师激励等政策来约束与激励，使教师在不同的职业发展阶段达到所在学校制定的教师专业发展要求。

3. 教师专业标准内容的模块划分

考虑到残疾人高等教育院校教师专业标准应与我国目前实施的普通高校教师资格制度有机结合，因此，在内容设计上既要考虑残疾人高等教育院校教师作为高校教师所应达到的共性要求，也要考虑其作为残疾人高等教育教师所应达到的要求，这些要求中既有所有残疾人高等教育教师均应具备的共同核心性要求，也有针对不同残疾类型学生实施教育所需的特定的专门性知识和技能。

课题组在研制我国残疾人高等教育院校教师专业标准时，可将对教师的要求划分为普通高等教育共性要求、残疾人高等教育共性要求和残疾人高等教育分类特性要求三个模块。普通高等教育共性要求模块包含高校教师普遍应达到的共性要求，残疾人高等教育共性要求模块包含所有残疾人高等教育院校教师应达到的残疾人高等教育共同核心性要求，残疾人高等教育分类特性要求模块则对从事不同残疾类型（听力残疾、视力残疾、肢体残疾）学生教育的教师所应达到的专门性知识和技能要求进行分类描述。

（二）基本内容的构成分析

基于对国内外高校教师专业标准和基础教育教师专业标准的比较分析和残疾人高等教育的需求分析，我们考虑以维度、领域、基本要求三层结构来构建残疾人高等教育教师专业标准的基本内容框架。

第一层是"维度"层面。"维度"层中用 n 个维度对残疾人高等院校教师需具备的综合素质进行概括归类。

第二层是"领域"层面。"维度"层之下是"领域"层，每个"维度"层对应若干个"领域"，共计有 m 个领域。每个"领域"是对同一类基本要求的归类划分。

第三层是"基本要求"层面。"领域"层之下是"基本要求"层，每个"领域"又细分为若干个基本要求，共计有 p 个基本要求。这些基本要求是对教师相关行为的具体描述，以此告知教师应该如何去做。

总体来看，基本内容的框架由 n 个维度构成，对应 m 个领域，p 个基本要求（或称为"行为描述"）。

1. 维度的构成

教师专业标准是对教师应具备的专业素质指标的衡量尺度，以哪些内容作为衡量尺度，各国一直在研究和完善，从20世纪90年代以来，人们逐步达成共识，即教师的评价标准必须以教师的专业素质为基础。关于教师的专业素质的内容，专家学者从心理学和教育学领域进行了不断的探索。美国心理学家斯班瑟（Spencer）提出的能力素质模型，即著名的冰山模型（Iceberg Model）也同样适用于教师。冰山模型认为，人的能力素质由六个要素构成，即知识、技能、社会角色、自我概念、特质和动机，它形象地把这些能力素质划分为"浮于水面之上"和深藏于"水面之下"的两部分。将知识、技能归于显现于水面之上的冰山上半部，是基准性能力素质，是决定一个人绩效高低的表层特征和外显要素，易于发现与评价；将社会角色、自我概念、特质与动机归于水面之下的冰山下半部，是鉴别性能力素质，是决定一个人绩效高低的深层次特征，较难发现和测量，但却是决定一个人行为及表现的关键因素。而从教育学角度探讨教师所应具备的知识和能力，美国卡内基教学促进基金会荣誉退休主席舒尔曼教授关于专业知识基础和专业实践基础的论著，仍不失其理论意义和实践价值。

文献分析和国内外教师专业标准的比较研究表明，无论是国家实施的教师专业标准，还是学者的相关研究，对专业标准的内容应该如何划分维度虽略有不同，但其所覆盖的核心内容基本相同，都可以概括为三大方面的内容，即专业理念与道德（或专业价值观）、专业知识和专业能力。表6-1列出了各国教师专业标准的维度划分及对应领域，可见，美国、英国和中国等中小学教师和特殊教育教师的专业标准的维度划分采用三分法，而澳大利亚、日本等国则采用四分法[1]。澳大利亚和日本把"社会关系"从"专业能力"中提出单列一个维度，澳大利亚称为"专业关系协调能力"，日本称为"社会性"，表现了两国对教师的关系处理方面能力的重视。

---

[1] 徐妮. 我国教师专业标准分类维度的优化——基于国际比较的启示[J]. 现代教育科学，2013（1）：5-7.

表6-1 各国教师专业标准的维度划分及对应领域

国家	维度划分		对应领域
美国	普通教师标准	专业态度	自我反思、个人专业发展、社群关系、家庭合作
		专业知识	学科知识、学生知识、教育学知识、教学实践知识、教育法规
		专业技能	学习环境、学生参与、教学设计和实施、教学策略、教育资源、课堂纪律、学习评价、专业社群贡献、多领域课程整合、差异化教学
	特教教师任职标准（CEC）	道德规范和职业行为规范	职业热爱、思想境界、个人专业发展、致力于帮助特殊人群及家庭、遵守和完善职业准则、是非观念等
		知识	基础知识、学习者的发展和特征、个体学习差异、教学策略、学习环境与社会交往、沟通、教学计划、评估、专业和实践道德、合作
		技能	基础知识、学习者的发展和特征、个体学习差异、教学策略、学习环境与社会交往、沟通、教学计划、评估、专业和实践道德、合作
英国	专业品质		与儿童和青少年的关系、工作机制、与他人的沟通及合作、个人专业发展
	专业知识和理解		教与学、评价与监控、科目与课程、读写算能力和信息通信技术、成就和多样性、健康
	专业技能		计划、教学、评价监控和反馈、检查教学和学习、学习环境、团队协作
澳大利亚	专业价值观		热爱教师职业、奉献精神、乐于学习、尊重学生及家长
	专业知识		所教科目的专业知识、人文及自然科学的通识性知识、教育学理论知识
	专业实践能力		教学能力、管理能力、反思能力、评价能力
	专业关系协调能力		与学生相互信任、与其他教员和心理工作者专业协作、与家长和社区合作
日本	专业性		孩子的成长、应对学习者的多样性
	专业知识理解		教学科目内容、学习环境、学习信息
	专业知识技能		教学方法、交流、指导计划、评价、自我反思和专业发展、共同合作、灵活应用信息技术
	社会性		伦理观、同事关系

续表

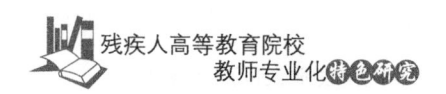

国家	维度划分	对应领域
中国[1]	专业理念与师德	①职业理解与认识；②对学生的态度与行为；③教育教学的态度与行为；④个人修养与行为
	专业知识	①学生发展阶段知识；②学科知识；③教育教学知识；④通识性知识
	专业能力	①教育教学设计；②组织与实施；③激励与评价；④沟通与合作；⑤反思与发展

考虑到所研制的"残疾人高等教育院校教师专业标准"的维度划分尽量与我国现行的《中小学教师专业标准》维度划分保持一致性，课题组拟从专业理念与职业道德、专业知识和专业能力三个维度来划分其具体领域。在具体内容设计时要注意借鉴国内外相关经验，并结合国内相关院校的调研和专家访谈最终确定各维度中所应包含的基本要求，这些基本要求除了应涵盖对普通高等教育教师的要求，还要突出对残疾人高等教育教师的特殊要求。

"专业理念与师德"维度描述教师在从事工作时具备的思想理念和道德品质，对职业特性的认识和态度，以及这些认识和态度在教师从业过程中所外化而成的恰当行为。这一维度涵盖了能力素质模型中的社会角色、自我概念、特质与动机要素，是决定教师行为及表现的关键维度。教师清楚地认识和理解职业的价值所在、具有理想追求，才能形成对教育事业的责任感，这是其较好履行教师职责和谋求自身发展的内在动力。教师的教育理念对于教师教学理念、课程设计、教学目标、教学策略的使用会产生很强的影响力，并通过教师的行为综合表现出来，对学生的成长产生深远影响。

"专业知识"维度描述教师所应具备的知识，并对这些知识进行分类划分。由于高校教师承担着教学、科研和社会服务三重职责，因此，在"专业知识"维度中应体现圆满完成这三重职责所应具备的知识基础。对于从事残疾人高等教育的教师，具备高等特殊教育知识则是一个重要方

---

[1] 教育部关于印发《幼儿园教师专业标准（试行）》《小学教师专业标准（试行）》和《中学教师专业标准（试行）》的通知（教育部文件教师（2012）1号）[EB/OL] http：//www.gov.cn/zwgk/2012-09/14/content_2224534.htm.2012-09-14

面,也是特色之一,在知识要求中应体现从事特殊教育所特有的知识要求。

"专业能力"维度描述教师所应具备的能力,并对这些能力进行分类划分。在"专业能力"维度中也应体现高校教师圆满完成三重职责所应具备的能力。而对于从事残疾人高等教育的教师,能力要求中还应体现从事特殊教育所特有的能力要求。

上述三个维度之间不是割裂的,而是相互联系和相互作用的,共同形成一个有机的整体。

2. 领域的构成

课题组通过前期文献分析、问卷调查和专家访谈,最终确定了对残疾人高等教育教师的基本要求45条。这些基本要求是以对教师的普遍性要求为基础,同时顺应教育改革和社会发展需要,并在审视我国目前残疾人高等教育院校教师专业发展存在问题基础上提出了一些有针对性的要求。这些基本要求的内涵分析表明,其中13条属于"专业理念与师德"维度,11条属于"专业知识"维度,21条属于"专业能力"维度。为了对基本要求进行更为明晰的归类,有助于教师理解与掌握,我们在专业理念与师德、专业知识、专业能力三个维度之下划分了不同领域。

在划分领域时遵循了三个原则:一是领域应能合理阐述维度的含义,形成清晰的脉络;二是要避免各领域的内容重叠交叉或遗漏;三是要具有可操作性。

教师专业标准三个维度下的领域划分如下。

(1) "专业理念与师德"维度下的领域划分。

属于"专业理念与师德"维度的13条基本要求,内容如下。

第1条 贯彻党和国家教育方针政策,遵守教育法律法规。

第2条 理解残疾人高等教育工作的意义,热爱高等特殊教育事业,具有职业理想和敬业精神。

第3条 认同高等特殊教育教师职业的专业性、独特性和复杂性,注重自身专业发展。

第4条 具备正确的高等教育观、人才观、师生观。

第5条 具有现代残疾人观,能够以平等、参与和共享的理念促进残疾人的发展。

第6条 具有团队合作精神,积极开展协作与交流。

第 7 条 尊重个体差异，平等对待残疾学生，主动了解和满足残疾生的特殊需要。

第 8 条 尊重教育规律和残疾学生身心发展规律，为每一个残疾学生提供适合的教育，开发学生潜能。

第 9 条 引导残疾生自尊自信、自强自立，培养学生良好的思维习惯和适应社会的能力。

第 10 条 富有责任心、爱心、耐心和恒心。

第 11 条 爱岗敬业、勤学进取、无私奉献。

第 12 条 善于自我调适，保持平和心态。

第 13 条 衣着整洁得体，语言规范，举止文明礼貌。

分析上述基本要求的内容，可将其划分到职业理解与认识、对待学生的态度与行为、师德修养与行为三个领域，分别对应第 1~6 条（共 6 条）、第 7~9 条（共 3 条）和第 10~13 条（共 4 条），各领域与基本要求的对应关系如下。

领域一：职业理解与认识

在领域一"职业理解与认识"中，主要描述了教师应具备的教育理念与道德品质、对职业特性尤其是残疾人高等教育特性的认识与态度、对国家相关政策和法规的认知与贯彻、在工作中的自我发展和团队合作等。

对应的基本要求有以下 6 条：

总序号	条目内容
1	贯彻党和国家教育方针政策，遵守教育法律法规。
2	理解残疾人高等教育工作的意义，热爱高等特殊教育事业，具有职业理想和敬业精神。
3	认同高等特殊教育教师职业的专业性、独特性和复杂性，注重自身专业发展。
4	具备正确的高等教育观、人才观、师生观。
5	具有现代残疾人观，能够以平等、参与和共享的理念促进残疾人的发展。
6	具有团队合作精神，积极开展协作与交流。

其中条目内容 2、3、5 是专门针对从事残疾人教育教师提出的，突出对教师具有职业理想与正确残疾人观的要求。

领域二：对待学生的态度与行为

在领域二"对待学生的态度与行为"中，主要描述了教师如何在工作中树立以学生为本的理念，做到尊重学生、引导学生和开发潜能，培养学生适应社会的能力等。

对应的基本要求有以下 3 条：

总序号	条目内容
7	尊重个体差异，平等对待残疾学生，主动了解和满足残疾生的特殊需要。
8	尊重教育规律和残疾学生身心发展规律，为每一个残疾学生提供适合的教育，开发学生潜能。
9	引导残疾生自尊自信、自强自立，培养学生良好的思维习惯和适应社会的能力。

这 3 条都是针对从事残疾人教育教师提出的。

领域三：师德修养与行为

在领域三"师德修养与行为"中，主要描述了教师在正确的职业理想与认识的主导下，在个人修养上应有的具体行为表现。

对应的基本要求有以下 4 条：

总序号	条目内容
10	富有责任心、爱心、耐心和恒心。
11	爱岗敬业、勤学进取、无私奉献。
12	善于自我调适，保持平和心态。
13	衣着整洁得体，语言规范，举止文明礼貌。

其中条目内容 10、12 是针对从事残疾人教育教师提出的，突出了教师对残疾人教育的独特性和复杂性的积极应对行为，要在困难面前具有恒心和善于自我调适。

（2）"专业知识"维度下的领域划分。

属于"专业知识"维度的 11 条基本要求内容如下。

第 1 条　具有高等教育学、教育心理学的基本知识。

第 2 条　具有教学论、学习理论的基本知识。

第 3 条　具有高等教育法规的基本知识。

第4条　了解有关残疾人保障的法律法规。

第5条　掌握残疾大学生认知、学习需要的一般规律与个别差异的相关知识。

第6条　掌握残疾人高等教育教学法的相关知识。

第7条　了解残疾大学生生理、病理及相关知识。

第8条　具有适应残疾大学生认知特点和学习需要的教育辅助和信息技术知识。

第9条　掌握残疾人教育课程资源开发的主要方法与策略。

第10条　掌握所教授学科知识体系的基本内容、基本思想与方法。

第11条　了解所教授学科与其他学科、与社会实践的联系。

分析上述基本要求的内容，可将其划分到高等教育教学知识、高等特殊教育知识、学科知识三个领域，这三个领域分别对应该维度下的基本要求第1~3条（共3条）、第4~9条（共6条）和第10~11条（共2条），各领域与基本要求的对应关系如下。

领域四：高等教育教学知识

在领域四"高等教育教学知识"中，主要描述了作为高校教师普遍应当具备的高等教育教学知识，包含了高等教育学、教育心理学、教学论、学习理论、高等教育法规的基本知识。

对应的基本要求有以下3条（注："维度二"和"维度三"的各条目与"维度一"条目按总序号连续排序）：

总序号	条目内容
14	具有高等教育学、教育心理学的基本知识。
15	具有教学论、学习理论的基本知识。
16	具有高等教育法律法规的基本知识。

虽然所列条目内容不多，但其中所包含的知识涉及面广，需要通过系统的学习加以掌握。

领域五：高等特殊教育知识

在领域五"高等特殊教育知识"中，主要描述了作为从事残疾人高等教育教师在掌握有关知识上的特殊要求，包括了对教师在残疾人教育政策法规、学生认知和学习规律、教学法、生理病理知识、教育辅助技术和课程资源开发等方面的专门知识的了解和掌握的要求。

对应的基本要求有以下 6 条：

总序号	条目内容
17	了解有关残疾人保障的法律法规。
18	掌握残疾大学生认知、学习需要的一般规律与个别差异的相关知识。 18-T：掌握听力残疾大学生认知、学习需要的一般规律与个别差异的相关知识。 18-S：掌握视力残疾大学生认知、学习需要的一般规律与个别差异的相关知识。 18-Z：掌握肢体残疾大学生认知、学习需要的一般规律与个别差异的相关知识。
19	掌握特殊高等教育教学法的相关知识。 19-T：掌握听力残疾大学生教学法的相关知识。 19-S：掌握视力残疾大学生教学法的相关知识。
20	了解残疾大学生生理、心理、病理及相关知识。 20-T：了解听力残疾大学生的生理、心理、病理及相关知识。 20-S：了解视力残疾大学生的生理、心理、病理及相关知识。 20-Z：了解肢体残疾残疾大学生的生理、心理、病理及相关知识。
21	具有适应残疾大学生认知特点和学习需要的教育辅助和信息技术知识。 21-T：具有适应听力残疾大学生认知特点和学习需要的教育辅助和信息技术知识。 21-S：具有适应视力残疾大学生认知特点和学习需要的教育辅助和信息技术知识。 21-Z：具有适应肢体残疾大学生认知特点和学习需要的教育辅助和信息技术知识。
22	掌握特殊教育课程资源开发的主要方法与策略。

其中条目内容 18、19、20 和 21 会因教育对象的残疾类型不同（分为听力残疾、视力残疾、肢体残疾）而在内容上有所区别，分别用 -T、-S、-Z 对条目加以区分标注。我们可以在这些条目基础上进一步对从事不同残疾类型学生教育的教师所应达到的专门性知识进行分类详尽描述，形成残疾人高等教育分类特性要求模块中的相应条目。

领域六：学科知识

在领域六"学科知识"中，主要描述了作为高校教师所应具备的学科知识。由于高校教师与中小学教师的任务不尽相同，他承担着教学、科研和社会服务三重任务，因此，在学科知识的要求上，不仅要求教师必须掌握本学科的知识体系内容，还要有跨学科相关知识和与社会实践相联系的知识，为进一步的教学改革、科研创新和社会服务奠定知识基础。

对应的基本要求有以下 2 条：

总序号	条目内容
23	掌握所教授学科知识体系的基本内容、基本思想与方法。
24	了解所教授学科与其他学科、与社会实践的联系。

(3) "专业能力"维度下的领域划分。

舒尔曼教授在强调实践能力时指出:"一个专业人员只停留在理解是远远不够的。理解是必要条件却非充分条件。一个专业人员不管他是否已经拥有足够的信息,都要准备去行动,去执行,去实践。"因此,对于教师来说,只有相关知识是不够的,他必须具有将这些知识运用于实践的能力,即在这个标准里描述为"专业能力"的那些能力。一般来说,专业能力应基本对应于相应的知识要求,但在本研究中,对教师应具备的高等教育教学知识的要求在专业标准中用概括性强的三条基本要求所涵盖,并没有具体地加以罗列和表述,而在设计"专业能力"维度中的基本要求条目时,为了强调那些在教学实践中起决定性作用的能力,我们把与知识要求条目没有对应关系的一些能力单独形成条目列入"专业能力"要求。

属于"专业能力"维度的21条基本要求内容如下。

第1条 具有教学设计能力与组织实施有效教学的能力,能够运用适宜的教学方法和手段开展教学,能够有效地控制课堂。

第2条 普通话达到国家规定的标准,教学语言规范、生动,板书书写规范。

第3条 具有现代信息技术应用能力,能够在教学中有效运用教育技术手段提升教学效果。

第4条 具有促进学生学习的能力,能够运用合理的教学评价和激励机制促进学生提高学习效能。

第5条 具有教学反思能力,能够根据评价结果及时调整和改进教学,能够对教学过程与效果进行自我评价、分析与改进。

第6条 具有根据残疾学生的特殊需要选择合适的教学策略与方法实施教学的能力,能够根据课程和学生身心特点合理调整教学目标和教学内容,制定个性化教学方案。

第7条 具有创设安全、平等、适宜、融合的学习环境的能力,能够根据残疾学生的特殊需要有效运用相应的辅助技术,支持学生学习。

第8条 掌握并使用与残疾学生沟通的技能。

第9条 具有与残疾学生进行良好沟通的能力,能够运用恰当的沟通策略和辅助技术促进学生积极参与教学过程,加强师生合作。

第10条　具有为残疾学生提供或设计制作直观便利的教具、辅具、学习材料的能力，支持学生有效学习。

第11条　能够运用适当的评估方法和评估工具，对残疾学生的学习进行评估、诊断和指导的能力。

第12条　能够妥善应对突发事件、预防和干预学生问题行为。

第13条　具有残疾人高等教育教学研究能力，积极开展教学改革。

第14条　具有开展本学科科学研究的能力。

第15条　具备职业生涯规划能力及终身学习的能力，明确职业发展目标，不断提高自身专业素质。

第16条　具有课程开发能力，能够主动收集分析毕业生就业信息和行业企业用人需求和发展趋势等相关信息，不断反思和改进教育教学工作，提高学生就业能力。

第17条　具有与同事合作交流，分享经验和资源的能力，与团队共同发展。

第18条　具有开展与本专业领域相关的社会服务能力，积极开展产学研结合，促进科技成果转化等。

第19条　配合和推动学校与企业、社区建立合作互助的关系，提供咨询服务，为学生参与社会实践提供条件。

第20条　具备本学科专业领域的专业技术的实践能力（获得相关专业领域职业资格证书）与指导学生实践的能力。

第21条　具备创新性思维能力、创新性实践能力与培养学生创新精神和创新能力的能力。

分析上述基本要求的内容，可将其划分到教学能力、特殊教育能力、研究能力、自我发展能力、社会服务能力、专业实践能力与创新能力七个领域，这七个领域分别对应该维度下的基本要求第1~5条（共5条）、第6~12条（共7条）、第13~14条（共2条）、第15~17条（共3条）、第18~19条（共2条）、第20条（共1条）、第21条（共1条）。

各领域与基本要求的对应关系如下。

领域七：教学能力

在领域七"教学能力"中，主要描述了对于高校教师在教学方面的普遍能力要求，包括教学设计、组织管理、教育技术运用、促进学习和教学反思等能力。

对应的基本要求有以下5条：

总序号	条目内容
25	具有教学设计能力与组织实施有效教学的能力,能够运用适宜的教学方法和手段开展教学,能够有效地控制课堂。
26	普通话达到国家规定的标准,教学语言规范、生动,板书书写规范。
27	具有现代信息技术应用能力,能够在教学中有效运用教育技术手段提升教学效果。
28	具有促进学生学习的能力,能够运用合理的教学评价和激励机制促进学生提高学习效能。
29	具有教学反思能力,能够根据评价结果及时调整和改进教学,能够对教学过程与效果进行自我评价、分析与改进。

领域八:特殊教育教学能力

在领域八"特殊教育教学能力"中,主要描述了作为从事残疾人高等教育教师在实施教学过程中具备相关能力的特殊要求,包括教师选择合适的教学策略与方法实施教学的能力、创设学习环境的能力、运用手语(盲文)进行教学和交流的能力、沟通能力、设计制作和提供教具辅具的能力、评估诊断能力、应对突发事件的能力等。

对应的基本要求有以下7条:

总序号	条目内容
30	具有根据残疾学生的特殊需要选择合适的教学策略与方法实施教学的能力,能够根据课程和学生身心特点合理调整教学目标和教学内容,制定个性化教学方案。
31	具有创设安全、平等、适宜、融合的学习环境的能力,能够根据残疾学生的特殊需要有效运用相应的辅助技术,支持学生学习。
32	掌握并使用与残疾学生沟通的技能。 32－T:掌握并使用手语与听力残疾学生进行交流和开展教学活动。 32－S:掌握并使用盲文与视力残疾学生进行交流和开展教学活动。
33	具有与残疾学生进行良好沟通的能力,能够运用恰当的沟通策略和辅助技术促进学生积极参与教学过程,加强师生合作。
34	具有为残疾学生提供或设计制作直观便利的教具、辅具、学习材料的能力,支持学生有效学习。 34－T:具有为听力残疾学生提供或设计制作直观的教具、辅具、学习材料的能力,支持学生有效学习。 34－S:具有为视力残疾学生提供或设计制作便利的教具、辅具、学习材料的能力,支持学生有效学习。
35	能够运用适当的评估方法和评估工具,对残疾学生的学习进行评估、诊断和指导的能力。
36	能够妥善应对突发事件、预防和干预学生问题行为。

其中条目内容 32 和 34 会因教育对象的残疾类型不同（听力残疾、视力残疾）而在内容上有所区别，因此，对这些条目的进一步描述将作为针对不同残疾类型教育对象教师的专门性能力要求。

领域九：研究能力

在领域九"研究能力"中，主要描述了对教师研究能力的要求，包括对教学研究能力和科学研究能力两方面的要求，特别强调了作为残疾人高等教育院校教师，其教学研究和教学改革应更加关注有利于提高残疾人教育教学质量方面的研究。

对应的基本要求有以下 2 条：

总序号	条目内容
37	具有残疾人高等教育教学研究能力，积极开展教学改革。
38	具有开展本学科科学研究的能力。

领域十：自我发展能力

在领域十"自我发展能力"中，主要描述了教师实现自我发展的关键能力，包括职业生涯规划及终身学习、课程开发能力、知识与经验分享等能力。

对应的基本要求有 3 条：

总序号	条目内容
39	具备职业生涯规划能力及终身学习的能力，明确职业发展目标，不断提高自身专业素质。
40	具有课程开发能力，能够主动收集分析毕业生就业信息和行业企业用人需求等相关信息，不断改进教育教学工作，提高学生就业能力。
41	具有与同事合作交流，分享经验和资源的能力，与团队共同发展。

领域十一：社会服务能力

在领域十一"社会服务能力"中，主要描述了教师在社会服务方面应具备的两个关键能力。一方面，教师要致力于将自己在本专业领域的研究成果服务于社会；另一方面，教师要利用为社会服务的契机，为学生参与社会实践创造机会。

对应的基本要求有 2 条：

总序号	条目内容
42	具有开展与本专业领域相关的社会服务能力，积极开展产学研结合，促进科技成果转化等。
43	配合和推动学校与企业、社区建立合作互助的关系，提供咨询服务，为学生参与社会实践提供条件。

领域十二：专业实践能力

在领域十二"专业实践能力"中，描述了残疾人高等教育教师所应具备的专业实践能力，残疾人高等教育的职业性特征，使得对教师的实践能力更为重视。如面向残疾学生开设的针灸推拿专业，大部分毕业生就业面向医疗卫生、保健康复机构，从事推拿按摩临床工作，要求他们能够运用针灸推拿疗法进行临床常见病的诊治。因此作为残疾人高等教育教师就必须在具有较高水平的专业知识的同时，也要具有较高水平的实践能力，取得执业医师资格，以满足在理论教学和实践教学两方面的需求。再如音乐学专业，大部分学生毕业后从事钢琴调律个体工作，因此要求教师不但要具备钢琴调律基本理论知识，还要掌握钢琴调律、维修的基本方法，以便指导学生的实践活动。

对应的基本要求有1条：

总序号	条目内容
44	具备本学科专业领域的专业技术的实践能力（获得相关专业领域职业资格证书）与指导学生实践的能力。 需获得相关专业领域职业资格证书，如计算机科学与技术专业教师须获得计算机软件或计算机网络工程师资格证书；视觉传达设计专业教师需具有平面设计师或广告设计师资格证书；园林技术专业教师需要具有园林设计师或花卉园艺师中级证书；针灸推拿学专业教师需具有按摩师或执业医师资格证书；音乐学专业教师需具有钢琴、器乐类考级证书或钢琴调律师资格证书等。

领域十三：创新能力

在领域十三"创新能力"中，描述了残疾人高等教育教师所应具备的创新能力，教师的创新能力是指"教师综合已有的知识、信息和经验，产生有别于他人的独特的、新颖的教育教学设计、教育技能和新成果的能力"。创新能力是一种高层次的能力,对于残疾人高等教育教师的其他能力具有一种统摄作用,其他能力是创新能力形成的必要条件。残疾人高等教育的重要特征之一是培养创新人才,教师自身是否具有较强的创新能力,对学生创新能力的培养将产生决定性的影响。创新能力包含着创新性思维能力、创新性实践能力和培养学生创新精神和创新能力的能力三个方面。

对应的基本要求有 1 条:

总序号	条目内容
45	具备创新性思维能力、创新性实践能力与培养学生创新精神和创新能力的能力。

综上所述,分布在三个维度（n = 3）和十三个领域（m = 13）之下的 45 个基本要求条目（p = 45）构成了专业标准的内容框架。

3. 基本要求条目的构成

前述 45 个基本要求条目描述了对残疾人高等教育院校教师在专业理念、专业知识和专业能力方面的行为表现要求。《专业标准》中"专业理念与师德"维度、"专业知识"维度和"专业能力"维度的专业能力Ⅰ所覆盖的 38 个基本要求条目构成了教师的入职标准,即残疾人高等教育院校教师入职需达到的基本要求。教师入职后,经过一定时间的岗位培训与实践,逐步达到《专业标准》中"专业能力"维度的专业能力Ⅱ所包含的 7 个条目的基本要求,既认为教师达到专业标准（合格标准）。

二、教师专业标准基本内容的框架

（一）基本内容

教师专业标准基本内容的框架见表 6-2。

表6-2 残疾人高等教育教师专业标准基本内容

维度	领域	基本要求	PG	TG	T	S	Z
专业理念与师德	(一)职业理解与认识	1. 贯彻党和国家教育方针政策，遵守教育法律法规	√				
		2. 理解残疾人高等教育工作的意义，热爱高等特殊教育事业，具有职业理想和敬业精神		√			
		3. 认同高等特殊教育教师职业的专业性、独特性和复杂性，注重自身专业发展		√			
		4. 具有正确的高等教育观、人才观、师生观	√				
		5. 具有现代残疾人观，能够以平等、参与和共享的理念促进残疾人的发展		√			
		6. 具有团队合作精神，积极开展协作与交流	√				
	(二)对待学生的态度与行为	7. 尊重个体差异，平等对待残疾学生，主动了解和满足残疾生的特殊需要		√			
		8. 尊重教育规律和残疾学生身心发展规律，为每一个残疾学生提供适合的教育，开发学生潜能		√			
		9. 引导残疾生自尊自信、自强自立，培养学生良好的思维习惯和适应社会的能力		√			
	(三)师德修养与行为	10. 富有责任心、爱心、耐心和恒心		√			
		11. 爱岗敬业、勤学进取、无私奉献	√				
		12. 善于自我调适，保持平和心态		√			
		13. 衣着整洁得体，语言规范，举止文明礼貌	√				
专业知识	(四)高等教育教学知识	14. 具有高等教育学、教育心理学的基本知识	√				
		15. 具有教学论、学习理论的基本知识	√				
		16. 具有高等教育法律法规的基本知识	√				
	(五)高等特殊教育知识	17. 了解有关残疾人保障的法律法规	√				
		18. 掌握残疾大学生认知、学习需要的一般规律与个别差异的相关知识					
		18-T: 掌握听力残疾大学生认知、学习需要的一般规律与个别差异的相关知识			√		
		18-S: 掌握视力残疾大学生认知、学习需要的一般规律与个别差异的相关知识				√	
		18-Z: 掌握肢体残疾大学生认知、学习需要的一般规律与个别差异的相关知识					√

续表

维度	领域	基本要求	条目分类				
			PG	TG	T	S	Z
专业知识	（五）高等特殊教育知识	19. 掌握残疾人高等教育教学法的相关知识 19-T：掌握听力残疾大学生教学法的相关知识 19-S：掌握视力残疾大学生教学法的相关知识			√	√	
		20. 了解残疾大学生生理、心理、病理及相关知识 20-T：了解听力残疾大学生的生理、心理、病理及相关知识 20-S：了解视力残疾大学生的生理、心理、病理及相关知识 20-Z：了解肢体残疾大学生的生理、心理、病理及相关知识			√	√	√
		21. 具有适应残疾大学生认知特点和学习需要的教育辅助和信息技术知识 21-T：具有适应听力残疾大学生认知特点和学习需要的教育辅助和信息技术知识 21-S：具有适应视力残疾大学生认知特点和学习需要的教育辅助和信息技术知识 21-Z：具有适应肢体残疾大学生认知特点和学习需要的教育辅助和信息技术知识			√	√	√
		22. 掌握残疾人教育课程资源开发的主要方法与策略		√			
	（六）学科知识	23. 掌握所教授学科知识体系的基本内容、基本思想与方法	√				
		24. 了解所教授学科与其他学科、与社会实践的联系	√				
专业能力Ⅰ	（七）教学能力	25. 具有教学设计能力与组织实施有效教学的能力，能够运用适宜的教学方法和手段开展教学，能够有效地控制课堂	√				
		26. 普通话达到国家规定的标准，教学语言规范、生动，板书书写规范	√				
		27. 具有现代信息技术应用能力，能够在教学中有效运用教育技术手段提升教学效果	√				
		28. 具有促进学生学习的能力，能够运用合理的教学评价和激励机制促进学生提高学习效能	√				

续表

维度	领域	基本要求	条目分类				
			PG	TG	T	S	Z
专业能力	专业能力Ⅰ	（七）教学能力	29. 具有教学反思能力，能够根据评价结果及时调整和改进教学，能够对教学过程与效果进行自我评价、分析与改进	√				
		（八）特殊教育教学能力	30. 具有根据残疾学生的特殊需要选择合适的教学策略与方法实施教学的能力，能够根据课程和学生身心特点合理调整教学目标和教学内容，制定个性化教学方案		√			
			31. 具有创设安全、平等、适宜、融合的学习环境的能力，能够根据残疾学生的特殊需要有效运用相应的辅助技术，支持学生学习		√			
			32. 掌握并使用与残疾学生沟通的技能 32-T：掌握并使用手语与听力残疾学生进行交流和开展教学活动 32-S：掌握并使用盲文与视力残疾学生进行交流和开展教学活			√	√	
			33. 具有与残疾学生进行良好沟通的能力，能够运用恰当的沟通策略和辅助技术促进学生积极参与教学过程，加强师生合作		√			
			34. 具有为残疾学生提供或设计制作直观便利的教具、辅具、学习材料的能力，支持学生有效学习 34-T：具有为听力残疾学生提供或设计制作直观的教具、辅具、学习材料的能力，支持学生有效学习 34-S：具有为视力残疾学生提供或设计制作便利（听觉和触觉）的教具、辅具、学习材料的能力，支持学生有效学习			√	√	
			35. 能够运用适当的评估方法和评估工具，对残疾学生的学习进行评估、诊断和指导的能力	√				
			36. 能够妥善应对突发事件、预防和干预学生问题行为	√				
		（九）研究能力	37. 具有残疾人高等教育教学研究能力，积极开展教学改革		√			
			38. 具有开展本学科科学研究的能力	√				

续表

维度	领域	基本要求	条目分类				
			PG	TG	T	S	Z
专业能力	（十）自我发展能力	39. 具备职业生涯规划能力及终身学习的能力，明确职业发展目标，不断提高自身专业素质	√				
		40. 具有课程开发能力，能够主动收集分析毕业生就业信息和行业企业用人需求和发展趋势等相关信息，不断改进教育教学工作，提高学生就业能力	√				
		41. 具有与同事合作交流，分享经验和资源的能力，与团队共同发展	√				
专业能力Ⅱ	（十一）社会服务能力	42. 具有开展与本专业领域相关的社会服务能力，积极开展产学研结合，促进科技成果转化等	√				
		43. 配合和推动学校与企业、社区建立合作互助的关系，提供咨询服务，为学生参与社会实践提供条件	√				
	（十二）专业实践能力	44. 具备本学科专业领域的专业技术的实践能力（获得相关专业领域职业资格证书）与指导学生实践的能力	√				
	（十三）创新能力	45. 具备创新性思维能力、创新性实践能力与培养学生创新精神和创新能力的能力	√				

注：表中普通高等教育教师共性要求模块的代码为 PG；残疾人高等教育教师共性要求模块的代码为 TG；残疾人高等教育教师的分类特性要求模块对应听力残疾、视力残疾、肢体残疾三个类型，分别用代码 -T、-S、-Z 对条目加以区分标注。

（二）设计特点

1. 既把握对高校教师普遍要求，又体现对残疾人高等教育教师的特殊要求

《专业标准》中对高校教师普遍共性要求涉及专业理念与师德、专业知识、专业能力三个维度中的 10 个领域（职业理解与认识、师德修养与行为、高等教育教学知识、学科知识、教学能力、研究能力、自我发展能力、社会服务能力、专业实践能力和创新能力）的 23 个条目，同时《专业标准》中突出了对残疾人高等教育教师应具备的特殊教育能力素质要求。其中，残疾人高等教育教师共同核心性要求 16 个条目，涉及职业理解与认识、对待学生的态度与行为、师德修养与行为、高等特殊教育知识、特殊教育能力、研究能力 6 个领域。对从事不同残疾类型学生教育的教师的专门性要求 6 个条目（听力残疾生教育和视力残疾生教育各 6 条，肢体残疾生教育 3 条），涉及高等特殊教育知识和特殊教育教学能力 2 个领域。

2. 既立足我国残疾人高等教育现状，又顺应国际发展趋势

在《专业标准》研制过程中，一方面，立足我国残疾人高等教育院校教师专业发展现状，针对教师专业发展目前存在的突出问题设计"基本要求"条目内容，力求使《专业标准》发挥引领教师专业发展的导向作用；另一方面，注意借鉴吸收国际上普通高校教师和残疾人高等教育院校教师专业发展的相关经验，借鉴吸收国际上基础特殊教育教师专业标准的最新研究成果和先进经验，使《专业标准》顺应国际发展趋势。

3. 既关注残疾人高等教育共同核心性要求，又兼顾不同类型残疾人高等教育的差异要求

《专业标准》是对残疾人高等教育院校教师专业素质的基本要求，因此需要在普通高等教育教师专业素质要求的基础上进一步突出对从事残疾人高等教育的特殊要求。《专业标准》中明确划分了一个"残疾人高等教育教师共同核心性要求"模块（16 个条目）作为对所有从事残疾人高等教育教师应具备的特殊教育能力素质要求。同时，考虑到我国残疾人高等教育院校主要以视力残疾、听力残疾和肢体残疾三种残疾类型学生为教育对象，教师在实施不同类型残疾生教育时在知识和能力上的要求存在一定的差异，因此《专业标准》中划分了一个"专门性要求"模块对从事这三类残疾生教育的教师提出了不同的要求。

4. 强调教师从事残疾人教育应具备的理念、知识和能力，并对这些要求的行为表现进行了描述，这样有利于对教师行为的引导

在专业理念与师德上，强调教师应具有从事残疾人教育的职业理想和敬业精神。《专业标准》要求残疾人高等教育教师不仅要具有普通高校教师所必备的职业道德，还要具有现代残疾人观，能够以平等、参与和共享的理念促进残疾人的发展。教师要理解残疾人高等教育工作的意义，热爱高等特殊教育事业，认识到高等特殊教育教师职业的专业性、独特性和复杂性，富有责任心、爱心、耐心和恒心开展教育工作。教师要主动了解和满足残疾学生身心发展的特殊需要，为每一个残疾学生提供适合的教育，引导残疾学生正确认识和对待残疾，自尊自信，自强自立。在专业知识上，强调教师要具备高等特殊教育知识，包括高等特殊教育法规和政策、

残疾大学生认知和学习需要的一般规律与个别差异的相关知识、特殊高等教育教学法的相关知识、残疾大学生生理和病理相关知识、适应残疾大学生认知特点和学习需要的教育辅助和信息技术知识、特殊教育课程资源开发的主要方法与策略等，能够综合运用这些知识，以满足残疾学生的特殊教育需要。在专业能力上，强调教师要具有特殊教育能力和开展高等特殊教育研究能力，包括创设学习环境、残疾学生的教育诊断与评估、选择合适的教学策略与方法、运用沟通策略和辅助技术、设计制作教具和辅具、突发事件的应对与干预、高等特殊教育研究能力等能力。由于残疾学生在语言与沟通方面都有可能存在着障碍，建立良好的沟通交流关系，是实施教育教学的基础。《专业标准》特别强调教师应掌握并使用手语（盲文）进行交流和开展教学活动，并能运用恰当的沟通策略和辅助技术进行有效沟通。

第七章 残疾人高等教育院校教师专业发展的保障体系

《国家中长期教育改革和发展规划纲要（2010—2020 年）》中提出了"教育大计，教师为本。有好的教师，才有好的教育"。残疾人高等教育作为高等教育的重要组成部分，受到国家的重视，《中国残疾人事业"十二五"发展纲要》提出了"加快发展残疾人高等教育"的目标。要更好地实现这一目标，必须拥有一支能够担当重任的残疾人高等教育教师队伍。我国残疾人高等教育院校经过多年的建设已形成了一定规模的教师队伍，但教师队伍的整体结构存在着学历结构、职称结构和能力素质结构等低于国内其他普通高校和国外同类高校的问题，难以满足和适应残疾人高等教育的发展要求。教师专业发展是指贯穿于教师职前 - 入职 - 在职这一整个职业生涯的专业成长活动，这些活动除提供高质量、持续的、具有深度追踪和支持的培训外，还包括其他促进教师成长的形式，如研究小组、行动研究等。由于高校教师专业发展是教师在严格的专业训练和自身主动学习的基础上，持续发展、日臻完美，逐步成长为专业人员的发展过程，因此它有赖于教师专业发展自主性与高校制度体系保障的有机结合。

本章基于对国内外普通高校和国外残疾人高等教育院校的教师专业发展保障体系的特点的分析，设计了调查问卷和专家访谈题目，旨在对我国残疾人高等教育院校教师专业发展现状和支持保障体系的完备情况进行调查研究，在研究基础上提出促进我国残疾人高等院校教师专业发展的支持保障体系建设的对策建议，以促进我国残疾人高等教育教师队伍的良性发展。

一、国内外普通高等院校教师专业发展保障体系的特点

在第二章中，我们对国内外普通高等院校教师专业发展的支持保障体系进行了深入的研究。从中我们可以归纳出对普通高等院校教师专业发展

的支持保障主要体现在以下几个方面。

(1) 完善教师专业发展的政策环境，制定系统完备的促进教师专业发展的法律法规。许多国家颁布了与高校教师专业化和专业发展相关的政策，以法律形式明确了高校教师的权利和义务、任用制度等，保障了高校教师专业化的合法地位。

(2) 完善高校教师专业标准体系，构建由入职标准、合格标准、晋升标准组成的教师专业标准体系。这不但有利于促进高校建立科学规范的教师专业发展目标、推行基于专业标准的教师评价、建立教师职后培养的课程体系和质量标准，也有助于引导教师的自主专业发展。

(3) 形成完善协调的教师专业发展体系。发达国家建立并壮大了促进教师专业发展的全国性组织、教师发展指导与服务机构等。大学中建立了由大学教师发展委员会、教师发展中心、院系级教师发展团体和教师个体构成的教师专业发展体系。大学教师发展委员会负责制定教师专业发展政策和建议，并监督执行。大学教师发展中心负责按照大学的发展战略和大学教师发展委员会的建议组织开发、设计针对不同教师群体的教师发展项目，并负责发展项目的实施、评价与反馈，对教师的专业发展活动进行引导和监督。院系级教师发展团体则对所管理的教师在评价基础上提出发展建议，了解教师的发展需求，学校针对每个院系级教师发展团体配备有教师发展协调人，他与教师发展团体协作，为教师专业发展提供咨询、支持和相关信息。教师个体是教师专业发展体系的主体，国家规定每位教师要为自己的专业发展负责，使专业发展成为教师的自主行为。教师要从学校和学生的评价中了解自己的发展需求，结合实际制订发展计划，并充分利用学校和团体提供的发展项目实现自身的发展。

(4) 高校内部形成完善的促进教师专业发展的制度体系。主要包括教师聘任制度、教师甄选机制、教师晋升与淘汰机制、教师绩效评价机制、教师专业发展的培养与激励保障机制等。这些管理制度和支持保障政策有力地促进了教师的专业发展。

(5) 系统开发教师专业发展项目，促进教师的全面发展。开发广泛丰富、模式灵活的教师专业发展项目。教师发展中心精心设计针对不同教师群体的区别性发展项目。教师专业发展活动的模式也是灵活多样的，给教师更大的选择空间。

(6) 建立健全教师专业发展活动的评估机制，使教师的专业发展活动

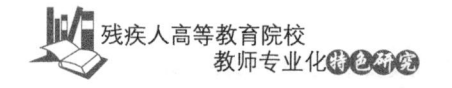

能够保质保量。无论是学校的教师专业发展机构开发的教师专业发展项目，还是政府投资建设的教师专业发展专门机构开发的教师专业发展项目，都有一套完备的申报程序和评估制度，从而保证了教师专业发展专门机构的工作质量。

二、国内外残疾人教育教师专业发展保障体系的特点

在第三章中，我们对发达国家残疾人高等院校教师和国内外残疾人基础教育教师的专业发展的支持保障体系进行了深入的研究。残疾人教育教师的专业发展不但与普通学校的教师专业发展一样获得来自社会和学校的支持保障，而且在此基础上，各国还会对残疾人教育教师的专业发展提供优先支持政策，以保证其达到更为严格的能力素质要求。各国对残疾人高等院校教师专业发展的支持保障主要体现在以下几个方面。

（1）营造完善的特殊教育政策支持环境。发达国家十分重视残疾人教育的发展，对保障残疾人受教育权利有相关立法支持，同时不断加大对残疾人教育的经费投入，这既保证了残疾人教育事业的发展，也为残疾人教育教师的专业化发展提供了强有力的支持。如关注残疾人教育教师的入门指导计划，采取多种渠道筹集资金支持残疾人教育教师的培训，并对参加培训的教师给予额外的补贴。通过改善残疾人教育教师的福利待遇、建立针对残疾人教育教师的各项津贴补助机制，吸引和留住优秀人才从事残疾人教育等。

（2）制定系统的特殊教育教师专业标准。发达国家在完善残疾人教育法律法规的基础上，也规范了对残疾人教育教师的要求。从事残疾人教育的教师（包括残疾人高等教育教师）均需获得特殊教育资格认证证书。纵观国际特殊教育的发展，各国都建立了严格、细致的特殊教育教师资格认证标准。残疾人教育因教育对象的差异性极大，残疾人教育教师必须接受更有针对性、更加专业化的培养，才能切合实际的需要。因此，在残疾人教育教师的认证要求中还强调了针对不同类型残疾教育对象（聋、盲等）的教师专门性知识和技能要求。特殊教育教师资格认证系统化标准成为教师的入职准备的参考和教师专业发展的指南。

（3）采取开放综合的教师专业发展模式。残疾人教育教师须具备可持续发展的基本素养和终身学习能力，以适应不断发展变化的复杂教育教学

情景以及特殊教育对象的需要。残疾人教育教师的专业发展应是职前教育、入职教育和在职教育一体化的终身发展进程。推进残疾人教育教师的终身发展，需要采取开放综合的教师专业发展模式。在一些发达国家，残疾人高等教育院校非常重视教师专业发展的开放性和综合化，强调教育培养的实践性和方法的多样性。一是提供学习的课程，包括校内课程、校外拓展课程、面授课程、在线课程等，课程也呈现出模块化特征；二是为教师提供教与学服务资源，包括教师学习社团、教师教与学研究会、一对一咨询等；三是参加认证项目、学历项目；四是鼓励教师开展针对特殊教育的教学研究等。灵活丰富的发展模式给了教师更大的选择空间。

（4）开发丰富多样的教师发展课程。发达国家的残疾人教育教师发展课程的设置系统全面。有针对所有教师的必修科目，有针对新入职教师的系列培训科目，有提高绩效的系列培训科目，有帮助教师申请科研项目的系列培训科目，有聋文化和手语系列课程等。课程会根据教学发展和教师标准的修订而不断更新。学校的教师发展中心还为教师开设很多实用讲座，教师还可参加学习社团，研讨教学、分享经验等。

三、我国残疾人高等教育教师专业发展现状和支持保障体系调查

综上所述，对于残疾人高等教育院校教师专业发展的支持保障体系应包括社会支持保障环境建设和学校环境建设两个层面。社会支持保障环境建设包括教师专业发展的政策环境建设、教师资格认证和专业标准制定、教师职后发展机构的建设、教师发展项目开发的评估等。教师专业发展的学校支持保障环境建设包括建立校内的教师发展指导与服务机构、制定教师职业发展规划、开发教师专业发展项目、完善教师教学评价及跟踪制度、完善教师聘任及激励制度、提供教师专业发展的政策支持与经费保障等。

在对我国残疾人高等教育教师专业发展现状和支持保障体系调查中，我们分别通过调查问卷和专家访谈获取相关信息。调查问卷侧重对学校环境建设层面和教师个体层面进行调查，从我国残疾人高等院校教师专业发展的内在动力和政策环境影响、教师专业发展现状、教师对支持保障和激励机制等组织环境的评价、教师的专业发展需求四个方面开展残疾人高等

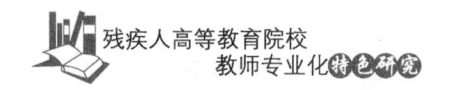

院校教师专业发展调查研究。专家访谈则进一步获取专家对教师专业发展的社会支持保障环境建设方面的建议。

(一) 研究对象与方法

1. 调研对象的基本情况

调查全面覆盖了我国残疾人高等教育院校,包括北京联合大学特殊教育学院、长春大学特殊教育学院、长沙职业技术学院、广州大学市政技术学院、南京金陵科技学院信息技术学院、南京特殊教育师范学院阳光学院、上海应用技术学院艺术与设计学院、天津理工大学聋人工学院、西安美术学院特殊教育艺术学院、郑州师范学院特殊教育学院、中州大学特殊教育学院和重庆师范大学特殊教育系12所院校。课题组采用问卷调查法收集相关数据,调查对象为上述院校的残疾人高等教育教师。共发放问卷240份,其中听力残疾生教师问卷215份、视力残疾生教师问卷25份。回收问卷230份,其中有效答卷225份(其中听力残疾生教师200份,视力残疾生教师25份),有效答卷回收率为97.8%。有效问卷数占全国残疾人高等院校教师总数的86.8%。提交有效答卷的教师基本情况见表7-1。

表7-1 教师基本情况统计

年龄段	>50岁	46~50岁	41~45岁	36~40岁	<35岁
所占比例/%	4.9	8.9	16.9	20.4	48.9
学位	博士	硕士	学士	本科无学位	其他
所占比例/%	5.3	56.0	18.7	15.6	4.4
专业技术职务	正高级	副高级	中级	初级及以下	
所占比例/%	4.0	18.7	53.7	24.0	
残疾人高等教育教龄	≥10年	6~9年	2~5年	≤1年	
所占比例/%	26.7	24.0	38.7	10.7	

2. 研究工具

采用自行编制的"残疾人高等教育教师专业发展情况调查问卷"进行调查。课题组在文献检索与分析基础上进行问卷设计。问卷包括两个部分,第一部分是对残疾人高等院校教师基本信息的调查,第二部分是对我国残疾人高等院校教师专业发展动力与现状和支持保障体系建设状况的调查，包括四个方面：教师专业发展的内在动力和政策环境影响；教师专业发展的现状；教师对院校目前的教师专业发展支持保障和激励机制等组织环境建设的评价及建议；教师的专业发展需求，包括教师期望的专业发展活动、职后培训课程类别与内容、培训模式、培训考核方式、期望的培训时间等方面的要求。调查问卷包含单选题、多选题和开放题。一部分单选题采用5级评分法，"1"表示程度最低，"5"表示程度最高；一部分单选题采用多选一方式。

3. 数据处理

采用统计软件 SPSS17.0 对调查问卷进行统计分析和处理。

（二）调查数据分析

1. 教师专业发展的内在动力和政策环境影响

（1）教师从事残疾人高等教育的动因。

教师专业发展的内在动力取决于他对所从事专业的热爱程度，调查教师从事残疾人高等教育的动因有助于了解其专业发展的内在动力的强弱。调查数据（见表7-2）显示，有58.2%的教师出于热爱而从事残疾人高等教育，29.3%的教师出于个人发展的需要从事残疾人高等教育，这表明教师队伍中大多数教师具有努力做好残疾人高等教育事业的愿望，教师的专业发展的内在动力较强。同时也需关注，有24.4%的教师表示有因"院校调整合并"而从事残疾人高等教育的原因，这可能使其对从事残疾人高等教育的思想准备和能力准备上略显不足。

表7-2 教师从事残疾人高等教育的主要动因

选项内容	所占比例/%
热爱残疾人教育事业	58.2
社会重视，个人发展机会多	29.3
院校调整合并	24.4
作为谋生手段	16.9
希望留在城市工作	10.7
其他	6.2

（2）教师专业发展的主动意识。

教师明确设定专业发展目标是教师主动发展的前提，调查数据表明，把专业发展目标设定为"教学名师与学科带头人"和"优秀教师"的教师比例分别达到24.0%和64.9%，这表明残疾人高等教育教师有很强的事业心和进取精神。教师参加职后培训的最主要动力的调查（见表7-3）显示，排在前两位的是"自我完善的愿望"和"开阔视野"，这表明教师具有很强的专业发展主动意识。不同的教师群体对专业发展目标的设定不尽相同。进一步分析教师的学历是否会对教师设定专业发展目标产生较大影响，见表7-4。具有博士学位的教师的专业发展目标均值最高（$M=2.500$），有55.6%的博士教师将自身发展定位于教学名师和学科带头人，而硕士及以下学位的教师的专业发展目标呈正态分布，期望成为优秀教师的教师比例最高。

表7-3 教师参加职后培训的最主要动力

选项内容	所占比例/%
自我完善的愿望	72.0
开阔视野	49.3
满足评定职称要求	22.2
达到继续教育要求	12.4

表7-4 不同学历的教师专业发展目标比较

选项内容	学科带头人/%	优秀教师/%	普通教师/%	总计/%	M
博士	55.6	22.2	22.2	5.3	2.500
硕士	27.0	64.3	8.7	56.0	2.183
学士+本科	14.3	71.4	14.3	34.2	2.000

（3）教师专业发展的政策环境影响。

影响残疾人高等教育教师队伍稳定的最主要的因素调查数据见表7-5。超过半数的教师认为工资收入低、工作复杂性高且压力大影响了残疾人高等教育教师队伍稳定。有超过30%的教师认为发展机会少、职务晋升难、工作条件不佳等因素影响教师队伍的稳定。可见，长期的高负荷、低待遇和难发展使现有教师难以获得自我实现的社会认同感。

表7-5 影响教师队伍稳定的最主要因素

选项内容	所占比例/%
工资收入低	60.9
工作复杂性高，压力大	56.0
发展机会少	36.9
职务晋升难	32.0
工作条件不佳	32.0
其他	4.0

2. 教师专业发展现状

对教师专业发展现状的调查从教师目前具备的残疾人高等教育知识与技能情况和教师参加专业发展相关活动的情况两方面展开，包括教师目前具备的残疾人高等教育知识与技能、参与残疾人教育课题研究、发表残疾人教育研究论文、参加学习与交流的机会、参加校内外培训等。

（1）具备残疾人高等教育知识与技能情况。

教师系统学习残疾人高等教育相关知识与技能情况。目前已有74.2%的教师系统学习了残疾人高等教育相关知识与技能，但仍有25.8%的教师尚未系统学习。在已系统学习的教师中，入职前即已完成系统学习的仅占14.2%。教师熟练掌握特殊教育相关知识与技能的情况不理想，见表7-6。虽然在诸多知识技能中，教师熟练掌握"与残疾学生的沟通技能"（手语或盲文）的比例最高（64.4%），但与教师均应熟练掌握该技能的目标相去甚远。能熟练掌握特殊教育心理学、特殊教育学、特殊教育相关法规及病理学或康复学知识的教师比例都低于40%，其中熟练掌握"病理学或康复学知识"的教师比例最低，仅为12.0%。

表7-6 教师熟练掌握特殊教育相关知识与技能情况

选项内容	所占比例/%
与残疾学生的沟通技能	64.4
满足残疾生需求的教学设计能力	63.6
特殊教育心理学	35.6
特殊教育学	32.9
特殊教育相关法规	28.4
病理学或康复学知识	12.0

(2) 参加相关专业发展活动的情况。

教师参加专业发展相关活动的情况见表 7-7。

表 7-7　教师近五年参加专业发展相关活动的情况

调查题目	所占比例/%
每两年有校外学习交流机会	35.6
教师参加过校内培训	98.1
以第一作者公开发表了残疾人高等教育研究论文	37.3
参与了残疾人高等教育教研课题研究	51.6

① 教师参与残疾人教育课题研究与发表论文的比例不高。近五年参与过残疾人高等教育教研课题的教师仅为 51.6%，以第一作者公开发表过残疾人高等教育研究论文的仅为 37.3%，可见教师对残疾人高等教育实践中的问题研究不够，通过教研课题研究提升专业水平方面存在的差距较大。

② 教师参加校内培训较多，但与外界的交流较少。98.1% 的教师参加了校内培训（其中 20.0% 的教师年均 16~25 学时，15.0% 的教师年均 26 学时以上），而每两年有机会参加校外培训与交流的教师仅占 35.6%。

③ 教师参加学习与交流是有的放矢的。表 7-8 数据表明，参加比例较高的学习交流依次是特殊教育技能（手语或盲文）培训、特教学术交流或会议、提高学历层次的学习、专业新知识短期培训等。由此可见，教师的学习与交流正是针对其能力素质的薄弱环节展开的，是有针对性的。

表 7-8　教师近五年参加学习和交流的类型

选项内容	所占比例/%
特殊教育技能培训	41.3
特教学术交流会议	40.4
提高学历层次的学习	38.2
专业新知识培训	30.7
特殊教育理论培训	21.3
国内访问学者	12.4
特殊教育教法培训	11.6
国外访问学者	8.9

3. 教师对院校支持保障环境建设的评价

教师专业发展的支持保障环境建设是由国家、地方政府和院校三个层面综合构成的完整体系建设。教师对于国家、地方政府层面的支持环境建设的评价与建议通过开放性问题征询，这里重点探讨院校在教师专业发展支持环境建设方面的问题。基于国内外文献分析，院校的支持保障环境建设可归纳为院校和基层教学组织的主动规划和引导、院校政策的支持与激励、评价机制的导向、专业发展氛围的营造等几个方面。

（1）对教学组织发挥规划和引导作用的评价。

院校和基层教学组织在教师专业发展中发挥主动规划和引导作用情况见表7-9和表7-10。

表7-9 教学组织发挥规划和引导作用情况

调查题目	所占比例/%
院校有独立设置的教师发展中心或培训机构	37.3
院系主动了解教师专业发展愿望	53.8
院系为教师提供校外学术交流机会	35.6
发挥教学质量跟踪与评价的促进作用	68.9

表7-10 教师了解残疾人高等教育发展动态的主要途径

选项内容	所占比例/%
阅读特教期刊或网上查阅	68.9
学校领导介绍	38.7
参加特殊教育学术交流	28.0
教研室同行介绍	22.2

① 院校在教师专业发展中发挥主动规划作用有待提高。调查数据（见表7-9）表明，62.7%的残疾人高等教育院校没有独立设置的教师培训机构或发展中心，不同院校在主动规划和支持保障教师专业发展方面的作用发挥不均衡。

② 基层教学组织在主动引导教师专业发展方面还需加强。调查表明，表示所在院系能主动了解其专业发展愿望的教师仅占53.8%。另外，院校对教师的对外交流支持也不够，每两年能有机会参加校外交流的教师仅占35.6%。表7-10数据表明，教师了解残疾人高等教育发展动态的最主要

途径是阅读特殊教育期刊或网上查阅、学校领导介绍,比例分别为68.9%和38.7%,而通过参加特殊教育学术交流、教研室同行介绍的比例较低,分别为28.0%和22.2%,这也说明在教学基层组织中,教研活动开展得还不够。教师能够注意通过网上查阅和阅读特殊教育期刊了解残疾人高等教育发展动态是一种非常积极的态度,但如果没有教研活动的主题研讨并形成共识,教学改革很难落到实处。

③ 教师对教学质量跟踪与评价机制发挥的作用持认同态度。68.9%的教师认为所在院校的教学质量跟踪与评价机制对于促进自己的教学水平提升发挥了积极作用。

(2) 对院校支持保障和激励机制的满意度。

① 教师对院校为其专业发展提供的支持保障、激励机制(如设立青年教师基本功竞赛奖励、优秀教师奖励、优秀中青年教师资助政策等)和培训效果的满意度均处于一般水平(见表7-11),三者的总体均值分别为3.06、3.17和3.30,教师明确表示"不太满意"和"不满意"的比例分别达到24.9%、23.1%和20%。

表7-11 对教师专业发展的院校支持保障和激励机制等的满意度

题目内容	很满意/%	比较满意/%	一般/%	不太满意/%	不满意/%	M
对支持保障环境的满意度	10.2	22.7	42.2	12.9	12.0	3.06
对激励机制健全程度的满意度	9.8	23.6	43.5	20.4	2.7	3.17
对教师培训效果的满意度	12.0	32.4	35.6	11.6	8.4	3.30

注:满意度评价采用五级评分,"很满意、比较满意、一般、不太满意、不满意"的赋分分别为5、4、3、2、1。

② 不同院校教师对所在院校支持保障、激励机制和培训效果的满意度不均衡。表7-12和图7-1的数据表明,对所在院校的教师专业发展支持保障满意度评价均值高于总均值的院校有5所,低于总均值的院校有7所,其中满意度水平最低的院校均值为2.67;对激励机制健全程度的满意度评价均值高于总均值的院校有5所,低于总均值的院校有7所,其中满意度水平最低的院校均值为2.71;对院校教师培训效果的满意度均值高于总均值的院校有5所,低于总均值的院校有7所,其中满意度水平最低的院校均值为2.23。

表7-12 12所院校的教师对所在院校支持保障和激励机制等满意度均值比较

院校代码	对支持保障的满意度（M）	对激励机制的满意度（M）	对培训效果的满意度（M）
院校1	3.03	3.38	3.59
院校2	2.67	3.00	3.00
院校3	3.31	3.42	3.86
院校4	3.00	2.73	3.53
院校5	3.17	3.33	3.17
院校6	3.07	3.13	3.20
院校7	3.00	3.00	2.23
院校8	3.44	3.60	3.40
院校9	5.00	5.00	5.00
院校10	3.57	3.00	3.29
院校11	2.80	2.88	3.04
院校12	2.71	2.71	3.14
12所院校的均值	3.06	3.17	3.30

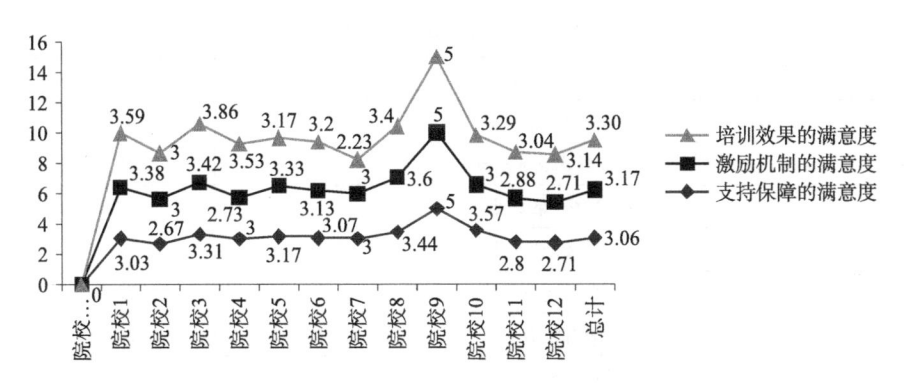

图7-1 12所院校在3个系列指标的满意度评价均值比较

4. 教师专业发展需求

（1）教师期望的专业发展活动。

教师期望的专业发展活动从两方面进行调查，一是教师认为促进专业发展的决定性因素是什么，二是教师认为促进教师专业发展最有效方法是什么。调查数据表明，教师期望的专业发展活动是参加科研研究、教研项目研究和学术交流等。教师认为促进教师专业发展的决定性因素（见

表7-13）依次是教师自主发展意识、学校的政策支持、学校的教学和科学研究氛围、明确的教师专业发展导向（教师专业标准）等；教师认为促进教师专业发展最有效方法（见表7-14）依次是自我教学反思与提高、参加学术交流活动、参加教研课题、参加科研项目研究等。从中我们可以看出，教师认为教师专业发展必须将个人的积极发展意识和组织的有效支持紧密结合，教师自身的专业发展意识和自我提高行动是第一位的，但需要所在院校提供相应的支持保障与激励。

表7-13　教师认为促进专业发展的决定性因素

选项内容	所占比例/%
教师自主发展意识	67.1
学校的政策支持	61.8
学校的教学和科学研究氛围	53.3
明确的教师专业发展导向	51.1
同事间合作与沟通	34.2
专家的评价与指导	30.2

表7-14　教师认为促进专业发展的最有效方法

选项内容	所占比例/%
自我教学反思与提高	49.3
参加学术交流活动	49.3
参加教研课题研究	47.6
参加科研项目研究	34.2
参加行业实践	32.0
国内外访学	29.8
专家评价与指导	28.4
参加提高学历层次教育	22.7
同事间相互交流与沟通	21.3
参加短期培训	13.8

（2）教师期望的培训内容。

教师的培训需求见表7-15。教师希望近期参加的培训依次是学科前沿知识和相关边缘学科知识、特殊教育教学技能类课程、专业技能培训或行业实践等。

表 7-15 教师的培训需求

选项内容	所占比例/%
学科前沿知识和相关边缘学科知识	23.6
特殊教育教学技能类课程	21.8
专业技能培训或行业实践	16.9
特殊教育学科理论知识及学科发展动态	15.6
特殊教育政策与法规和教师职业修养课程	6.7

（3）教师期望的培训形式。

教师期望的职后培训形式见表 7-16，受到教师欢迎的培训形式依次是考察学习、同行案例教学、名家讲座等。总体来看，教师对于常规形式和内容的培训并没有过高的需求。从开放性问题答案和后续调查问题的分析可以进一步发现，教师认为目前的培训有效性不强、培训形式单一并亟待改进。

表 7-16 教师期望的职后培训形式

选项内容	所占比例/%
考察学习	57.30
同行案例教学	45.30
名家讲座	43.10
专题研讨	24.40
网络培训	9.30

（4）教师期望的培训时间。

教师期望的培训时间见表 7-17，依次是不脱产短期集中 1~2 周、不脱产利用寒暑假集中培训和脱产半年。而教师对脱产一年、不脱产短期分散（双休日）培训不太认可，这可能与教师教学任务过重、希望尽可能不打乱正常生活规律有关。

表 7-17 教师期望的培训时间

选项内容	所占比例/%
不脱产短期集中 1~2 周	42.70
不脱产利用寒暑假集中培训	34.70
脱产半年	23.10
脱产一年	17.30
不脱产短期分散（双休日）培训	14.70

(5) 影响教师参加培训的原因。

教师认为影响教师参加培训的原因见表 7-18，依次是培训时间安排与教师教学冲突、教学任务过重、培训内容针对性不强等。

表 7-18　影响教师参加培训的主要原因

选项内容	所占比例/%
培训时间安排与教师教学冲突	48.0
教学任务过重	41.3
培训内容针对性不强	35.1
教学形式单一，缺乏吸引力	33.3
个人承担的培训费用比例高	33.3
家庭负担重	17.3

（三）调查结果分析

1. 我国残疾人高等教育教师专业发展所具有的优势

（1）教师普遍具有事业心和积极的心态。

绝大部分教师都想努力成为优秀教师，即使存在工资收入低、工作复杂性高、工作压力大和发展机会少、职务晋升难等不利因素，但他们仍坚持从事残疾人高等教育，这种精神难能可贵。

（2）教师具有很强的专业发展自我意识。

教师参加职后培训的最主要动力是"自我完善"和"开拓视野"，这种自我发展意识将成为教师可持续发展的不竭动力源。

（3）院校积极提升专业发展活动有效性。

近五年来，教师参加的学习和交流是针对薄弱环节有目的地开展的，这说明教师自主发展的意识增强，同时也说明各高校或社会层面都在积极提供比较有针对性的学习和交流活动。

2. 我国残疾人高等教育教师专业发展存在的不足

（1）残疾人高等教育教师队伍结构有待提升。

从职称结构看，中级及以下教师占 77.3%，高级职务教师仅占 22.7%。从学历结构看，硕士及以上学位教师占 61.2%（其中博士 5.3%），有 4.4% 教师为本科以下学历，不符合高校教师基本任职条件。从年龄结构看，35 岁以下教师占 48.9%，具有 5 年以下教龄的教师占 49.3%，队伍过于年轻且缺少丰富的教学经验。总体来看，残疾人高等教育院校的教师队伍结构明显低于普通高校。

(2) 教师对组织环境建设满意度不高。

院系在主动引导和帮助教师专业发展方面做得还不够，学校的教学质量跟踪与评价机制在促进教师专业发展中的作用还应有所提升。目前，大部分院校没有独立设置的教师培训机构或发展中心，教师对外的学术交流和交往较少。教师对于所在院校的教师培训效果、教师专业发展激励机制的满意度均不高。

(3) 残疾人高等教育教师的专业标准尚不明确。

目前，国家尚无从事残疾人高等教育教师的专业标准，各院校也没有制定内部的上岗标准，即使按照普通高等教育教师的入职标准去衡量，尚有17.8%的在岗残疾人高等教育教师没有取得高校教师资格证。

(4) 教师的能力尚未满足残疾人教育的特殊需求。

① 教师系统学习和熟练掌握残疾人教育知识和技能均不够。目前仍有25.8%教师尚未完成系统学习。教师入职前接受残疾人教育理论知识和技能训练环节明显缺失，接受过特殊教育师范专业系统学习的教师就更少。教师认为与残疾学生的沟通能力很重要，但目前能熟练掌握与残疾学生进行沟通的基本技能（手语或盲文）的教师仅占64.4%。

② 教师的教学研究和教学改革能力明显不足。调查表明，近五年来仅有51.6%的教师参与了教研课题研究，教师以第一作者公开发表高等特殊教育教学研究论文的仅有37.3%。而调查表明，教师认为促进教师专业发展的决定性因素和最有效方法排在前三位的均有"参加教研课题研究"。使教师有认识却没行动的深层次问题在于学科专业带头人的缺乏、教师队伍整体数量少且教师负担过重、教学团队建设不强等。

(5) 残疾人高等教育的社会评估机制缺失。

各院校在教师专业发展的支持保障环境建设方面很不均衡，由于全国的残疾人高等教育院校较少，在支持教师专业发展的院校作为方面没有社会评估机制的约束。

(四) 专家访谈结果分析

1. 专家访谈范围

课题组针对残疾人高等教育院校教师专业发展的支持保障体系建设编制了专家访谈提纲，对全国残疾人高等教育领域的专家和相关人事管理、教学管理人员采用面对面的形式进行了访谈。访谈主要采用结构访谈的方式、用开放式的问题对专家进行集体访谈，访谈者进行访谈记录，最终进行整理形成专家访谈结果。

2. 专家访谈提纲

问题一：你认为我国残疾人高等教育院校在对教师专业发展的支持保障方面目前存在的问题是什么？

问题二：就你对国外残疾人高等教育院校的了解，你认为我国残疾人高等教育院校教师专业发展与国外相比存在较大差距的问题是什么？

问题三：你认为我国残疾人高等教育院校教师专业发展的自主意识如何？应如何加以引导？

问题四：你对我国改善残疾人高等教育院校教师专业发展的支持环境方面有何建议？

3. 专家访谈结果和对策建议归纳

（1）对于我国残疾人高等教育院校对教师专业发展的支持保障方面存在的问题，专家指出：

① 国家对残疾人高等教育院校教师专业发展缺少支持性经费保障。残疾人高等教育院校在积极争取残疾人高等教育院校教师享受特殊教育津贴、提高待遇，以提高职业吸引力和职业认同方面还需努力。

② 缺少残疾人高等教育教师的资格认证制度。

③ 缺少全国性的统一规范的残疾人高等教育教师培训平台或方案。应为教师提供更多进修和培养的机会，尤其要给教师国际交流和培养的机会，以开拓视野，进一步更新教育理念。

④ 残疾人高等教育研究发展落后，教师专业发展缺少智力支持。学校应该有保护性措施去保障中青年教师承担课题的机会。高校教师专业发展不是单一的教学发展，它应该是多方面的综合发展。高校教师的教学应是以研究为基础的教学，不能脱离研究来谈教学。教师不搞研究是不行的，教师专业发展必须要参与课题研究机会。但目前的申请主持课题的条件中因受资历限制，中青年教师获得主持课题的机会较少。

⑤ 缺乏有效的激励机制，对教师评价方面存在着评价体系不尽合理的问题。目前，一些高校重科研轻教学、重数量轻质量的倾向比较严重，并且每年考核，教师感到疲于奔命，困惑和争议较大。各高校应给予教师一定的空间，让教师敬业乐业、踏踏实实地做些事情。对于教师的业绩评

价，可以实行聘期考核，给教师松绑。在国外大学也经历过这样的阶段，现在的教师评价制度比较合理，没有每年对科研进行考核的硬性要求。

⑥ 残疾人高等教育院校还应加强与国外知名大学的合作办学，促进学科专业建设。

（2）对于我国残疾人高等教育院校教师专业发展与国外相比存在的差距，专家指出：

① 我国残疾人高等教育院校教师的学历要求相对较低。

② 我国残疾人高等教育院校教师的待遇也比较低。国外普通高校教师与特殊教育教师待遇相差较大，对特殊教育教师有倾斜。

③ 我国残疾人高等教育院校教师的知识和技能结构上也有一定差距。我国偏重于书本内容，而国外特别是美国比较注重实践操作能力。另外，由于美国残疾人大学生大多是在普通高校就读，残疾人高等教育教师的知识结构与普通高校教师是相同的，教师可以根据兴趣选学聋人手语、盲文等其他课程，为更好地开展教学服务。

④ 我国残疾人高等教育院校教师的研究能力也有很大差距。我国特教教师能够申请到国家级课题的不多，能够为政府部门决策提供研究支持的人数也有限。而在美国，许多残疾人高等教育院校教师在制定国家的特殊教育政策法规、在国际机构中发挥作用等方面都比我们要好。

⑤ 教师的理念也有差距。通常国外特殊教育教师理念上比较先进，常常是先进理念的推动者，从而促进了本国特殊教育的发展。相对来讲，我们国家特殊教育教师这方面的意识比较薄弱。

（3）对于我国教师专业发展的自主意识的评价，专家认为：总体来看，我国残疾人高等教育院校教师有较强的自主发展意识，所在院校要给予正确引导和政策保证。

（4）对于我国改善残疾人高等教育院校教师专业发展的支持环境方面，专家建议：

① 从国家层面：要完善相应的法律制度；制定特殊教育教师规范化认证制度；建立全国统一规范化的特殊教育教师培训平台或方案；提高开设残疾人高等教育院校的经费支持；提高教师的工资待遇，如工作量考核方面加大对残疾人教育的奖励力度，增加学时系数；在职称评定等方面给予政策倾斜。

② 从学校层面：要组织不同学科任课教师（每学科至少两名）到目前开展残疾人高等教育较成熟的兄弟院校取经学习，或者学习其他院校授

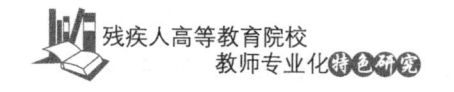

课视频。鼓励特教教师走出去学习国外的经验；不定期开展残疾人教育讲座，了解残疾人教育的前沿知识。

（五）促进教师专业发展支持保障体系建设的对策建议

高校教师的专业发展是教师不断成长、不断学习提高的过程，是教师追求自我实现的过程。高等院校作为教与学的场所，有义务为教师营造良好的氛围，更好地促进其有效学习和使其专注于专业任务的完成。残疾人高等教育越来越受到社会的重视，其教师队伍的建设刻不容缓。从社会层面和院校层面应加以完善和改进。

1. 制定一系列促进教师专业发展的政策

从国家层面来看，应制定一系列系统和完善的保证和促进残疾人高等教育院校教师专业发展的支持保障政策和措施。我们可以借鉴英国的经验，英国政府在保证大学自治的前提下，通过制定政策、调整拨款方式和开展质量评估等国家政策法规的引导，使高校教师的专业发展由大众化教育时期的国家主导的有组织、有规划的高校教师专业发展过程，发展到今天已构建起高校教师专业发展的体系，包括大学教师发展委员会、大学教师发展中心、院系级教师发展团体和教师个体等。我国应从残疾人教育的总体需求出发，制定残疾人高等教育院校教师队伍建设的整体规划及评价机制；基于残疾人高等教育的特殊性制定倾斜和激励政策，加大投入改善残疾人高等教育教师的待遇和工作环境、形成独立的残疾人高等教育教师职称评定标准、制定合理的生师比标准等；建立教师职前培养和职后发展相互衔接、整体延续的完善的教师专业发展体系；制定残疾人高等教育师专业标准，实施残疾人高等教育教师资格认定等，从而保证残疾人高等教育教师队伍的整体水平和可持续发展。

2. 制定残疾人高等教育教师的专业标准

研究残疾人高等教育教师的胜任特征，形成具有动态发展导向的教师专业标准，如教师入职标准、教师晋级标准（各个专业发展阶段的标准）、卓越教师标准等，这些标准可以对教师的专业发展起到导向作用。许多发达国家并没有全国统一的高等教育教师专业标准，对教师水平的要求一般包含在社会评估机构制定的大学评估标准中。我国的残疾人高等教育教师的专业标准的制定可以分为国家层面统一制定的教师入职标准与卓越教师标准、院校层面制定的教师晋级标准（各个专业发展阶段的标准）等。考虑到不同学科的要求，也可以制定分学科的教师专业标准。

3. 建立基于胜任特征的教师专业发展体系

国际上发达国家的高校已基本形成了较为完善的教师专业发展机制，主要包括教师甄选机制、聘任制度、晋升与淘汰机制、绩效评价机制、教师专业发展的培养与激励保障机制等。美国的经验值得借鉴，它建立了教师职前培养和职后发展相互衔接、整体延续的完善的教师专业发展体系。准备成为大学教师的博士，在博士期间就开始了成为大学教师的职前教育课程，领取相关证书等。美国高校教育信息化专业组织（EDUCAUSE）提出了大学教师发展六年计划，很好地实现了大学教师职前和职后培养的衔接。六年计划包含三个阶段：第一阶段在博士毕业前一年，实施"研究生管道项目"，主要是获得大学教师资格证的培训；第二阶段是新教师入职的第一年，采用"新教师入职培训项目"；第三阶段是大学教师职业生涯中的第二至第五年，该阶段继续开展入职培训项目，并结合高级教师的督导制促进新教师的发展。残疾人高等教育院校可借鉴相关经验，建立校院系三级教师专业发展的支持体系，应从制定教师专业发展规划入手，将教师个人的专业发展同组织发展有机结合，为教师的专业发展提供咨询。应建立健全促进教师专业发展的激励机制，诸如青年教师教学基本功竞赛奖励、优秀中青年教师资助、优秀教师奖励等，营造教师发展的组织环境。要为教师专业发展搭建"分层次、多元化、多模式"的培养平台，及时了解教师发展需求，变革教师培养模式，建立教师培训项目的专家开发队伍，根据教师发展需求开发多元化培训项目。院校要提供政策支持保障，加强教师的对外学术交流，开拓视野，了解动态。要加强带头人队伍建设和教学团队建设，针对残疾人高等教育的实际需要开展教学研究和科学研究，使更多的青年教师在参与研究的过程中做到学以致用，不断提升能力素质，使之与培养残疾人人才的要求达到动态匹配。

4. 建立教师专业发展活动的评估机制

从发达国家的教师专业发展的经验看，对于大学教师专业发展项目，无论是学校开发的项目还是政府投资建设的卓越教学中心开发的项目，都有一套完备的申报程序和评估制度，从而保证了教师专业发展专门机构的工作质量，保证了教师专业发展活动的针对性、有效性和创新性，为促进教师专业发展搭建了优良品质的系统化平台。我国应在国家或地方政府层面建立相应的评估机构，以督促各残疾人高等教育院校把教师专业发展活动落到实处。

第八章　残疾人高等教育教师专业标准实施建议

一、专业标准实施的总体建议

（一）国家层面

为了提高残疾人高等教育院校教师的专业水平，国家对残疾人高等教育教师专业标准应有统一要求。

（1）制定《专业标准》。

《专业标准》是残疾人高等教育院校教师的合格标准。建议国家统一制定《专业标准》，本研究成果可作为制定国家《专业标准》的参考方案。

（2）明确《入职标准》。

《入职标准》是《专业标准》的重要组成部分，可以通过取得残疾人高等教育教师资格证书来体现。作为残疾人高等教育院校教师，其既应该符合普通高等学校教师的基本要求，又应该满足残疾人高等教育院校教师的特殊要求。考虑到我国目前已实施普通高等学校教师资格制度，它已涵盖了普通高等学校教师的基本要求，因此可以建立残疾人高等教育教师资格证书制度来体现对残疾人高等教育院校教师的特殊要求。建议国家将取得双证（普通高等学校教师资格证书和残疾人高等教育教师资格证书）作为残疾人高等教育院校教师的入职标准。

残疾人高等教育教师资格证书可分为三类：视力残疾、听力残疾和肢体残疾教育。

（3）普通高等学校中从事残疾人教育的教师一般也应达到《专业标准》的要求。对一些不具备条件的院校或地区也可通过为不同残疾类型的学生配备相应的资源教师来实现，即普通高等学校的教师与资源教师相互配合来达到《专业标准》的要求。

（二）省级层面

（1）各省级教育行政部门以国家制定的《专业标准》和《入职标准》为依据，制定本地区的实施方案，并在教师队伍建设的政策保障、经费投入等方面提供支持。

（2）各省级教育行政部门要设立残疾人高等教育教师资格认定机构。

（三）院校层面

残疾人高等教育院校可将《专业标准》作为教师队伍建设的基本依据，根据残疾人高等教育的改革发展需要，发挥《专业标准》的引领和导向作用。

（1）残疾人高等教育院校要依据《入职标准》把住教师队伍的入口关。

（2）残疾人高等教育院校要在教师达到《入职标准》前提下，依据《专业标准》中的内容制定保障措施，加大经费投入，系统规划教师职业发展和培训方案等，开展培训与考核，促进教师专业发展，使之在一定时间内达到《专业标准》要求。

（四）教师层面

教师个人要按照《专业标准》要求，主动适应经济社会和残疾人高等教育发展的要求，制定个人职业发展规划，主动参加相关的专业发展活动，提升自身专业发展水平，在入职后一至两年内达到《专业标准》。

二、专业标准实施的具体建议

残疾人高等教育院校教师达到《专业标准》可分两步实施：第一步要先达到《入职标准》；第二步达到《专业标准》。

（一）教师达到《入职标准》的要求

《入职标准》是残疾人高等教育院校教师入职基本要求，达到《专业标准》中的专业理念与师德、专业知识、专业能力Ⅰ所覆盖的1~38条共38个条目的基本要求，即为符合《入职标准》。残疾人高等教育院校教师是否符合《入职标准》，可以以取得双证（普通高等学校教师资格证书和

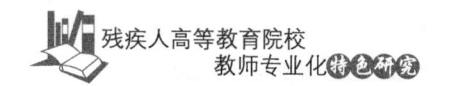

残疾人高等教育教师资格证书）作为依据。

1. 取得普通高等学校教师资格证书

本《专业标准》中"普通高等学校教师共性要求"的条目要求基本覆盖了普通高等学校教师资格证书中对于教师知识、能力和素质方面的要求。目前的普通高等学校教师资格证书的要求主要包括：自然条件（国籍、年龄、身体条件等）、从事教育职业需具备的知识（如高等教育学、心理学等课程知识）、专业知识水平要求（必须具有本科学历，一般研究型大学要求具有博士学位和海外学习背景，教学研究型大学要求具有硕士以上学位）、语言能力（参加普通话测试达到国家规定的标准）、教育教学能力（符合测试标准要求）。

取得普通高等学校教师资格证书即达到《专业标准》中第1、4、6、11、13、14、15、16、23、24、25、26、27、28、29、38条共16个条目的基本要求。

2. 取得残疾人高等教育教师资格证书

通过分类设置针对不同残疾类型高等教育教师的"残疾人高等教育教师资格证书"来涵盖"残疾人高等教育教师共性要求"和"残疾人高等教育教师特殊要求－专门性要求"。

（1）残疾人高等教育教师（视力残疾教育）资格证书应涵盖《专业标准》中"残疾人高等教育教师共性要求"和视力残疾教育的"专门性要求"（共22条）。

取得残疾人高等教育教师（视力残疾教育）资格证书即达到了《专业标准》中第2、3、5、7、8、9、10、12、17、22、30、31、33、35、36、37条共16个条目"残疾人高等教育教师共性要求"和第18、19、20、21、32、34条共6个条目视力残疾教育的"专门性要求"。

（2）残疾人高等教育教师（听力残疾教育）资格证书应涵盖《专业标准》中"残疾人高等教育教师共性要求"和听力残疾教育的"专门性要求"（共22条）。

取得残疾人高等教育教师（听力残疾教育）资格证书即达到了《专业标准》中第2、3、5、7、8、9、10、12、17、22、30、31、33、35、36、37条共16个条目"残疾人高等教育教师共性要求"和第18、19、20、21、32、34条共6个条目的听力残疾教育的"专门性要求"。

（3）残疾人高等教育教师（肢体残疾教育）资格证书应涵盖《专业标

准》中"残疾人高等教育教师共性要求"和肢体残疾教育的"专门性要求"(共19条)。

取得残疾人高等教育教师(肢体残疾教育)资格证书即达到了《专业标准》中第2、3、5、7、8、9、10、12、17、22、30、31、33、35、36、37条共16个条目"残疾人高等教育教师共性要求"和第18、20、21条共3个条目肢体残疾教育的"专门性要求"。

(二)教师要达到《专业标准》的要求

残疾人高等教育院校教师入职后,要将《专业标准》作为自身专业发展的基本依据,制定自我专业发展规划,爱岗敬业,增强专业发展自觉性,主动参加教师培训和自主研修,提升专业发展水平,经过一定时间的岗位培训与实践,逐步达到本《专业标准》规定的专业能力Ⅱ所覆盖的39~45条共7条要求(涉及专业能力维度下的自我发展能力、社会服务能力、专业实践能力、创新能力四个维度),即达到教师《专业标准》的要求。

三、残疾人高等教育教师资格认定的建议

(一)普通高等学校教师资格的认定

对于教师取得普通高等学校教师资格证书的认定,国家已对教师资格认定机构、认定权限、认定程序和认定形式有明确规定。对拟聘担任高等学校教师工作的人员,可申请参加由各省(直辖市)统一组织的高等学校教师资格认定取得普通高等学校教师资格证书。受省级教育行政部门委托的本行政区域内经过教育行政部门批准实施本科学历教育的普通高等教育院校可以负责认定本校拟聘教师工作的人员的高等学校教师资格。

特别需要说明的是,对拟从事残疾人高等教育教师工作的听力残疾人,在取得普通高等学校教师资格证书时,其基本条件"普通话达到国家规定的标准,具有相应的等级合格证书"要求中"口头"表达的部分,建议用"手语"替代。

(二)残疾人高等教育教师资格的认定

对于教师取得残疾人高等教育教师资格证书的认定,国家目前还没有

出台相应的政策，本研究对残疾人高等教育教师资格认定机构与权限、认定程序和认定形式建议如下。

（1）省级教育行政部门为残疾人高等教育教师资格认定机构。省级教育行政部门也可行文委托本行政区域内经过教育行政部门批准实施本科学历教育的残疾人高等教育院校，负责认定本校拟聘人员的残疾人高等教育教师资格。

（2）残疾人高等教育院校教师需参加相关培训和测试获取相应类型（分类：聋、盲、肢残）的教师资格证书。

① 参加残疾人高等教育知识和技能的培训与教学实践环节，并经测试合格可获得相应类型（分类：聋、盲、肢残）的残疾人高等教育教师培训合格证书。

② 参加残疾人高等教育教师特殊教育教学能力测试，达到合格及以上等级。

（3）省级教育行政主管部门建立残疾人高等教育教师专业发展机构，负责残疾人高等教育知识和技能的培训工作（培训教材需单独编制），并颁发培训合格证书。

（4）残疾人高等教育教师特殊教育教学能力测试工作可由具有教师资格认定资质的残疾人高等教育院校负责单独组织。测试标准及办法需由省级教育行政部门组织专家研究制定单独制定。

（5）其他与认定权限、认定程序和认定形式相关内容可与普通高等学校教师资格认定相同。

一般来说，残疾人高等教育院校的教师入职应取得双证，但在一些受到客观因素限制难以达到的地区，也可以将取得普通高等学校教师资格证书作为入职条件，然后在进入残疾人高等教育院校后，继续参加残疾人高等教育的知识和技能培训，取得残疾人高等教育教师资格证书方可从事残疾人高等教育教学工作。

四、教师资格认定培训教材的设计建议

（一）培训教材的设计理念

基于残疾人高等教育现状，以特殊教育理论为基础，以掌握特殊教育

教学方法与技能为目标,促进残疾人高等教育的有效教学。

(二) 培训教材的适用对象

已取得普通高等学校教师资格证书的、拟承担残疾人高等教育教学的人员。

(三) 培训教材的教学目标

初步形成从事残疾人高等教育的基本观念,基本掌握有关残疾人高等教育的法律法规,了解残疾人大学生的心理特征,掌握开展教学活动的有效策略、方法和技能。

(四) 培训教材的内容结构

培训教材内容主要是紧扣本研究成果《专业标准》中"残疾人高等教育院校教师共性要求"和"残疾人高等教育院校教师特殊要求-专门性要求",系统地、有针对性地进行合理安排,既要考虑与残疾人高等教育有关的相关理论知识,更要注重残疾人教育教学的特殊技能的培训环节。培训教材的内容结构设计见表8-1。

表8-1 培训教材的内容结构

章	节
第一章 现代残疾人观	第一节 残疾人的概念 第二节 残疾分级标准 第三节 残疾人观的历史沿革 第四节 现代残疾人观的内涵
第二章 残疾人高等教育	第一节 残疾人高等教育的内涵 第二节 教师应具备的基本素质 第三节 残疾人大学生学习特征
第三章 残疾大学生的心理特征	第一节 残疾大学生的类型范围 第二节 听力残疾大学生的心理特征 第三节 视力残疾大学生的心理特征 第四节 肢体残疾大学生的心理特征

续表

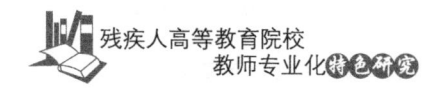

章	节
第四章 特殊教育法律法规与政策	第一节 我国特殊教育的相关法律法规与政策 第二节 地方特殊教育的相关法律法规与政策 第三节 残疾人高等教育相关法律法规与政策摘选
第五章 残疾人病理与康复	第一节 听力残疾人病理与康复基础知识 第二节 视力残疾人病理与康复基础知识 第三节 肢体残疾人病理与康复基础知识
第六章 特殊教育教学方法与技能	第一节 特殊教育教学方法 第二节 针对听力残疾大学生的教育教学技能 第三节 针对视力残疾大学生的教育教学技能 第四节 师生沟通的有效性
第七章 特殊教育辅助技术	第一节 辅助技术概论 第二节 听觉辅助技术 第三节 视觉辅助技术 第四节 辅助技术的现状与发展趋势
第八章 特殊教育无障碍环境	第一节 无障碍环境的概念 第二节 无障碍环境设计 第三节 无障碍环境设计规范
第九章 特殊教育发展趋势	第一节 中国特殊教育的发展 第二节 国际特殊教育的发展

五、特殊教育教学能力测试标准与程序

拟从事残疾人高等教育的教师参加特殊教育教学能力测试的前提是已取得普通高等学校教师资格证书并已参加残疾人高等教育知识和技能的培训与教学实践环节。经测试合格可获得相应类型（分类：聋、盲、肢残）的残疾人高等教育教师培训合格证书。

对普通高等学校教师资格教育教学能力测试内容的一般性要求，如职业道德及心理素质、专业理论知识、教学能力、教育科研能力、现代教育技术应用能力、外语能力、自我评价和综合表现八个方面不再重复测试。

(一) 测试的标准

残疾人高等教育教师资格教育教学能力主要从专业理念与师德、特殊教育理论知识、特殊教育教学技能、特殊教育科研能力、自我评价和综合表现六个方面进行测试，具体标准如下。

(1) 专业理念与师德：热爱残疾人教育事业；具有职业理想和敬业精神；具有现代残疾人观；热爱残疾学生，平等对待残疾学生；富有责任心、爱心、耐心和恒心。

(2) 特殊教育理论知识：具有扎实的特殊教育理论知识；掌握残疾人高等教育教学法的相关知识；了解当前特殊教育教学改革的有关问题，并有自己的独到见解。

(3) 特殊教育教学技能：一是根据学生的残疾类型，选择教育教学内容和方法得当；能够运用恰当的沟通策略和辅助技术，合理设计教学方案；掌握和运用特殊教育学、心理学知识的能力较强；具有与残疾学生进行良好沟通的能力。二是能较熟练地使用手语或盲文与残疾学生沟通；具有为残疾学生提供或设计制作直观便利的教具、辅具、学习材料的能力，支持学生有效学习；能够运用适当的评估方法和评估工具，对残疾学生的学习进行评估、诊断和指导的能力；能够妥善应对突发事件、预防和干预学生问题行为。

对从事不同残疾类型学生教学的教师，特殊教育教学技能的要求各有不同。

(4) 特殊教育科研能力：主持或参加委办局级以上与残疾人高等教育教学相关的科研项目一项以上；独立撰写正式发表的高水平论文一篇以上。

对从事不同残疾类型学生教学的教师，特殊教育科研项目和论文的内容要求各有不同。

(5) 自我评价：具有教学反思能力，针对残疾学生特点能对教学过程与效果进行自我评价、分析。

(6) 综合表现：有扎实的专业知识和较为广博的相关学科知识；教学效果良好；具有较好的科学研究能力和潜力；培养学生科学意识、创新能力的意图比较明显，具有教书育人的能力和基本素质。

(二) 测试标准的具体要求

特殊教育教学能力测试标准的具体要求包括测试项目、测试内容与标准、每个项目对应分值、测试方式等。教育教学能力测试的成绩满分100分，分为A、B、C、D四级，100~90分为A级，89~75分为B级，74~60分为C级，60分（不含60分）以下为D级。A、B、C级为合格。具体见表8-2。

表8-2 残疾人高等教育教师资格教育教学能力测试具体要求

序号	测试项目	测试内容与标准	分值	测试方式	测试成绩
一	专业理念与师德	热爱残疾人教育事业；具有职业理想和敬业精神；具有现代残疾人观；热爱残疾学生，平等对待残疾学生；富有责任心、爱心、耐心和恒心	10	听课 提问	
二	特殊教育理论知识	具有扎实的特殊教育理论知识；掌握残疾人高等教育教学法的相关知识；了解当前特殊教育教学改革的有关问题，并有自己的独到见解	20	听课 提问	
三	特殊教育教学技能	根据学生的残疾类型，选择教育教学内容和方法得当；能够运用恰当的沟通策略和辅助技术，合理设计教学方案；掌握和运用特殊教育学、心理学知识的能力较强；具有与残疾学生进行良好沟通的能力	20	听课 检查教案 提问	
		能较熟练地使用手语或盲文与残疾学生沟通；具有为残疾学生提供或设计制作直观便利的教具、辅具、学习材料的能力，支持学生有效学习；能够运用适当的评估方法和评估工具，对残疾学生的学习进行评估、诊断和指导的能力；能够妥善应对突发事件、预防和干预学生问题行为	20	提问 现场应用 水平评价	
四	特殊教育科研能力	主持或参加委办局级以上与残疾人高等教育教学相关的科研项目一项以上；独立撰写正式发表的高水平论文一篇以上	10	提交材料	
五	自我评价	具有教学反思能力，针对残疾学生特点能对教学过程与效果进行自我评价、分析	10	自我陈述 提问 答辩	

续表

序号	测试项目	测试内容与标准	分值	测试方式	测试成绩
六	综合表现	有扎实的专业知识和较为广博的相关学科知识；教学效果良好；具有较好的科学研究能力和潜力；培养学生科学意识、创新能力的意图比较明显，具有教书育人的能力和基本素质	10	检查教案 听课 现场应用 水平评价 自我陈述 提问 答辩	
总体评价	评议组组长签字： 　　　　　　　　　年　月　日		总分		

注：特殊教育教学技能和特殊教育科研能力两个测试项目，依据教师获得残疾人高等教育教师培训合格证书的相应类型（分类：聋、盲、肢残）分别有不同的要求。

（三）测试的程序

特殊教育教学能力测试的程序可参考各省级教育行政部门对普通高等学校教师资格教育教学能力测试标准及办法执行，也可参考下列程序开展测试的具体工作。

（1）教师资格认定机构公布教师资格认定教育教学能力测试的申请程序及具体测试时间、地点。

（2）在专家审查委员会的指导下，各专业评议组确定测试题目，并至少提前一周通知申请人员。

（3）申请人员按时到测试地点备考，并在测试前 30 分钟必须提交所讲内容的教案或活动设计方案 7 份。

（4）测试开始后，首先由申请人试讲或组织活动 20~30 分钟，内容为教案或活动设计方案中最能代表本人教育教学技能的部分。

（5）申请人员对自己所讲授的内容或组织的活动进行 5 分钟的自我评价。

（6）学科专家评议组针对申请人所讲授的内容或组织的活动进行提

问，由申请人当场答辩，时间为 15~20 分钟。

（7）专家评议组对照评价标准给申请人打出恰当的评分，汇总后得出测试结果。

（四）测试的组织管理和要求

（1）各教师资格认定机构成立专家审查委员会。专家审查委员会实行任期制，每届任期三年，委员会成员名单在任期内不得对外公布。

（2）专家审查委员会下设各学科的专家评议组。专家评议组成员上岗前必须进行培训，以了解测试的目的、要求及相应的程序。按照测试办法和程序对申请认定教师资格的人员进行教育教学能力测试，提出审查意见，并由专家评议组组长签名盖章。

（3）专家审查委员会对各专业评议组报送的测试结果进行审查。

（4）专家审查委员会将审查结果报教师资格认定机构。

（5）省级教育行政部门颁发残疾人高等教育教师资格证书。

参考文献

[1] 滕祥东,杨冰,郝传萍.我国残疾人高等教育院校教师队伍建设探讨[J].中国特殊教育,2011.

[2] 朴永馨.特殊教育学[M].福州:福建教育出版社,1995:32.

[3] 朴永馨.特殊教育概论[M].北京:华夏出版社,1999:32.

[4] 张宁生.残疾人高等教育研究[M].大连:辽宁人民出版社,2000:8.

[5] 朴永馨.残疾人高等特殊教育的产生和发展[J].中国听力语言康复科学,2004(3):4-5.

[6] 张福娟.特殊教育史[M].上海:华东师范大学出版社,2000:212.

[7] 王智钧.中国残疾人事业年鉴(1994—2000)[M].北京:华夏出版社,2000:595.

[8] 朴永馨.高等特殊教育的发展[J].中国残疾人,2004(1):39-40.

[9] 发文部门"十二五"期间特殊教育学校建设二期规划(2012—2015年).

[10] 中国残疾人事业发展统计公报[EB/OL].http://www.cdpf.org.cn/sjzx/tjgb/.

[11] 教育部网站[EB/OL].http://www.moe.gov.cn/publicfiles/business/htmlfiles/moe/s4958/index.html).

[12] 教育部网站[EB/OL].http://www.moe.gov.cn/jyb_xwfb/gzdt_gzdt/s5987/201507/t20150730_196698.html.

[13] 2010年中国残疾人事业发展统计年度数据.

[14] 国家中长期教育改革和发展规划纲要(2010—2020年)[EB/OL].http://www.gov.cn/jrzg/2010-07/29/content_1667143.htm,2010-07-29.

[15] 黄晶梅,王爱国.我国残疾人高等教育发展问题的探析[J].中国特殊教育,2008(12):74.

[16] 梁辉,曲学利.残疾人高等职业教育的人才培养研究[J].中国职业技术教育,2010(31):66-67.

[17] 滕祥东,任伟宁,杨冰.应用型大学教师队伍结构模式的构建与优化[J].黑龙江高教研究,2009(7):88-90.

[18] 丁勇.专业化视野下的特殊教师教育—关于特殊教师教育培养目标和培养模式的

研究［J］．中国特殊教育，2006（10）：69．

［19］叶澜，白益民，等．教师角色与教师发展新探［M］．北京：教育科学出版社，2001：208－209．

［20］陈伟．西方大学教师专业化［M］．北京：北京大学出版社，2008：70－179．

［21］Berquist W. H, Philps S. R. A hand book for faculty development［M］．Washington The Council for Advancement of Small Colleges, 1975：viii.

［22］Nelson W. Faculty who stay: Renewing our most important resource, in Baldwin R. and Blackburn R. (eds.), College Faculty: Versatile Human resources in a Period of Constraint［M］．San Francisco, CA: Jossey－Bass Publishers, 1983：70.

［23］Menges R. J, Mathis B. C. Key resources on teaching, learning, curriculum, and faculty development: a guide to the higher education literature［M］．San Francisco: Jossey－Bass, 1988：254.

［24］Centra K T. Faculty evaluation and faculty development in higher education. In J. C. Smart (Ed.), Higher Education: Handbook of theory and Research［M］．New York, Agathon Press, 1989：155－179.

［25］National Education Association. Faculty Development in Higher Education: Enhancing a National Resource［M］．D. C. 1991.

［26］蒋华．博耶学术思想及其对高等教育的意义［J］．高教发展与评估，2005（1）：73－77．

［27］孟中媛．高校教师专业化发展的国际比较与思考［J］．教育探索，2007（3）：121－122．

［28］王春玲．美国高校教师发展阶段与维度［J］．比较教育研究，2011（4）：88－92．

［29］王立．美国大学教师发展研究：历史的视角［D］．上海：华东师范大学，2012．

［30］陈素娜．英国、中国大学教师发展体系与特色比较研究［D］．厦门：厦门大学，2009．

［31］赵恒平，龙婷．20世纪60年代美国高等教育政策的文本分析［J］．理论月刊，2007（5）：151－153．

［32］胡罡．英国大学教师发展体系的形成特征与启示［J］．吉首大学学报（社会科学版），2012（1）：157－160．

［33］宋文红，等．高校教师专业化发展及其组织模式：国际经验与本土实践［M］．济南：山东人民出版社，2013：282．

［34］王慧英，李天鹰．意大利大学教师教学资格的评审及启示［J］．当代教师教育，2011（3）：51－55．

［35］Chris Rust．英国大学教师专业发展［C］//协调发展 共同成长 2011年高校教师发展国际研讨会论文集．长春：东北师范大学，2011：32－37．

[36] 齐泽旭. 美国高校教师资格制度的现状和发展趋势 [J]. 外国教育研究, 2008 (11): 85-91.

[37] 涂文记. 美国大学教师发展模式及其对我国的启示 [J]. 集美大学学报, 2011 (4): 29-32.

[38] 罗丹. 美国大学教师发展研究_以八所著名大学为例 [J]. 比较教育研究, 2007 (3): 89-93.

[39] 齐泽旭. 美国高校教师资格制度的现状和发展趋势 [J]. 外国教育研究, 2008 (11): 88.

[40] 张英丽. 美国博士生教育中的未来师资培训计划及对我国的启示 [J]. 学位与研究生教育, 2007 (6): 57-63.

[41] 郭峰. 教师发展：马里兰大学的经验——美国大学教师发展工作个案研究例 [J]. 国家教育行政学院学报, 2007 (3): 84-91.

[42] 郅庭瑾, 曹丽. 美国教师伦理与职业道德教育的发展及启示 [J]. 全球教育展望, 2009 (5): 34-38.

[43] 缪榕楠. 西方大学教师晋升条件的历史分析 [J]. 高等工程教育研究, 2008 (1): 132-136.

[44] 刘献君, 等. 中国高校教师聘任制研究 [M]. 北京: 科学出版社, 2009: 52.

[45] 赵诚. 印第安纳州立大学文理学院教师晋升和终身教职委员会及相关条例解读 [J]. 世界教育信息, 2013 (19): 26-33.

[46] 刘献君, 等. 中国高校教师聘任制研究 [M]. 北京: 科学出版社, 2009: 61.

[47] 清华北大综改方案获批两校均实施教师长聘制度 [EB/OL]. http://edu.qq.com/a/20141216/010943.htm. 2014-12-16

[48] 复旦大学教师高级职务聘任实施办法（试行）[EB/OL]. http://xxgk.fudan.edu.cn/d7/7d/c5178a55165/page.htm. 2013-01-10

[49] 关于印发《武汉大学教师专业技术岗位聘任试行办法》的通知（武大人字 [2012] 99号）[EB/OL]. http://main.sgg.whu.edu.cn/renshi/flzc/289.html. 2013-04-07

[50] 李海玲. 上海市高校教师资格认定制度的实践与探索 [J]. 人力资源管理, 2011 (8): 138-139.

[51] 宋志生. 浅析美国大学教师任职和晋升评审制度 [J]. 高教论坛, 2003 (5): 4-5.

[52] 赵炬明. 美国大学教师管理研究（上）[J]. 高等工程教育研究, 2011 (5): 59-70.

[53] 赵炬明. 美国大学教师管理研究（下）[J]. 高等工程教育研究, 2011 (6): 68-88.

[54] 郭丽君. 西方大学教师聘任制改革及其对学术职业的影响 [J]. 高教探索, 2007 (1): 112 – 115.

[55] 陈永明. 大学教师聘任的国际比较 [J]. 比较教育研究, 2007 (2): 112 – 115.

[56] 曹俊. 美国大学教师晋升制度研究 [D]. 扬州: 扬州大学硕士学位论文, 2014.

[57] 叶澜, 白益民, 等. 教师角色与教师发展新探 [M]. 北京: 教育科学出版社, 2001: 199 – 317.

[58] 刘献君, 等. 中国高校教师聘任制研究 [M]. 北京: 科学出版社, 2009: 47 – 144.

[59] 李长华. 美国高校绩效评价的方法综述 [J]. 国家教育行政学院学报, 2005 (1): 91 – 95.

[60] 宋文红, 等. 高校教师专业化发展及其组织模式: 国际经验与本土实践 [M]. 济南: 山东人民出版社, 2013: 282 – 304.

[61] 陈永明. 英国大学教师聘任制的现状与特征 [J]. 集美大学学报, 2006 (12): 14 – 17.

[62] 潘懋元, 罗丹. 高校教师发展简论 [J]. 中国大学教学, 2007 (1): 7 – 8.

[63] 范爱春, 曹荣, 等. 国外大学教师资格认证变迁及对我国的启示 [J]. 洛阳师范学院学报, 2013 (2): 123 – 125.

[64] 周兴国. 英国大学教师专业发展特色及启示 [J]. 中国高校师资研究, 2011 (4): 38 – 42.

[65] 袁琳. 国外大学教师发展的指导模式及启示 [J]. 教育时空, 2010 (22): 106 – 107.

[66] 范文曜, 马陆亭, 等. 法国与意大利高等教育管理体制调研报告 [J]. 理工高教研究, 2005 (10): 1 – 9.

[67] 周钧. 美国教师专业发展范式的变迁 [J]. 比较教育研究, 2010 (2): 74 – 77.

[68] 赵恒平, 龙婷. 20世纪60年代美国高等教育政策的文本分析 [J]. 理论月刊, 2007 (5): 151 – 153.

[69] 吴姗, 洪明. 当代美国教师认证组织的对峙与互补——全美专业教学标准委员会与美国优质教师证书委员会之比较研究. [J]. 教育研究, 2007 (4): 25 – 27.

[70] 王雁, 肖非. 中国特殊教育教师培养研究 [M]. 北京: 北京师范大学出版社, 2012: 59 – 60.

[71] 汪蔚兰, 昝飞. 美国特殊教育选择性教师资格制度实施及启示 [J]. 中国特殊教育, 2009 (11): 61 – 65.

[72] 王雁, 肖非. 中国特殊教育教师培养研究 [M]. 北京: 北京师范大学出版社, 2012: 74 – 75.

[73] 残疾人教育条例. 第37条 (国务院令第161号1994).

[74] 于素红. 上海市特殊教育师资资格制度的现状与发展 [J]. 中国特殊教育, 2008 (6): 52-57.

[75] 兰岚, 兰继军, 吴永依. 台湾地区特殊教育及对大陆特殊教育发展的启示 [J]. 中国特殊教育, 2008 (12): 18-23.

[76] 王雁, 肖非. 中国特殊教育教师培养研究 [M]. 北京: 北京师范大学出版社, 2012: 74-75.

[77] 顾定倩. 美国特殊教育教师任职资格的介绍及对我们的启示 [J]. 外国教育研究, 1999 (4): 40.

[78] 周谊. 日本特殊学校教师的证书 [J]. 中国特殊教育, 1998 (1): 5-6.

[79] 《关于加强特殊教育教师队伍建设的意见》 [J/OL]. http://www.moe.edu.cn/publicfiles/business/htmlfiles/moe/moe_1778/201209/141772.html.

[80] 美国特殊教育教师认证标准 [EB/OL]. https://cec.sped.org/Standards.

[81] 顾定倩, 刘颖. 美国特殊教育教师任职标准的演变和特点分析 [J]. 比较教育研究, 2014 (1): 31-36.

[82] The Council For Exceptional Children. What Every Special Educator Must Know: The International Standards for the Preparation and Certification of Special Education Teachers [M]. Virginia The Council For Exceptional Children, 1995: 9-11.

[83] The Council For Exceptional Children. What Every Special Educator Must Know: Ethics, Standards, and Guidelines for Special Educators [M]. Virginia Pearson/Merrill/Prentice Hall, 2003: 4-5.

[84] 顾定倩, 刘颖. 美国特殊教育教师任职标准的演变和特点分析 [J]. 比较教育研究, 2014 (1): 31-36.

[85] 美国加劳德特大学简介 [EB/OL]. http://www.syse.syn.cn/display_new.asp?id=526.

[86] 美国罗切斯特理工大学聋人工学院 (National Technical Institute for the Deaf) 简介 [EB/OL]. http://www.ntid.rit.edu/about.

[87] 美国罗切斯特理工大学聋人工学院简介 [EB/OL]. http://www.spe-edu.net/Html/longjiaoxue/200901/645.html.

[88] 日本筑波大学简介 [EB/OL]. http://www.tsukuba-tech.ac.jp/.

[89] 日本筑波大学的学院、科系、专业介绍 [EB/OL]. http://www.tsukuba-tech.ac.jp/chinese/undergraduate_schools.html/.

[90] 日本筑波大学专项课题 [EB/OL]. http://www.tsukuba-tech.ac.jp/Chinese/special_projects.html.

[91] 美国罗切斯特理工大学教师发展课程 [EB/OL]. http://www.rit.edu/fa/cpd/.

[92] 美国加劳德特大学教师指南 [EB/OL]. http://www.gallaudet.edu/Documents/

FacGov/Faculty_ Guidelines - -October_ 2013_ （January_ 2014_ Edits）. pdf.

[93] 楚琳. 美国《高等教育机会法案》的内容、特点及启示［J］. 外国教育研究，2009（6）：84－87.

[94] 马宇. 美国残疾人高等教育支持体系的特点及其启示［J］. 现代特殊教育，2012（6）：60－62.

[95] 姚晓菊，马宇（译）. 每个特殊教育者必须知道什么——有关特殊教育教师准备和资格的国际标准［J］. 南京特教学院学报，2006（1）：73－75.

[96] 季晓燕，马宇（译）. 每个特殊教育者必须知道什么（续）——有关特殊教育教师准备和资格的国际标准［J］. 南京特教学院学报，2006（2）：74－76.

[97] 王雁，冯雅静. 美国特殊教育教师专业标准的发展与评介［J］. 教师教育研究，2014（5）：107－112.

[98] 丁姝雯. 美国CEC特殊教育教师职业道德标准对我国的启示［J］. 南京特教学院学报，2011（2）：54－54.

[99] 茅艳雯，马红. 发达国家残疾人高等教育研究综述［J］. 中国特殊教育，2010（3）：8－13.

[100] 顾定倩. 特殊教育教师资格制度的比较研究［J］. 比较教育研究，2005（9）：53－58.

[101] 李艳，昝飞. 英国特殊教育教师资格准入制度述评［J］. 外国教育研究，2009（7）：18－21.

[102] 陈小饮，申仁洪. 试论我国特殊教育教师专业化发展［J］. 重庆师范大学学报（哲学社会科学版）. 2008（3）：119－124.

[103] 陈小饮，申仁洪. 特殊教育教师专业化标准及发展模式的研究述评［J］. 中国特殊教育. 2008（4）：65－69.

[104] 汪斯斯，雷江华. 中美特殊教育教师专业化发展之比较［J］. 现代特殊教育，2007（6）：35－37.

[105] 朴永馨. 美俄两国特殊教育师资培养及对我国的启示［J］. 中国教师，2009（4）：8－9.

[106] 宋红亮. 我国残疾人高等教育师资培训体制研究［J］. 中国特殊教育，2009（9）：21－24.

[107] 姚璐璐，江琴娣. 美国特殊教育教师资格认证制度述评［J］. 中国特殊教育，2009（2）：59－62.

[108] 顾定倩，钱丽霞. 美国特殊教育教师的任职资格及其对我们的启示［J］. 外国教育研究，1999（4）：39－43.

[109] 王雁，肖非. 中国特殊教育教师培养研究［M］. 北京：北京师范大学出版社，2012：9－24.

[110] 周谊. 日本特殊学校教师的证书 [J]. 中国特殊教育, 1998 (1): 3-4.

[111] 华国栋. 特殊教育师资培养问题研究价值 [M]. 北京: 华夏出版社, 2001: 35-45.

[112] 朴永馨. 世界教育大系-特殊教育 [M]. 长春: 吉林教育出版社, 2000: 350-356.

[113] 朱旭东. 教师专业发展理论研究. [M]. 北京: 北京师范大学出版社, 2011: 101-210.

[114] 安静. 我国聋人工科大学生人格特征与学生事务管理策略研究 [J]. 高教研究, 2010 (12): 20-27.

[115] 张宁生. 听力残疾儿童心理与教育 [M]. 大连: 辽宁师范大学出版社, 2002: 32-42.

[116] 宋宇. 长春大学视障大学生心理问题分析 [D]. 长春: 吉林大学, 2007.

[117] 黄胜春. 不同等级肢体残疾患者心理健康状态比较研究 [J]. 同济大学学报 (医学版), 2011 (5).

[118] 王丽萍, 邵淑红. 山东省某医学院肢体残疾大学生人际交往现状调查 [J]. 医学与社会, 2012 (11).

[119] 李苏翰. 利用现代信息技术促进聋生的有效学习 [D]. 济南: 山东师范大学, 2006.

[120] 许保生. 论残疾人职业教育的现状及发展对策 [J]. 浙江师范大学学报 (社会科学版), 2012 (6): 95-98.

[121] 钟经华. 视力残疾儿童的心理与教育 [M]. 天津: 天津教育出版社, 2007: 27-56.

[122] 季佩玉, 简栋梁, 程益基. 聋教育教师培训教材 [M]. 北京: 中国盲文出版社, 2000: 15-19.

[123] 谭思洁, 孔令琴, 于学礼, 等. 聋哑大学生体质测试结果及其分析 [J]. 天津体育学院学报, 2003 (4): 81-82.

[124] 李世俊, 邵衍峰, 杨淑文. 济南市聋哑学生体质健康状况调研报告 [J]. 中国特殊教育, 1998 (4): 30-32.

[125] 梁辉, 曲学利. 残疾人高等职业教育的人才培养研究 [J]. 中国职业技术教育, 2010 (31): 65-69.

[126] 余寿祥. 盲生个别化教学之管见 [J]. 中国特殊教育, 2004 (2): 37-38.

[127] 丁勇. 以专业标准引领特殊教育教师专业成长 [J]. 现代特殊教育 (高教), 2015 (9): 3-7.

[128] 张悦. 我国残疾人高等教育发展问题与对策研究 [D]. 南昌: 江西师范大学, 2010.

[129] 王颖华. 卓越教师专业标准的国际比较及其启示 [J]. 西北师大学报（社会科学版），2014（4）：92－99.

[130] 徐妮. 我国教师专业标准分类维度的优化——基于国际比较的启示 [J]. 现代教育科学，2013（1）：5－7.

[131] 教育部关于印发《幼儿园教师专业标准（试行）》《小学教师专业标准（试行）》和《中学教师专业标准（试行）》的通知（教育部文件教师（2012）1号）[EB/OL] http：//www. gov. cn/zwgk/2012－09/14/content_ 2224534. htm. 2012－09－14

[132] 熊建辉. 构建我国教师专业标准的思考：国际比较的视角（上）[J]. 世界教育信息，2008，（9）：39－43.

[133] 熊建辉. 构建我国教师专业标准的思考：国际比较的视角（下）[J]. 世界教育信息，2008，（11）：44－47.

[134] 施克灿. 国际教师专业标准的三种模式及启示 [J]. 比较教育研究，2004（12）：8－9.

[135] 马涛，马晓娜. 美国马里兰州教师专业发展标准及其启示 [J]. 中国教师，2007（1）：57－59.

[136] 陈梦然. 高校教师专业发展的基本标准 [J]. 高校教育管理，2013（3）：63－69.

[137] 康晓伟. 发达国家教师专业标准的构成要素研究综述 [J]. 教育学术月刊，2011（6）：60－63.

[138] 熊建辉. 教师专业标准研究：基于国际案例的视角 [D]. 上海：华东师范大学，2008.

[139] 时勘. 基于胜任特征模型的人力资源开发 [J]. 心理科学进展，2006.14（4）：586－589.

[140] 教育部关于印发《中等职业学校教师专业标准（试行）》的通知（教育部文件教师（2013）12号）[EB/OL]. http：//www. moe. gov. cn/srcsite/A10/s6991/201309/t20130924_ 157939. html. 2013－09－24

[141] 冯建新，冯敏. 陕西省特殊教育教师专业发展现状的调查研究 [J]. 中国特殊教育，2012（1）：65－69.

[142] 王立. 美国大学教师发展研究：历史的视角 [D]. 华东师范大学博士学位论文，2012.

[143] 徐延宇. 美国高校教师发展的特点与启示 [J]. 高等工程教育研究，2008（3）：131－136.

[144] 边丽，滕祥东等. 残疾人高等教育教师队伍现状调查研究——来自四所大学的调查报告 [J]. 中国特殊教育，2012（11）：9－12.

[145] 田寅生，方俊明. 江苏省特殊教育学校教师继续教育需求情况调查研究 [J].

中国特殊教育，2011（1）：57－64．

[146] 庞海芍，王志明．香港地区高校教师教学发展机构的考察［C］//协调发展 共同成长 2011 年高校教师发展国际研讨会论文集．长春：东北师范大学，2011：282－302．

[147] 张德良．关于高校教师发展新范式制度体系重建的思考［J］．教育与职业，2009（10）：41－43．

[148] 张德良．国际视野下大学教师专业发展制度及其对我国的启示［J］．现代教育科学，2011（3）：125－129．

[149] 宋文红．英国高校教师专业发展的经验与启示［J］．青岛科技大学学报（社会科学版），2013（6）：81－85．

[150] 张英丽．美国博士生教育中的未来师资培训计划及对我国的启示［J］．学位与研究生教育，2007（6）：57－63．

[151] 任伟宁，王颖．试论地方高校教师能力素质发展体系的构建［J］．广东外语外贸大学学报，2012（1）：100－103．

[152] 陈素娜．英国、中国大学教师发展体系与特色比较研究［D］．厦门：厦门大学，2009．

[153] 宋洪亮．我国残疾人高等教育师资培训体制研究［J］．中国特殊教育，2004（9）：21－24．

[154] 程振响．教师职业生涯规划与发展设计［M］．南京：南京师范大学出版社，2006：80－168．

[155] 周楠．美国特殊教育教师的任职资格变迁及其对我国的启示［J］．中国特殊教育，2010（3）：48－53．

[156] 朱琳，孙颖．北京市特殊教育师资培训现状调查［J］．中国特殊教育，2011（8）：20－24．

后 记

本书是全国教育科学"十二五"规划教育部重点课题（DFA110214）"残疾人高等教育院校教师专业化特色研究"的成果。2012年9月，教育部等五家单位联合下发《关于加强特殊教育教师队伍建设的意见》，从规划、培养、培训、管理、待遇、营造氛围等方面，第一次对特殊教育教师队伍建设做出全面部署。意见要求，为提高特殊教育教师队伍质量，要制定特殊教育学校教师专业标准，完善特殊教育教师准入制度，探索建立特殊教育教师专业证书制度。本研究成果是落实《关于加强特殊教育教师队伍建设的意见》的有效抓手，也为国家实现"到2020年，形成一支数量充足、结构合理、素质优良、富有爱心的特殊教育教师队伍"提供了切实可行的政策参考依据。

近五年来，伴随"十二五"规划的完成，尤其是《特殊教育提升计划》（2014—2016年）的执行，我国特殊教育发展取得了显著成效，残疾人高等教育也进入了历史上最好的发展时期。残疾人考入高等学校就读的人数逐年上升，他们当中多数残疾程度较轻的残疾人可以进入普通高等学校学习，而残疾人高等教育院校则承担起了残疾程度较为严重的残疾人接受高等教育的任务。本研究以残疾人高等教育院校教师为研究对象，开展残疾人高等教育院校教师专业化特色的研究，一方面有利于促进残疾人高等教育院校教师的专业化，使之尽快形成一支数量充足、结构合理、素质优良、富有爱心的特殊教育教师队伍；另一方面也为开展高等融合教育院校的教师队伍专业化建设提供参考依据。

本书作者全部是来自残疾人高等教育院校一线的管理、教学和研究人员，他们将理论和实践研究成果呈现给大家，希望为残疾人高等教育不断地科学化、规范化，为实现更好更快的发展做些有益的尝试和探究，并以期得到同行们的斧正。

残疾人高等教育正逐步从精英化向大众化阶段迈进，特别是全纳教育

后　记

理念下的特殊教育，会遇到许多需要研究的新问题，比如：如何促进特殊教育教师专业发展常态化，如何进一步加强残疾人高等融合教育研究，如何从目前仅限于听力、视力、肢体残疾人接受高等教育扩展到更多残疾类型的残疾人接受高等教育，以及残疾人高等教育入学机会保障问题研究等，我们的任务和使命任重道远。

感谢朴永馨、唐淑芬、华国栋等专家为本书提出宝贵的修改建议和意见；感谢知识产权出版社的编辑，他们为本书的出版提出了许多专业的意见。在本书的写作过程中，参考和引用了大量的研究文献，在此也向这些文献的作者表示衷心的感谢。

本书对于残疾人高等教育院校教师专业化特色的研究还是初步的，由于我们的学识、水平有限，书中难免有疏漏、不妥之处，敬请各位专家、同仁、读者批评指正，我们将不胜感激。

作　者
2016 年 2 月于北京